中国法院2025年度案例

国家法官学院　最高人民法院司法案例研究院 / 编

刑事案例四

（妨害社会管理秩序罪、贪污贿赂罪、渎职罪）

中国法治出版社
CHINA LEGAL PUBLISHING HOUSE

《中国法院2025年度案例》通讯编辑名单

序

为深入学习贯彻习近平法治思想，落实习近平总书记“一个案例胜过一打文件”的重要指示精神，人民法院始终把完善中国特色案例制度，加强以案释法作为推进全面依法治国、支撑和服务中国式现代化的重要途径。人民法院案例库向社会开放一年多来，最高人民法院始终坚持高标准建设，实现入库案例对常见案由和罪名全覆盖，对于促进法律适用统一，实现严格公正司法发挥了重要作用。

“中国法院年度案例系列”丛书以及时记录人民法院司法审判工作新发展、新成就为己任，通过总结提炼典型案例的裁判规则、裁判方法和裁判理念，发挥案例鲜活生动、针对性强的优势，以案释法，以点带面，有针对性地阐释法律条文和立法精神，促进社会公众通过案例更加方便地学习法律，领悟法治精神，体现司法规范、指导、评价、引领的重要作用，大力弘扬社会主义核心价值观，积极服务人民法院案例库建设，加强对案例库案例的研究，促进统一法律适用，提升审判质效，丰富实践法学研究，增强全民法治意识和法治素养，展现新时代我国法治建设新成就。

“中国法院年度案例系列”丛书自2012年编辑出版以来，已连续出版13年，受到读者广泛好评。为更加全面地反映我国司法审判执行工作的发展进程，顺应审判执行实践需要，响应读者需求，丛书于2014年度新增金融纠纷、行政纠纷、刑事案例3个分册，2015年度将刑事案例调整为刑法总则案例、刑法分则案例2个分册，2016年度新增知识产权纠纷分册，2017年度新增执行案例分册，2018年度将刑事案例扩充为4个分册，2022年度将土地纠纷（含林地纠纷）分册改为土地纠纷（含环境资源纠纷）分册。自2020年起，丛书由国家法官学院与最高人民法院司法案例研究院共同编辑，每年年初定期出版。在全国各级人民法院的大力支持下，丛书编委会现编辑出版《中国法院2025年度案例系列》丛书，共23册。

“中国法院年度案例系列”丛书以开放务实的态度、简洁明快的风格，在编辑过程中坚持以下方法，努力让案例书籍“好读有用”：一是高度提炼案例内容，控制案例篇幅，每个案例字数基本在3000字左右；二是突出争议焦点，力求在有限的篇幅内为读者提供更多有效信息，便于读者快速抓取案例要点；三是注重释法说理，案例由法官撰写“法官后语”，高度提炼、总结案例的指导价值，引发读者思考，为司法审判提供借鉴，为法学研究提供启迪。

“中国法院年度案例系列”丛书编辑工作坚持以下原则：一是以研究案例库案例为首要任务。自2024年起，“中国法院年度案例系列”丛书优先选用人民法院案例库案例作为研究对象，力求对案例库案例裁判要旨的基本内涵、价值导向、法理基础、适用要点等进行深入分析，增强丛书的权威性、参考性。二是广泛选编案例。国家法官学院和最高人民法院司法案例研究院每年通过各高级人民法院从辖区法院汇集上一年度审结的典型案例近万件，使丛书有广泛的精选基础，通过优中选优，可提供给读者新近发生的多种类型的典型、疑难案例。三是方便读者检索。丛书坚持以读者为本，做到分卷细化，每卷案例主要根据案由或罪名分类编排，每个案例用一句话概括裁判要旨或焦点问题作为主标题，让读者一目了然，迅速找到目标案例。

中国法治出版社始终全力支持“中国法院年度案例系列”丛书的出版，给了编者们巨大的鼓励。2025年，丛书将继续提供数据库增值服务。购买本系列丛书，扫描腰封二维码，即可在本年度免费查阅往年同类案例数据库。我们在此谨表谢忱，并希望通过共同努力，逐步完善，做得更好，探索出一条充分挖掘好、宣传好人民法院案例库案例和其他典型案例价值的新路，为广大法律工作者和社会公众提供权威、鲜活、精准的办案参考、研究素材，更好地服务司法审判实践、服务法学教育研究、服务法治中国建设。

“中国法院年度案例系列”丛书既是法官、检察官、律师等法律工作者的办案参考和司法人员培训辅助教材，也是社会大众学法用法的经典案例读本，同时为教学科研机构开展案例研究提供了良好的系列素材。当然，编者们在编写过程中也难以一步到位实现目标愿景，客观上会存在各种不足甚至错误，欢迎读者批评指正。我们诚心听取各方建议，立足提质增效，不断拓宽司法案例研究领域，创新司法案例研究方法，助推实现中国特色司法案例研究事业的高质量发展。

国家法官学院　最高人民法院司法案例研究院

2025 年 3 月

目　录

Contents

一、妨害社会管理秩序罪

（一）扰乱公共秩序罪

(四) 危害公共卫生罪

(五) 破坏环境资源保护罪

(六) 走私、贩卖、运输、制造毒品罪

二、贪污贿赂罪

三、渎职罪

一、妨害社会管理秩序罪

（一）扰乱公共秩序罪

1

行为人在执法现场同时或者先后对依法共同执行职务的民警及辅警进行暴力袭击的应当进行整体评价

——刘某某袭警案

【案件基本信息】

1. 裁判书字号

湖南省吉首市人民法院（2023）湘3101刑初26号刑事判决书

2. 案由：袭警罪

【基本案情】

2022年9月12日22时许，李某某（女）向某市公安局报警称被被告人刘某某（男，与李某某系情侣关系）殴打。派出所民警出警后，将李某某、刘某某口头传唤至派出所进行调查。在派出所民警调查过程中，李某某、刘某某均处于醉酒状态，其间李某某多次言语侮辱值班民警。民警遂将该二人带至执法办案区，准备分别进行调查。刘某某突然情绪激动，与民警产生激烈冲突，先是用力往民警向某的脸上推了一掌，在向某转身去看护室取手铐时，刘某某又推开控制自己的辅警时某某，并往时某某肚子上踢了一脚。辅警符某、时某某再次控制刘某某时，三人扭在一起倒地，时某某被二人压在最下面，右腿腓骨下段、内踝骨折。公安民警将刘某某制服。因涉嫌犯袭警罪，刘某某于次日被某市公安局刑事拘留。刘某某之后向时某某赔偿了医疗费、误工费、护理费、住院伙食补助费、营养费、残疾赔偿金、被抚养人生活费、后期治疗费等共计人民币 6 万元，时某某对刘某某表示谅解。

2022 年 12 月 20 日，刘某某在律师帮助下，自愿认罪认罚，并签署了认罪认罚具结书。

【案件焦点】

刘某某袭击民警情节轻微，但袭击辅警造成了严重后果。依法对刘某某应该定为袭警罪还是定为故意伤害罪，是否应当数罪并罚。

【法院裁判要旨】①

湖南省吉首市人民法院经审理认为：被告人刘某某暴力袭击正在执行职务的人民警察，其行为已经构成袭警罪。刘某某到案后如实供述了自己的罪行，是坦白，可以从轻处罚；自愿认罪认罚，可以依法从宽处理；赔偿了受伤辅警的损失，取得了该辅警的谅解，可以酌情从轻处罚。刘某某系初犯、偶犯，结合其悔罪表现考量，可以宣告缓刑。该院于 2023 年 2 月 24 日作出（2023）湘 3101 刑初 26 号刑事判决：

刘某某犯袭警罪，判处有期徒刑六个月，缓刑一年。

案件宣判后，判决已生效。

---

① 本书【法院裁判要旨】适用的法律法规等条文均为案件裁判当时有效，下文不再对此进行提示。

【法官后语】①

对于暴力袭击正在民警指挥和监督下开展辅助性工作的辅警是否构成袭警罪，历来争议颇大。《最高人民法院、最高人民检察院、公安部关于依法惩治袭警违法犯罪行为的指导意见》对此没有明确。胡云腾等人主编的《刑法罪名精释》认为：(1) 辅警不是民警，袭击辅警不构成袭警罪。(2) 辅警不具备执法主体资格，不能直接参与公安执法工作，应当在公安民警的指挥和监督下开展辅助性工作。因此，如果民警在场，辅警是配合警察依法执行职务的，对辅警进行袭击的，符合《中华人民共和国刑法》第二百七十七条第一款规定的，可以认定为妨害公务罪。(3) 如果民警不在场，因辅警不具有执法主体资格，也不属于妨害公务罪的行为对象，对辅警袭击造成伤害结果的，可以适用《中华人民共和国刑法》第二百三十四条的规定，认定为故意伤害罪。(4) 如果行为人在执法现场，既袭击依法执行职务的民警，又袭击辅警的，可以按照吸收犯原理，作为一罪处理，不实行数罪并罚。即分别不同情况，作出分别处理，不一概而论。②

本案中，刘某某袭击民警向某的行为情节轻微（仅用力往向某的脸上推了一掌），依法不宜认定构成袭警罪；但袭击辅警时某某的行为情节严重，能否也作为袭警罪一罪处理，就有争议了。对此，应该注意以下几个方面。

一是考虑到吸收犯原理但不能简单地完全套用。在大多数同时袭击民警和辅警的案件中，适用吸收犯原理没有障碍。但在本案及类似案件中，因为袭击民警的行为情节轻微、不宜单独认定构成袭警罪，但袭击辅警的行为情节恶劣，如仍然适用吸收犯原理进行处理，就有一定难度，或者效果明显不好。

二是考虑到现实情况和实际需要。对暴力袭击与民警依法共同执行职务的辅警的行为，虽然依法可以定为妨碍公务罪或者故意伤害罪，但在实践中对行为人暴力袭击辅警的行为情节或结果往往要求很高，定罪较难。这就在一定程

① 本书【法官后语】对此类法律问题涉及的法律法规等内容进行了时效性更新，下文不再对此进行提示。

② 参见胡云腾等主编：《刑法罪名精释（第五版）》，人民法院出版社 2024 年版。

度上导致辅警面对有暴力倾向的行为人“退避三舍”，加重民警受到暴力袭击或严重伤害的危险。因此，在不明显违背刑法明确规定、不违背刑法制度基本法理情况下，通过合理解释，将暴力袭击依法执行职务的辅警的行为，也纳入袭警罪的规制对象，很有现实必要。

三是对依法共同执行职务的民警和辅警，应当以“执法共同体”的概念进行实质性判断。应该坚持认为，在民警与辅警共同执行职务的情形下，辅警是在民警的管理和监督下开展辅助性工作，是警察执法权和执法行为的依附。根据“执法共同体”的概念和理念，应当实质性判断此种情况下的辅警是否属于“正在依法执行职务的人民警察”范畴。对此不能过于教条主义，不能将刑法条文内容的文义解释绝对化、唯一化，因而不应当机械地将辅警人员排除在“正在依法执行职务的人民警察”范畴之外。

四是对同时或者先后对依法共同执行职务的人民警察及辅警进行暴力袭击的，应当坚持进行整体评价，不能割裂。在上述第四点前提下，同时或者先后对依法共同执行职务的民警及辅警进行暴力袭击的，从形式逻辑上来讲，就应当坚持进行整体评价，不应该分开评价。为体现罪责刑相适应原则之要求，对依法共同执行职务的民警及辅警同时或者先后进行暴力袭击的，在定罪量刑方面都坚持进行整体评价，不割裂其相互之间的有机联系。

总之，笔者认为，行为人在执法现场，同时或者先后对依法共同执行职务的民警及辅警进行暴力袭击的，应当进行整体评价，以袭警罪一罪论处，不实行数罪并罚。

编写人：湖南省湘西土家族苗族自治州中级人民法院　胡基厚

湖南省吉首市人民法院　刘静

2

醉酒驾驶逃避执法检查剐蹭民警的，应以危险驾驶罪、袭警罪数罪并罚

——徐某某危险驾驶、袭警案

【案件基本信息】

1. 裁判书字号

江苏省如皋市人民法院（2023）苏 0682 刑初 199 号刑事判决书

2. 案由：危险驾驶罪、袭警罪

【基本案情】

徐某某曾因饮酒后驾驶非营运机动车，于 2013 年 10 月 25 日被暂扣机动车驾驶证六个月，并处罚款人民币 1000 元。2022 年 8 月 16 日 21 时许，徐某某饮酒后驾驶苏 F6H×××号小型汽车沿某路段行驶。遇民警设卡查酒驾时，徐某某为逃避检查，未遵照民警停车指示停车，驾车闯卡，民警手持荧光棒等工具在车头前方和车身两侧敲击车窗进行拦截。为避开站在车头前方的民警，徐某某先是向右打方向，后向左打方向，再向右打方向加速离开，将民警康某某剐蹭倒地，致康某某左上臂、左手掌等多处表皮剥脱，徐某某驾车逃离现场。经鉴定，康某某损伤程度不构成轻微伤。

2022 年 8 月 17 日凌晨 1 时许，被告人徐某某主动投案，经交通警察支队物证鉴定室鉴定，在徐某某的血液中检出乙醇成分，其含量为 85.7 毫克/100 毫升。徐某某如实供述其醉酒驾车、驾车剐蹭民警的犯罪事实，对危险驾驶罪认罪认罚，但辩称没有袭警故意，闯卡系为了逃避处罚，有绕行和打方向避开民警的行为，否认构成袭警罪。

【案件焦点】

1. 醉酒驾驶为逃避执法检查剐蹭民警是否构成袭警罪以及如何选择刑档；2. 构成袭警罪的，是否与危险驾驶罪数罪并罚。

【法院裁判要旨】

江苏省如皋市人民法院经审理认为：被告人徐某某违反道路交通安全法规，在道路上醉酒驾驶机动车，其行为已构成危险驾驶罪；暴力袭击正在执行职务的人民警察，其行为已构成袭警罪。徐某某一人犯数罪，依法应数罪并罚。徐某某犯罪后自动投案，并能如实供述自己的罪行，虽对行为性质进行辩解，亦属自首，依法可以从轻处罚；其对危险驾驶罪认罪认罚，对该罪依法从宽处理。

徐某某在驾车闯卡、逃避执法检查的过程中虽未正面撞击民警，但其向侧面打方向的行为剐蹭了站在车身侧面的民警，属暴力袭击行为。站在车身侧面的民警用执法工具敲击车窗，与车身直接接触，徐某某明知在民警不主动避让或避让不及时的情况下，打方向会剐蹭民警，仍然多次打方向，最终致一名民警被剐蹭倒地受伤，具有袭警的主观故意。徐某某先是醉酒驾车，后又通过驾车剐蹭的方式暴力袭击正在执行职务的警察，其行为触犯了危险驾驶罪和袭警罪两个罪名，依法应数罪并罚。江苏省如皋市人民法院依照《中华人民共和国刑法》第一百三十三条之一第一款第二项、第二百七十七条第五款、第四十二条、第四十四条、第四十五条、第四十七条、第五十二条、第六十七条第一款、第六十九条，《中华人民共和国刑事诉讼法》第十五条之规定，作出如下判决：

被告人徐某某犯危险驾驶罪，判处拘役二个月，并处罚金人民币4000元；犯袭警罪，判处有期徒刑八个月；决定执行有期徒刑八个月，并处罚金人民币4000元。

案件宣判后，判决已生效。

【法官后语】

2023年《最高人民法院、最高人民检察院、公安部、司法部关于办理醉酒危险驾驶刑事案件的意见》（以下简称《意见》）第十六条第二款规定，醉酒驾驶机动车，以暴力、威胁方法阻碍公安机关依法检查，又构成妨害公务罪、袭警罪等其他犯罪的，依照数罪并罚的规定处罚。本案判决于《意见》施行之前，但对暴力阻碍公安机关依法检查的性质认定以及罪数处断与上述规定一致，以下四个方面对同类案件处理具有一定参考意义。

第一，作为从重情节的逃避、阻碍依法检查的把握。根据《意见》第十条之规定，逃避、阻碍公安机关依法检查属于危险驾驶罪的从重处理情节。但此处的逃避、阻碍应限于相对平和的方式，情节较轻。"逃避"通常表现为看见或者察觉到前方执法人员正在进行依法检查，掉转车头逃跑、弃车逃跑、更换驾驶人、与执法人员或者执法设备无接触的一般驾车闯卡行为。"阻碍"通常表现为抗拒检查行为，如不配合呼气检测，不配合提取血样，抢夺呼气检测仪器或者血样、取血设备，围堵、推搡、抓挠、挣脱执法人员等轻微肢体冲突行为，轻微辱骂、讽刺等言语攻击行为。逃避、阻碍情节恶劣，如以暴力、威胁方法逃避、阻碍，构成其他犯罪的，应对逃避、阻碍行为单独定罪处罚。

第二，驾车剐蹭执法民警可以构成袭警罪。袭警罪的犯罪故意内容是妨害人民警察依法执行职务，使人民警察不能顺利执法。以驾驶的机动车作为工具袭警，除直接撞击外，还包括碾轧、拖拽、剐蹭等行为。袭警罪并不要求造成民警受伤的后果，有造成民警受伤的现实危险或是妨害了民警依法执行职务，即属造成了危害后果，属于既遂。本案中，徐某某为抗拒检查驾车闯卡，站在车身侧面的民警用执法工具敲击车窗，与车身直接接触，徐某某明知在民警不主动避让或避让不及时的情况下，向侧面打方向会剐蹭民警，危及民警人身安全，使民警无法执行职务，仍然多次向侧面打方向，具有袭警的主观故意。最终也导致一名民警被剐蹭倒地受伤，无法正常执行职务，故构成袭警罪。

第三，袭警罪升格量刑应从严把握。袭警罪存在两个刑档，使用枪支、管制刀具，或者以驾驶机动车撞击等手段，严重危及民警人身安全的，处三年以上七年以下有期徒刑。基于刑法的谦抑性，对"等手段"应从严解释，必须是行为人采取的手段和"使用枪支、管制刀具或者以驾驶机动车撞击手段"的暴力性和危险性相当。剐蹭行为的暴力性和危险性小于驾车正面撞击，本案被告人徐某某确曾打方向避开站在车头前方的民警，故不宜升格量刑。

第四，数罪并罚的考量。危险驾驶罪与袭警罪侵犯的客体不同，前者危害公共安全，后者扰乱公共秩序，以一罪论处难以评价两种不同性质的驾车行为和主观心态，以数罪论处更为恰当。需要说明的是，如果阻碍检查的行为构成袭警罪，就不应再将该行为作为醉驾的从重情节，如果排除该情节，醉驾行为不构罪的，就不能按照犯罪处理。本案如在《意见》施行之后判决，因被告人徐某某血液酒精含量为 85.7 毫克/100 毫升，醉驾行为可以不作为犯罪处理，只作为袭警罪的量刑情节。

编写人：江苏省南通市中级人民法院　胡元吉

3

综合情节认定伪造国家机关证件罪“情节严重”

——魏某甲、魏某乙伪造国家机关证件案

【案件基本信息】

1. 裁判书字号

福建省南平市中级人民法院（2023）闽 07 刑终 12 号刑事裁定书

2. 案由：伪造国家机关证件罪

【基本案情】

2014 年下半年的一天，被告人魏某甲带着许某某伪造的 10 份建设用地批准书等材料找时任某县某镇水利工作站站长的被告人魏某乙，要求其帮忙办理魏某甲等 10 户人家的《福建省村镇个人住宅建设许可证》（以下简称《住宅建设许可证》），魏某乙明知自己未负责城建所业务，仍到城建所叶某某（已殁）办公室，拿了 11 份盖好“某县某镇人民政府”公章的空白《住宅建设许可证》

回到水利工作站办公室，并按魏某甲提供的材料，当着魏某甲的面为魏某甲等10户人填写了10本《住宅建设许可证》，并按魏某甲的要求将落款时间写为2006年11月，还交代魏某甲及时去某镇城建所缴纳相关费用。之后，魏某甲违法建房并竣工。2015年，魏某甲等人用上述10本《住宅建设许可证》非法办理了6本村镇个人住宅土地证和34本房屋所有权证。经鉴定，魏某乙填写的《住宅建设许可证》上“某县某镇人民政府”“某县某镇建设管理所”的印文分别与样本是同一枚印章盖印的；检材上的字迹均系魏某乙所写。魏某甲收取魏某丁等建房户200多万元用于建设涉案房产，上述房产按评估基准日2015年1月13日的市场价值为人民币（币种，下同）11475690元，经评估建安工程费为2921940元。魏某甲、魏某乙伪造国家机关证件的行为，不断引发行政复议和行政诉讼。2021年11月11日、12日，魏某乙、魏某甲分别经民警电话通知后到某县公安局办案中心接受讯问，如实供述了自己的犯罪事实。

【案件焦点】

1. 魏某甲、魏某乙伪造国家机关证件的行为是否构成伪造国家机关证件罪“情节严重”；2. 魏某甲、魏某乙伪造国家机关证件犯罪行为是否超过追诉期限。

【法院裁判要旨】

福建省政和县人民法院经审理认为：被告人魏某甲伙同被告人魏某乙伪造国家机关证件达10本，侵犯了国家机关的正常管理活动和信誉，二被告人的行为均已构成伪造国家机关证件罪，属情节严重。据此，以伪造国家机关证件罪，分别判处被告人魏某甲有期徒刑三年，并处罚金15000元；被告人魏某乙有期徒刑二年，并处罚金10000元。

魏某甲、魏某乙提出上诉。福建省南平市中级人民法院经审理认为：魏某甲伙同魏某乙共同伪造国家机关证件10本，侵害了国家机关的正常管理活动秩序和信誉，二上诉人的行为均已构成伪造国家机关证件罪且属情节严重。据此，裁定如下：

驳回上诉，维持原判。

【法官后语】

本案的争议焦点在于魏某甲、魏某乙伪造国家机关证件的行为是否构成伪造国家机关证件罪“情节严重”以及是否超过追诉期限。

一、魏某甲、魏某乙的行为构成伪造国家机关证件罪“情节严重”

伪造国家机关证件罪“情节严重”的认定存在法律规定的空白地带，法院应当在准确理解案情基础上，评估证件数量、证件属性、伪造次数、非法获利金额、后续危害性等情节的影响力，进行综合认定。

具体到本案中，综合考量魏某甲、魏某乙二人伪造的证件属性、证件数量、后续危害性等情节，足以认定二人伪造国家机关证件犯罪行为属情节严重。首先，从证件属性方面看，魏某甲、魏某乙伪造的国家机关证件《住宅建设许可证》是国家机关城乡规划主管部门为履行城乡规划的行政管理职责颁发的证明，用于证实建房的土地处于当地实际规划许可范围内，系农村建房必需的手续之一，对维护正常城乡规划管理秩序而言非常重要。魏某甲、魏某乙伪造《住宅建设许可证》并使违建房屋顺利竣工，严重破坏了乡村规划秩序，损害了农村良好有序的用地秩序。其次，从证件数量方面分析，在伪造的10本《住宅建设许可证》基础上，魏某甲建房后采取欺骗手段办理了6本国有土地使用权证及34本房产证，产生了大量衍生的伪造的国家机关证件，损害大量国家机关证件的公共信用。再次，从伪造行为后续危害性方面分析，二上诉人伪造《住宅建设许可证》后，魏某甲组织10多名当地不明真相的群众投资建房。上述房产位于进入县城必经的国道边，因建房所需的证件均系伪造，接连引发多次行政复议和行政诉讼，严重影响城建部门正常管理秩序，损害政府信誉。经评估上述房产市场价值为1147万余元，建安工程费为292万余元。上述违法建筑的处置，被非法占用土地的回收利用，不明真相出资参与建房群众经济损失的挽回及该违法建筑竣工后产生的一系列涉及当地维稳和民生的社会问题均难以解决，在当地造成恶劣的政治影响和严重的社会危害。故，魏某甲、魏某乙伪造国家机关证件的犯罪行为造成了严重危害后果，其行为的危害性明显较单纯伪造一定数量国家机关证件的犯罪行为更加严重，依法应认定构成伪造国家机关证件罪“情节严重”。

二、魏某甲、魏某乙伪造国家机关证件犯罪行为未超过追诉期限

只有实施了伪造国家机关证件的目的行为后，犯罪才能成立，该时间节点即追诉起算时间。具体到本案中，正是魏某甲使用其伪造的《住宅建设许可证》建房并办理了涉案房屋房产证的情节，形成了量变到质变的过程，达到了犯罪程度，需要刑法调整。魏某甲持续使用假证的过程是伪造国家机关证件犯罪行为的继续状态，追诉期限从犯罪行为终了之日起计算。本案中，魏某甲自2014年下半年与魏某乙共同伪造了《住宅建设许可证》后使用假证建房，并于2015年1月许使用上述假证办理了相应房产证，逃避行政机关执法检查，持续侵害了国家机关证件的公共信用和正常社会管理秩序，符合犯罪行为继续状态的定义，故二上诉人伪造国家机关证件的行为应从犯罪行为终了之日起计算，即2017年3月初，被国土资源局执法人员在巡查中发现上述用地审批材料虚假之时。同时，其长达两年多次持续使用上述虚假证件逃避行政机关执法检查，破坏城乡规划秩序的行为亦可作为认定“情节严重”的依据。根据《中华人民共和国刑法》第二百八十条第一款的规定，魏某甲、魏某乙伪造国家机关证件犯罪行为属“情节严重”，法定最高刑为有期徒刑十年，追诉期限为十年，故对二上诉人伪造国家机关证件犯罪行为的追诉不存在超过追诉期限之嫌。

编写人：福建省南平市中级人民法院　曾倩颖

4

非法使用窃照专用器材“造成严重后果”的司法认定

——王某某非法使用窃照专用器材案

【案件基本信息】

1. 裁判书字号

福建省泉州市中级人民法院（2023）闽05刑终1148号刑事裁定书

2. 案由：非法使用窃照专用器材罪

【基本案情】

2021年10月29日22时许，被告人王某某着校服伪装进入某中学等候至次日凌晨五六时许，趁无人之机潜入该学校操场旁一公共女厕内，将事先购买的2个微型摄像头、6个手机摄像设备隐藏安装在女厕门口两侧冲水管上面、如厕坑位下排水沟等位置用于偷拍女性面貌及如厕过程，10月30日正值该中学组织中小学教师资格考试（笔试），被告人王某某安装的偷拍设备偷拍到292人次女性如厕视频，其中，2个微型摄像头拍摄到约206人次、手机摄像设备拍摄到86人次女性如厕及私密部位。至当日9时40余分，被告人王某某又进入该女厕回收设备，后翻出离开时被该考点工作人员发现，在被带到学校门口保卫室过程中，趁工作人员不备逃出学校，后在逃跑过程中慌不择路跳下一斜坡致右脚摔伤。

公安局民警接警后，在该中学现场扣押到被告人王某某用于作案及遗留在现场的移动电源十部、A牌微型摄像头十一个（无法使用）、B牌微型摄像头四个、移动电话十七部、女性假发二项。

2022年4月29日，经物证鉴定中心鉴定，检材一至检材五均是窃照专用器材。

2021年10月31日15时许，公安局民警抓获被告人王某某，次日对其刑事拘留，因被告人王某某脚部受伤，公安局于2021年11月4日对其变更为监视居住的强制措施，2022年5月3日被人民检察院继续采取监视居住的强制措施。

被告人王某某在被监视居住期间，又于2022年10月2日12时许到某文创园，将向他人购买的一个微型摄像头安装在该文创园一楼的一间女厕所的门后面，用于偷拍女性如厕视频，该微型摄像头拍摄到87人次女性如厕视频。2022年10月4日13时许，被告人王某某到该文创园取走该微型摄像头后，被该文创园的工作人员发现并报警，后被告人王某某在该文创园门口被民警抓获。2022年10月7日，公安局作出行政拘留十日、收缴物品主板一个、专用电池一个、摄像机一个的行政处罚决定，该行政拘留尚未执行。

2022年10月24日，经泉州市公安局物证鉴定所鉴定，该微型摄像装置是窃照专用器材。

另查明，被告人王某某从2008年起，通过化装成女性在女厕所安装偷拍设备等方式在多所学校等处的女厕所进行偷拍，后将偷拍的资料编辑后上传到网络、为牟利进行贩卖，因犯制作、复制、贩卖淫秽物品牟利罪，于2014年5月27日被福建省厦门市思明区人民法院判处有期徒刑三年，2015年7月22日刑满释放；又因在某中学的女厕利用针孔摄像机偷拍他人隐私，于2016年3月6日被公安局以侵犯他人隐私行政拘留十日；又因在某中学的女厕利用摄像机、摄像头偷拍他人隐私被当场查获，于2017年10月24日被公安局以侵犯他人隐私行政拘留十日。

【案件焦点】

1. 被告人王某某的行为是否构成《中华人民共和国刑法》（以下简称《刑法》）第二百八十四条规定的非法使用窃照专用器材罪；2. 如何理解该条文中的“造成严重后果的”。

【法院裁判要旨】

福建省南安市人民法院经审理认为：被告人王某某先后在学校、网红景点这种人流量大、波及面广的公共场所非法使用窃照专用器材，实施偷拍行为，拍摄女性私密部位，受害人数众多，行为性质恶劣，已严重侵犯了不特定人的隐私权，严重扰乱了社会正常的管理秩序，造成了严重后果，其行为已构成非法使用窃照专用器材罪。公诉机关的指控成立。被告人王某某之前已三次因偷拍行为被行政处罚或判处刑罚，仍不思悔改，且第二起偷拍行为系其在被监视居住期间实施，主观恶性大，情节恶劣，可酌情从重处罚。被告人王某某归案后能如实供述其基本罪行，依法可从轻处罚。根据本案的事实、情节和危害后果，结合被告人王某某的认罪悔罪表现，经本院审判委员会讨论，依照《中华人民共和国刑法》第二百八十四条、第六十七条第三款、第六十四条的规定，作出如下判决：

一、被告人王某某犯非法使用窃照专用器材罪，判处有期徒刑一年六个月；

二、被告人王某某被查扣的作案工具电源、手机、摄像头、假发、主板，均予以没收，由南安市公安局依法上缴国库。

一审宣判后，王某某提出上诉。

福建省泉州市中级人民法院经审理认为：原审判决认定事实清楚，定罪准确，量刑适当，审判程序合法。福建省泉州市中级人民法院依照《中华人民共和国刑事诉讼法》第二百三十六条第一款第一项的规定，裁定：

驳回上诉，维持原判。

【法官后语】

窃听、窃照专用器材是为了维护国家安全利益，在执行特殊任务时而使用的特殊工具，非法使用此类器材会危害社会的正常管理秩序和公民的合法权益。因此，《中华人民共和国刑法》第二百八十四条设立了“非法使用窃听、窃照专用器材罪”，即“非法使用窃听、窃照专用器材，造成严重后果的，处二年以下有期徒刑、拘役或管制”。而近年来，窃听、窃照专用器材逐渐成为打击报复或探寻商业和政治对手“情报”的利器，成为实现个人私欲、偷窥他人的工具等，使用窃听、窃照专用器材对公民私密生活进行窥探的事件也被不断曝光，危害日益严重，现有规制体系渐显力不从心。在司法实践中，非法使用窃听、窃照专用器材罪产生了诸多定罪疑难问题，如怎么理解《中华人民共和国刑法》第二百八十四条规定的“造成严重后果的”？“严重”是主观性很强的词语，究竟应以什么样的标准去判断“严重”程度，法律及司法解释均没有明确规定，司法实践中因理解不同，对类似行为作出了罪与非罪两种截然不同的判决。

《刑法释义》[①] 指出，“造成严重后果”，是指由于非法使用窃听、窃照专用器材，导致窃听、窃照内容被广泛传播；造成他人“自杀”、精神失常；引起“自杀”、伤害等犯罪发生；造成被窃听、窃照单位商业秘密泄露；造成重大经济损失；严重损害国家利益等严重后果。对个人的影响，要达到“造成他人‘自杀’、精神失常”的严重程度才可认定造成严重后果，而本罪的法定最高刑仅为有期徒刑二年，明显罪刑不相适应。

在本案办理过程中，对如何理解“造成严重后果的”，存在不同意见。一种意见为，本罪应理解为结果犯，造成严重后果了才构成，本案所窃照视频资料尚未流入社会，没有传播、贩卖等，法律对“造成严重后果”也无明确规定，根据法无明文规定不为罪的原则，无法认定被告人王某某的行为构成非法使用窃照专用器材罪；另一种意见为，被告人王某某已经偷拍到了大量女性如厕及私密部位的视频，本案两起犯罪，受害人数众多，所拍摄的视频已在被告人的存储设备中，已严重侵犯了不特定人的隐私权，严重扰乱了社会正常的管理秩序，被告人多次实施类似行为，仍不悔改，在被采取强制措施期间仍不收手，主观恶性及社会危害性较大，行为性质恶劣，可认定为“造成严重后果的”的情形，其行为应当认定构成非法使用窃照专用器材罪。本案判决采用第二种意见。

一、本案事实及证据

1. 被告人王某某的行为侵犯了本罪所保护的法益。非法使用窃听、窃照专用器材罪保护的法益是国家对窃听、窃照专用器材的管理制度（秩序）。这是学界通说的观点。窃听、窃照专用器材是我国的管制类器材，从生产、销售、

① 王爱立主编：《中华人民共和国刑法释义》，法律出版社2024年版，第32页。

使用均需要特别授权与许可。《中华人民共和国反间谍法》《中华人民共和国反间谍法实施细则》《中华人民共和国刑事诉讼法》《禁止非法生产销售使用窃听、窃照专用器材和“伪基站”设备的规定》等法律法规，共同构成了国家对窃听、窃照专用器材的管理制度，要求任何个人和组织均不得非法生产、销售、持有和使用窃听、窃照专用器材。设立本罪的目的是规范管控窃听、窃照专用器材的使用，防止其滥用而破坏社会生活，防范可预知的风险，当然这也隐性地包含了对企事业单位的正常经营权、公民的隐私权等法益的保护。结合本案，被告人王某某并不具备使用窃照专用器材的主体资格，其非法使用行为已经侵犯了国家对窃听、窃照专用器材的管理制度，也侵犯了正常的社会秩序。

2. 被告人王某某所实施的行为，具有刑罚处罚必要性。经济学中存在“理性犯罪人”概念，意思是每一个犯罪人在实施犯罪之前，都会比较犯罪的预期成本和预期收益，从而决定自己是否进行犯罪。当犯罪收益越大于犯罪成本时，那么犯罪人进行犯罪的可能性就越大。目前有关使用窃听、窃照专用器材进行偷拍、偷录等违法犯罪事件呈泛滥之势，甚至巨大的利益诱惑使利用窃照专用器材的偷拍形成了一系列的违法产业链。因此，为严格控制窃听、窃照专用器材的使用，保护公民的隐私生活安定，维护国家安全，在把握“严重后果”时，不应对其进行限缩性解释。

本案被告人王某某已三次因偷拍行为被行政处罚或判处刑罚，其中因犯制作、复制、贩卖淫秽物品牟利罪被判刑，是因为被告人将偷拍的视频编辑后上传到网络、为牟利进行贩卖而被归罪，被告人王某某在被处罚后，不思悔改，且第二起偷拍行为系其因第一起行为事实施后被公安机关监视居住期间再实施，主观恶性大，行为性质及情节恶劣，具有刑罚惩罚必要性。

二、结合理论与实务，对“造成严重后果”的判断

1. 窃取到涉及国家安全但不属于国家秘密或情报的内容。国家秘密是有关国家利益与安全，仅限一定时间内在一定范围内的人员熟知的事项，分为绝密、机密与秘密三个等级。在生活中，有些信息内容可能涉国家安全利益，但尚不构成国家秘密或情报，因此对于此类内容的非法窃取，应认定为“造成严重后果”。

2. 造成被窃听、窃照企业单位重大经济损失。对使用窃听、窃照专用器材，窃取到商业秘密或其他商业竞争经营内容而致使被害单位重大经济损失，尚不构成侵犯商业秘密罪的构罪金额即50万元或其他犯罪的，达到一定金额，应认定为“造成严重后果”。

3. 造成被窃听、窃照内容被广泛传播。如今社会，网络速度传播快，受众范围广，当被窃听、窃照的内容被广泛传播，公民的私密生活内容被暴露在其他公众视野之下，这不仅仅是对公民私生活的严重侵犯，更是对受害人人格尊严的严重侵犯，因此，造成窃听、窃照内容被广泛传播应当成为本罪的“造成严重后果。在“广泛”的认定上，可根据浏览量、转发量等作为指标，参照侮辱罪、诽谤罪的司法解释的规定适用。

4. 非法窃听和窃照的影像内容或录音内容达到一定数量，或侵犯了多少人的隐私权，或多次侵犯了同一被害人的隐私利益等，对数量及人数、次数予以规定，达到规定数量的，一般应认定为“造成严重后果”。具体的规定，应结合使用地点、人流量、被侵犯对象是否系未成年人等进行认定。

5. 致使被害人名誉、声誉受损，或造成精神损害。偷拍行为，尤其是女性被害人，在被窃取私密生活与私密部位内容后，加害者与观看者往往会对被害者进行羞辱、谩骂。对被害人名誉、声誉受损的事实判断，可通过社会或他人对被害人品德评价是否显著降低、是否有多人对被害人被偷拍视频、图片进行观看等进行考量。对被害人精神损害的判断，可依据专门鉴定机构，对被害人是否在精神上受到折磨，心理上受到创伤进行鉴定。

6. 其他造成严重后果的情形。因现实生活中，犯罪行为的复杂多样性，而司法解释规范的相对滞后，在办理此类案件时，该此兜底条款，可使法官能够结合案件事实，充分合理行使自由裁量权，避免出现处罚漏洞。但应结合本罪保护的目的、被告人行为的危害后果等进行综合考量，不宜盲目扩大适用。

编写人：福建省南安市人民法院　徐会霞

5

组织考试作弊中的“组织”行为与如实供述的司法认定

——杲某某等组织考试作弊案

【案件基本信息】

1. 裁判书字号

江苏省扬中市人民法院（2023）苏1182刑初62号刑事判决书

2. 案由：组织考试作弊罪

【基本案情】

2021年12月至2022年11月，被告人杲某某、蔡某甲、蔡某乙、袁某某、卢某某、韩某某、尹某某、薛某某等人在江苏省某市、安徽省某县等地车辆管理所组织考生在驾驶理论考试中作弊。具体犯罪事实分述如下。

1. 2022年5月至11月，被告人杲某某多次组织考生在某市A区、某市B区车辆管理所驾驶证理论考试中，通过安装摄像头、耳机等作弊器材在场外为考生报送答案的方式组织作弊8场。其中，被告人薛某某介绍考生1人。

2. 2022年10月上旬，被告人杲某某、朱某（另案处理）夫妻邀请被告人蔡某乙等人参与组织考试作弊，约定由被告人杲某某一方提供考生，被告人蔡某乙一方提供作弊器材并协助被告人杲某某报送答案。2022年10月14日至11月16日，被告人杲某某、蔡某甲、蔡某乙、袁某某、卢某某等人在某市车辆管理所驾驶证理论考试中组织作弊4场。其中，被告人杲某某、蔡某甲负责报送答案。被告人蔡某乙、卢某某为考生安装作弊器材，被告人袁某某将考生带进车辆管理所考试并提供心理支持。被告人卢某某开车确保安全。

3. 2021年12月下旬，被告人韩某某、蔡某甲、蔡某乙、卢某某按照事先约定在某县车辆管理所驾驶证理论考试中组织作弊，被告人尹某某介绍考生2人。其中，被告人韩某某将被告人尹某某介绍的考生带至某县车辆管理所附近，被告人蔡某乙为考生安装作弊器材，被告人蔡某甲负责报送答案，被告人卢某某负责开车，组织作弊2场。

【案件焦点】

1. 如何把握组织考试作弊中的“组织”；2. 自动投案但未及时如实供述是否认定自首。

【法院裁判要旨】

江苏省扬中市人民法院经审理认为：被告人杲某某、蔡某甲、蔡某乙、袁某某、卢某某、韩某某、尹某某、薛某某在法律规定的国家考试中，组织作弊，其中被告人杲某某、蔡某甲、蔡某乙、袁某某、卢某某系情节严重，其行为均已构成组织考试作弊罪。关于被告人杲某某的辩护人提出被告人杲某某具有自首情节的辩护意见，经查，被告人杲某某系抓获归案，不具有自首的构成要件，故本院对该辩护意见不予采纳。关于被告人杲某某的辩护人提出对被告人杲某某适用缓刑的辩护意见，经查，被告人杲某某组织多人至多地车辆管理所组织考试作弊，且在犯罪中起主要作用，根据其犯罪情节，不符合适用缓刑的条件，故本院对该辩护意见不予采纳。关于被告人杲某某、韩某某的辩护人提出被告人杲某某、韩某某具有从轻处罚情节的辩护意见，经查属实，符合法律规定，本院予以采纳。据此，判决如下：

一、被告人杲某某犯组织考试作弊罪，判处有期徒刑三年三个月，并处罚金人民币3万元；

二、被告人蔡某甲犯组织考试作弊罪，判处有期徒刑二年六个月，缓刑三年，并处罚金人民币25000千元；

三、被告人蔡某乙犯组织考试作弊罪，判处有期徒刑二年，并处罚金人民币15000元。

案件宣判后，判决已生效。

【法官后语】

一、组织考试作弊中的“组织”不以多人为必要条件

本案犯罪事实并不复杂，证据确实充分，审理期间对如何把握组织考试作弊罪中的“组织”，存在以下不同的意见。

意见一，“组织”一般对人，应以多人为必要条件。组织考试作弊罪的对象是作弊考生，组织1名至2名考生作弊在文义解释上存在一定问题。另外，在组织卖淫罪中，具有“卖淫人员3人以上的应认定组织他人卖淫”的规定，即组织卖淫罪中要求卖淫对象3人以上。而组织考试作弊也属于组织（他人）性犯罪，可予参照。

意见二，“组织”不但包括组织多人，也包括组织（经营）考试作弊行为。组织多人在法律规定的国家考试中作弊当然构成犯罪。从事考试作弊经营，伴有安排时间、提供作弊器材、报送答案等组织行为的同样构成犯罪。以上并未超出“组织”的认定范畴，且组织人员与组织行为紧密联系、互为表里。而组织卖淫相应司法解释为特别规定，不适用于组织考试作弊罪。

如何把握组织考试作弊中的“组织”对成立组织考试作弊罪及认定组织作弊场次（纳入整体评价或者单独评价）均有重大影响，应审慎处置。组织卖淫罪较之属于重罪，且有引诱、容留、介绍卖淫等罪兜底，组成打击卖淫相关犯罪体系。组织卖淫中对“组织”的特别规定，不可片面系统解释应用于组织考试作弊罪。笔者同意第二种意见，具体理由如下。

1. 机动车驾驶考试属于法律规定的国家考试。《中华人民共和国刑法》第二百八十四条之一第一款，将组织考试作弊罪定义为“在法律规定的国家考试中，组织作弊的”行为，即规制考试类别为法律规定的国家考试。《中华人民共和国道路交通安全法》第十九条规定，申请机动车驾驶证，应当符合国务院公安部门规定的驾驶许可条件；经考试合格后，由公安机关交通管理部门发给相应类别的机动车驾驶证。《中华人民共和国道路交通安全法实施条例》第二十一条规定，公安机关交通管理部门应当对申请机动车驾驶证的人进行考试。因此，机动车驾驶员考试是全国人民代表大会制定法律所规定的考试，属于

《中华人民共和国刑法》第二百八十四条之一第一款及《最高人民法院、最高人民检察院关于办理组织考试作弊等刑事案件适用法律若干问题的解释》（以下简称《组织作弊解释》）第一条规定的“法律规定的国家考试”。

2. “组织”考试作弊包括组织人员和组织行为，不以组织多人为入罪必要条件。《组织作弊解释》对《中华人民共和国刑法修正案（九）》增设组织考试作弊罪以来出现的争议问题加以明确，但仍未对入罪条件进行阐述。一般理解，组织作弊应包括一人组织多人、多人组织一人或者多人组织多人等情形，重点不但在于组织于人，更在于组织于事或行为。《中华人民共和国刑法》第二百八十四条之一第二款规定，为他人实施前款犯罪提供作弊器材或者其他帮助的，依照前款规定处罚。客观印证了本罪打击对象包括组织行为。《组织作弊解释》第四条规定，组织考试作弊，在考试开始之前被查获，但已经非法获取考试试题、答案或者具有其他严重扰乱考试秩序情形的，应当认定为组织考试作弊罪既遂。这对组织考试作弊罪中重在打击组织行为进一步印证。《组织作弊解释》根据实践情况，对组织考试作弊罪规定了相对较低的升档量刑标准，包括考试类型、行为后果、行为主体、地域范围、数量标准、违法所得等方面，体现了依法从严打击的政策要求。组织考试作弊不限于组织多人作弊，从组织人员和组织行为上共同评价，重点打击考试作弊经营行为，是立法的应有之义。

3. “组织”行为的具体表现。根据《组织作弊解释》理解与适用列举组织行为包括，向他人提供试题、答案的；代替他人参加考试的；携带与考试内容相关的资料、作弊器材的；篡改考试成绩的；帮助安排作弊考点、考场或者考位的；帮助控制考场视频监控系统和无线通讯信号屏蔽系统的；帮助传递考试试题、答案、作弊器材或者通讯设备的；帮助违规招录监考人员的；帮助更换答题卡的；其他为实施组织考试作弊犯罪提供帮助的行为。其中，在组织考试作弊中提供试题、答案或者代替他人参考考试的，应视为组织考试作弊的有机组成部分，不再单独评价。以本案为例，组织者实施策划分工、联络枪手、提供作弊器材等，枪手实施提供以及帮忙穿戴作弊器材、报送答案等，提供考生人员实施推荐作弊考生及收取相关费用，其他人员实施引导考生进入考场、掩护或者放纵作弊等。也就是说，实践中组织行为更加细致，更加宽泛。从分工和所起作用来看，组织者一般定为主犯，其他人员可认定从犯。同时根据《组织作弊解释》第十二条的规定，被宣告缓刑的，可以根据犯罪情况，依法宣告禁止令，禁止涉案教练员在缓刑考验期限内从事驾驶培训及相关活动，以加大惩处力度和违法成本。本案中，被告人杲某某等人在法律规定的国家考试中，多次组织考试作弊，情节严重，依法应当定性组织考试作弊罪。

二、未及时供述犯罪事实的，一般不予认定自首

被告人蔡某甲、蔡某乙主动向公安机关投案，但未及时供述主要犯罪事实，是否构成自首存在不同意见。

意见一，构成自首。自动投案加如实供述即构成自首，二者之间没有规定时间限制。再者，自首后翻供但在一审判决前又能如实供述的，根据法律规定应认定为自首。被告人蔡某甲、蔡某乙自动投案，在侦查中期即如实供述犯罪事实，早于一审判决前，从鼓励自首角度应予认定。

意见二，不构成自首。自首的本质是主动协助查明事实，将自己自愿置于司法机关控制之下，接受审查与裁判。自动投案并未及时供述犯罪事实，甚至抗拒、误导侦查，不具有自首的主动性、自愿性。被告人蔡某甲、蔡某乙虽自动投案，但未及时如实供述，不符合自首认定条件。

笔者同意第二种意见，具体理由如下：

1. 从案件事实来看，二被告人到案后未及时供述。被告人蔡某甲、蔡某乙共同于2022年12月5日自动投案。被告人蔡某甲到案当日否认犯罪事实，至2023年1月5日如实供述在某市组织作弊，至2023年1月18日如实供述在某县组织作弊。被告人蔡某乙到案当日仅承认事发当日1次犯罪事实，至2023年1月31日如实供述在某市、某县组织作弊。关于在某市组织作弊，同案犯袁某某、杲某某分别于2022年12月2日、12日如实供述组织考试作弊。作弊考生于2022年11月16日至12月15日陆续全部到案陈述作弊过程并辨认出各被告人。关于在某县组织作弊，同案犯韩某某、尹某某分别于2023年1月3日、6

日如实供述组织考试作弊。作弊考生分别于2022年12月29日、2023年1月5日到案陈述作弊过程，即：被告人蔡某甲、蔡某乙自动投案后，在司法机关掌握其主要犯罪事实前，并未及时如实供述。

2. 从法律规定来看，认定自首需要及时如实供述。《最高人民法院关于处理自首和立功具体应用法律若干问题的解释》（以下简称《解释》）第一条第二项第四目规定，犯罪嫌疑人自动投案并如实供述自己的罪行后又翻供的，不能认定为自首；但在一审判决前又能如实供述的，应当认定为自首。该规定为翻供又如实供述是否认定自首的依据，前置条件为自动投案并如实供述，即不能以该规定直接得出及时如实供述的时间节点可推迟到一审判决前。《最高人民法院关于处理自首和立功若干问题的意见》（以下简称《意见》）第二条第三款规定，犯罪嫌疑人自动投案时虽然没有交代自己的主要犯罪事实，但在司法机关掌握其主要犯罪事实之前主动交代的，应认定为如实供述自己的罪行。该规定明确自动投案及时如实供述的时间节点，即在司法机关掌握其主要犯罪事实之前。

3. 从自首本质来看，应及时供述犯罪事实。如实供述是自首的必要条件，自首要求行为人主动、自愿置于司法机关的控制之下，接受审查与裁判。《解释》第一条第二项第三目规定，主犯则应当供述所知其他同案的共同犯罪事实，才能认定为自首。《意见》第二条第一款也有类似的规定，犯罪嫌疑人自动投案后隐瞒自己的真实身份等情况，影响对其定罪量刑的，不能认定为如实供述自己的罪行。如果仅仅自动投案而没有如实供述，甚至否认犯罪事实，抗拒、误导侦查，那就不是主动、自愿置于司法机关的控制之下。未及时如实供述无法体现自首价值，认定自首虽然对行为人自动投案的主观心态不作要求，但应及时如实供述对什么投案或者投了什么案，这是一般理解和基本要求。反之，司法机关开展侦查活动进行取证掌握其主要犯罪事实后，行为人对证据、事实的消极承认，缺乏自首的主动性、自愿性，同时无法体现自首带来鼓励行为人主动接受制裁以及节约司法成本的效益，不宜认定为自首。

值得注意的是，自首中自动投案与如实供述犯罪事实之间是紧密结合的，不是简单割裂的。《解释》和《意见》大篇幅的释义并规定例外情形，对此认定自首时应严格对照适用。《中华人民共和国刑法修正案（八）》增设坦白条款，时间上晚于《解释》和《意见》，且坦白从轻处罚幅度更低。坦白条款的如实供述自己的罪行不等同于《解释》和《意见》对自首相对要求严苛的如实供述自己的罪行，即因未及时如实供述无法认定自首时，并不排除坦白条款适用。

4. 未及时如实供述“但书”情形。其一，没有其他介入因素迫使被告人如实供述，及时如实供述的时间可以适当从宽掌握。若行为人自动投案未及时如实供述，司法机关亦未掌握其主要犯罪事实。此时，被告人主动、自愿陆续供述（同种）犯罪事实，不是对证据、事实的消极承认，经查证属实，仍应认定自首。因“提起公诉”是人民检察院经全面审查，认为案件事实清楚，证据确实充分，依法应当判处刑罚，符合法定起诉条件而代表国家提交人民法院审判的诉讼活动，所以具体从宽掌握及时供述主要犯罪事实的时间节点可以放宽至提起公诉前。其二，对境外追逃追赃案件的自首可以适当放宽标准。例如，被告人主动、经劝返悔过投案或者在遣返、引渡程序中主动提出回国，一般不影响自动投案的认定。因此，特别是对于经劝返回国投案或有关部门作出承诺案件，对及时如实供述的时间可以相对放宽。本案中，被告人蔡某甲、蔡某乙虽自动投案，但在司法机关掌握其主要犯罪事实前未及时如实供述犯罪事实，不宜认定自首。

编写人：江苏省扬中市人民法院　王辉

6

为他人提供破解民用无人机禁飞限高服务，应构成提供侵入计算机信息系统程序罪

——高某、刘某某提供侵入计算机信息系统程序案

【案件基本信息】

1. 裁判书字号

上海市宝山区人民法院（2023）沪 0113 刑初 166 号刑事判决书

2. 案由：提供侵入计算机信息系统程序罪

【基本案情】

2019 年至案发，被告人高某、刘某某单独或者伙同朱某某（另行处理），在诸多网站开设网店，为无人机所有者提供解除无人机禁飞限高等限制的服务。嗣后，通过其在网站下载或者购买破解用的软件，远程操控对无人机的控制系统进行破解，解除原本系统设定的无人机禁飞区限制、高度限制等，并从中收取费用牟利。经查证，被告人高某累计破解无人机控制系统 60 余台；被告人刘某某累计破解无人机控制系统 40 余台。

【案件焦点】

高某、刘某某为他人提供破解民用无人机禁飞限高等限制的服务，行为如何定性。

【法院裁判要旨】

上海市宝山区人民法院经审理认为：被告人高某、刘某某单独或者伙同他人，为牟取非法利益，为他人提供破解无人机禁飞限高等限制的程序并安装，

二人行为破解的民用无人机在飞行的过程中多次发生撞机、炸机、坠落等情形，不仅侵犯了国家信息网络安全，严重威胁了公共安全、侵害了人民群众的人身和财产安全，更严重扰乱广大人民群众正常稳定的生活秩序，且具备“侵入”“提供”“专门程序”的刑法评价，符合提供侵入计算机信息系统程序罪的犯罪构成。二人破解达 20 人次以上，情节严重，对被告人高某、刘某某应以提供侵入计算机信息系统程序罪追究刑事责任。二名被告人具有坦白情节且自愿认罪认罚，依法可以从轻处罚、从宽处理。据此，综合被告人杨波的犯罪事实、情节、认罪态度和对社会的危害程度，判决如下：

一、被告人高某犯提供侵入计算机信息系统程序罪，判处有期徒刑七个月，并处罚金人民币 3000 元；

二、被告人刘某某犯提供侵入计算机信息系统程序罪，判处拘役五个月，缓刑五个月，并处罚金人民币 2000 元；

三、扣押在案的作案工具及违法所得，依法没收。

案件宣判后，判决已生效。

【法官后语】

本案的审理难点在于高某、刘某某为他人提供破解民用无人机禁飞限高等限制的服务，行为如何定性。涉民用无人机类犯罪案件侵犯客体的非单一性、前置法的“缺位性”以及地域的广泛性决定了此类新业态、新类型的案件在审理上的挑战性。

一、民用无人机系统属于刑法意义上的计算机信息系统

为正确区分刑法意义上的计算机信息系统与普通意义上的计算机信息系统，2011 年《最高人民法院、最高人民检察院关于办理危害计算机信息系统安全刑事案件应用法律若干问题的解释》（以下简称法释〔2011〕19 号）第十一条进行了明确释义。故，根据该规定，计算机信息系统以具备自动处理数据功能为特征，凡是能够自动处理数据的系统均属于刑法意义上的计算机信息系统和计算机系统。无人机其系统中最核心的技术即飞控系统，当无人机在空中受到干扰时保持飞机姿态与航迹的稳定，以及按地面无线传输指令的要求，改变飞机

姿态与航迹，并完成导航计算、遥测数据传送、任务控制与管理等。故，民用无人机飞控系统具备了法释〔2011〕19号中所指的计算机信息系统的特征，即自动处理数据功能，属于刑法意义上的计算机信息系统。

二、对“侵入”“非法控制”实行行为的评价

“侵入”对其进行法律评价可理解为未经授权或超越授权。对民用无人机进行技术破解，需要借助破解的软件，行为人在利用上述软件破解的过程中，非法获取无人机生产公司密钥，模仿公司行为生成相应的解禁证书推入飞机，抑或利用无人机设备上一个命令注入漏洞，通过漏洞执行脚本，进而对系统进行篡改等。本案中，高某二人通过软件伪造限飞解禁证书和通过软件篡改限飞程序的方式，破解无人机禁飞、限高限值，使得无人机设备在限飞区违规飞行，故该软件的功能核心目的在于篡改民用无人机系统上的禁飞、限高的数据，既然是篡改，那就意味着未经授权，故可对其作出刑法意义上侵入性的法律评价。

另外，刑法层面的“非法控制”行为，其本质是未经授权或者超越授权获取他人的操作权限，其目的是控制计算机信息系统执行特定的操作，即第三方应用程序需按照操控者的想法运行。就本案中破解民用无人机系统行为而言，高某二人系经无人机所有者委托侵入系统篡改禁飞、限高数据，故此行为应具有刑法层面的侵入性而非非法控制性。

三、正确辨析“提供”的实行行为

“提供”是指向他人的供给。从盈利与否来看，既包括有偿供给也包括免费供给；从对象上来看，既包括特定对象的供给，也包括不特定公众的供给。涉民用无人机类犯罪而言，行为人为无人机所有者提供解除无人机禁飞限高等限制的服务，此服务既可为有偿服务，也可为无偿服务；就对象上而言，属于向不特定的对象提供服务，通过线上销售的方式有偿为不特定的消费者提供破解服务。由此可知，行为人为非法牟利，有偿为无人机所有者提供解除无人机禁飞限高等限制的服务，符合提供侵入计算机信息系统程序罪中“提供”的实行行为。

四、厘清软件的类别

法释〔2011〕19号第二条以“列举+兜底”的方式，对刑法意义上的程序、工具予以明确，“专门程序”区别于“中性程序”的典型特征是在未经授权或超越授权的状态下侵入计算机系统，即具有非法性。申请限飞解禁的流程必须有所在地区相关部门的审批表，但此类案件中行为人破解民用无人机系统系通过伪造限飞解禁证书或篡改限飞程序的方式，使无人机系统可以在更广、更高的区域飞行，故行为人侵入无人机系统篡改数据的行为，显然不属于“中性程序”。回归到本案中，被告人高某二人利用软件，远程操控对无人机的控制系统进行破解，该软件属于刑法意义上的“专门程序”。

编写人：上海市宝山区人民法院　牛玲玲

7

涉计算机信息系统犯罪案件管辖权的认定

——网络科技公司等提供侵入、非法控制计算机信息系统程序、工具案

【案件基本信息】

1. 裁判书字号

浙江省高级人民法院（2022）浙刑终280号刑事裁定书

2. 案由：提供侵入、非法控制计算机信息系统程序、工具罪

【基本案情】

网络科技公司于2018年7月成立，主要经营计算机软硬技术开发与销售、企业微信、电子商务等业务。被告人肖某作为公司负责人，全权负责公司事项，包括人员招募、日常运营决策、参与技术开发等。自2019年5月以来，被告单

位网络科技公司未经某科技公司授权或许可，利用微信客户端通信协议原理，针对微信开发具有“一键收藏转发朋友圈”“批量加好友”“自动同步朋友圈”“清理僵尸粉”“发布大视频”“自动获取、转发特定内容的朋友圈及作者名片等数据到指定群聊”等官方微信不具备的功能程序。

2019 年 5 月至 2020 年 6 月，被告单位网络科技公司根据代理商的要求，制作具备上述一种或多种功能的程序，以激活码的方式销售给代理商段某、程某、李某、董某、肖某 1，并负责程序运行中出现的问题修改、后期维护等，从中获利共计人民币 2210396 元。

【案件焦点】

1. 鉴定意见中缺乏涉案程序是否具有破坏性说明的案件中，相关程序是否属于专门用于侵入、非法控制计算机信息系统的程序、工具的审查与认定；2. 危害计算机信息系统安全类犯罪中“网络系统所在地”的理解和适用。

【法院裁判要旨】

浙江省温州市中级人民法院经审理认为：被告单位网络科技公司未经某科技公司授权，通过反编译等手段非法解析微信系统的通讯数据，利用获得的数据开发出相关程序，这些程序侵入微信计算机信息系统后，通过修改、添加等相应功能，实现官方微信所不具备的功能，尔后将上述程序销售给不法商户使用，其行为已构成提供侵入、非法控制计算信息系统程序、工具罪，且犯罪情节特别严重。被告人肖某作为网络科技公司的实际负责人、开发非法程序的组织者、领导者，也已经构成提供侵入、非法控制计算信息系统程序、工具罪，犯罪情节特别严重。被告人李某、段某、董某、程某、肖某 1 明知网络科技公司开发的这些软件未经某科技公司授权，且系通过侵入、非法控制微信计算机信息系统实现官方微信所不具有的功能，仍代理销售，分别与网络科技公司、肖某构成了共同犯罪，犯罪情节特别严重，其行为均已构成提供侵入、非法控制计算机信息系统程序、工具罪。据此，以提供侵入、非法控制计算机信息系统程序、工具罪，分别判处：被告单位网络科技公司罚金；被告人肖某、段某、程某、李某、董某、肖某 1 有期徒刑一年至三年，适用缓刑，并处罚金；被告单位网络科技公司、被告段某、程某、李某、董某、肖某 1 退出的违法所得，均予以没收，上缴国库；责令被告人李某继续退出违法所得 24 万元，予以没收，上缴国库。随案移送的作案工具手机、电脑等均予以没收，上述物品所得变价款，上缴国库。

宣判后，被告单位网络科技公司、被告人肖某 1 以浙江省温州市中级人民法院不具有案件管辖权，被告单位、被告人行为不构成本罪等为由分别提出上诉。

浙江省高级人民法院经审理认为：网络科技公司“微商优品”镜像文件中发现有浙江省温州市苍南县用户杨某的微信账号及发送二手车广告的聊天记录。杨某是网络科技公司“微商优品”的使用者，即“专门用于侵入、非法控制计算机信息系统程序、工具”的使用者，属于与本案有关其他涉案人员。信息网络犯罪案件中，“其他涉案人员使用的信息网络系统所在地”属于犯罪地。故，浙江省温州市苍南县为本案的犯罪地。浙江省温州市中级人民法院提级管辖审理，并无不当。原审判决定罪和适用法律正确，量刑适当。审判程序合法。据此，裁定：

驳回上诉，维持原判。

【法官后语】

本案审理过程中，辩护人提出，“反编译”手段并不为法律绝对禁止，更不是犯罪行为。本案的鉴定意见未对涉案软件是否系破坏性程序作出检验结果。涉案软件没有伪造客户端，没有修改微信用户客户端本身，也没有修改、删除腾讯微信系统本身，没有未经授权或者超越授权获取计算机信息系统数据，没有对腾讯微信计算机信息系统进行非法控制，某科技公司也没有报案，微信系统并未受到“侵入”或者“非法控制”。

经审理发现，涉案的 5 款软件从开发程序上看，开发者主要是通过网络论坛直接获取微信的内部接口和微信通讯协议的加解密模块，或者通过反编译分析得到微信的内部接口，也就是说开发者从网络论坛上的其他人处或者通过反编译手段获取了微信客户端与微信服务器之间的通讯协议（数据），然后将这些数据（微信的内部接口和加解密模块数据）封装在JAR（软件包文件格式）包内，再在JAR包内增加一些新的功能。由于JAR包里含有官方微信接口和加解密模块数据，因此，JAR包就可以与官方微信服务器对接，控制微信服务器传输过来的数据，从而实现官方微信所没有的一些功能。从本质上说，开发者通过反编译等手段获取官方微信客户端与微信服务器之间的通讯数据后，用这些数据封装了一个非官方的微信客户端。用户在自己的官方微信上通过扫码开发者开发的涉案软件的二维码，就会登录非官方微信客户端，该非官方微信客户端通过与微信服务器对接后就可以实现官方微信没有的功能。

由此可见，首先，开发者网络科技公司是通过反编译等手段对微信客户端内的数据进行解析获取通讯协议。虽然反编译只是作为一种软件开发的工具，但是用这种工具去擅自解析其他公司的未公开程序则为法律所禁止。这如同一个人掌握了密码开锁的技术后，未经他人许可擅自去解析他人家密码锁的密码一样。某科技公司安全部负责人杨某的证言亦证实，微信客户端与服务器之间的数据传输是加密的。这表明某科技公司并没有开放上述数据。其次，从涉案软件的运行原理看，网络科技公司将从官方微信客户端非法解析获得的微信服务器与客户端之间的协议代码、参数封装到JAR包中，并在JAR包添加官方微信所不具备的功能，形成一个伪微信客户端，用户使用伪微信客户端后通过连接微信服务器与服务器数据进行交互后，实现开发者需要的官方微信所不具有的一些功能，本质上是让使用者伪装成官方微信认可的用户，进入微信的计算机信息系统，获取其中的数据和操控一些功能。最后，根据相关司法解释，只有对于是否属于专门用于侵入、非法控制计算机信息系统的程序、工具难以确定时，才应当委托省级以上负责计算机信息系统安全保护管理工作的部门检验，而本案涉案的5款软件的性质，根据网络科技公司包括肖某在内的开发人员的口供、购买使用者的证词、某科技公司的情况说明、相关聊天记录、鉴定意见等证据，足以认定涉案软件属于专门用于侵入、非法控制计算机信息系统的程序、工具，无须另行鉴定。

信息网络系统是由计算机或者其他信息终端及相关设备组成的按照一定的规则和程序对信息进行收集、存储、传输、交换、处理的系统，除了网络接入地、相关服务器外，还包括计算机终端设备在内。用户使用被告人开发的程序（专门用于侵入、非法控制计算机信息系统程序、工具）时所持有的手机属于信息网络系统中的一个连接点，使用手机扫码登录该程序所在地属于信息网络系统所在地，应认定属于犯罪地，具有管辖权。被告人开发的程序（专门用于侵入、非法控制计算机信息系统程序、工具）连接作用于计算机系统（微信服务器），对服务器内的数据进行修改、添加，因此微信服务器属于犯罪行为发生的场所。同时，微信系统是由客户端、服务器及专用网络组成的信息网络系统，对各类信息的处理需要整个微信信息网络系统的数据交互，因此，被告人开发的程序在侵入微信计算机信息系统时并不仅局限于某台服务器，而是对整个服务器信息网络系统的侵入。某科技公司在温州部署了用于微信等网络服务在内的服务器。涉案的5款软件用一个伪微信客户端，连接作用于微信服务器，对服务器内的数据进行修改、添加，因此微信服务器属于犯罪行为发生的场所。同时，微信系统是由客户端、服务器及专用网络组成的信息网络系统，对各类信息的处理需要整个微信信息网络系统的数据交互，因此，涉案的5款软件在侵入微信计算机信息系统时并不仅局限于某台服务器，而是对整个服务器信息网络系统的侵入。质言之，温州属于本案的犯罪地之一。本案属于新类型案件，且具有普遍法律适用意义，人民法院提级管辖并无不当。

综上，本案例作为危害计算机信息系统安全类犯罪提级管辖的一个典型案例，对于是否属于专门用于侵入、非法控制计算机信息系统的程序、工具，不拘泥于形式意义上的鉴定意见是否对于涉案程序具有“破坏性”的结论，而是综合在案证据，对于涉案程序是否构成计算机信息系统安全危害的实质意涵进行重点审查认定。既溯源于该类案件打击对象的司法之原旨，亦符合“以审判为中心”之要求，对于司法实践中是否属于专门用于侵入、非法控制计算机信息系统的程序、工具的审查具有参考意义。同时，对于危害计算机信息系统安全类犯罪案件中“网络系统所在地”的理解和适用具有典型意义。在参照适用中，还应避免管辖权泛化，以利于该类犯罪的精准有效打击。

编写人：浙江省温州市中级人民法院　占长斌

8

制作抢号软件在医院挂号系统中增加患者就诊数据进行抢号的罪名认定

——逯某等破坏计算机信息系统案

【案件基本信息】

1. 裁判书字号

重庆市第五中级人民法院（2024）渝05刑终199号刑事裁定书

2. 案由：破坏计算机信息系统罪

【基本案情】

1. 2020年左右，被告人逯某在互联网上通过添加QQ好友的方式与被告人杨某取得联系并达成合作协议，双方约定由逯某出资，杨某负责开发针对医院挂号系统的抢号软件及后期的升级维护等。2020年1月至2023年3月17日，逯某在重庆市联系有挂号需求的患者，确定各医院抢号的代挂费，然后使用杨某提供的软件将患者的挂号信息通过对应医院的网址流转至杨某的电脑上，杨某在江苏省南通市负责运行抢号程序，待医院正式开始放号时自动完成快速批量的抢号。抢号成功后，逯某将抢号情况告知患者并收取高额的抢号代挂费，以此获利。逯某将获利平分后转给杨某，有时还支付一定的抢号程序升级费用或发红包给杨某。其间，逯某通过上述方式针对重庆多家医院的挂号系统实施抢号获利共计109万余元，杨某获利共计138万余元。经鉴定，提取到的上述抢号程序增加了医院挂号系统中存储的数据，为破坏性程序。

2. 2020年下半年，被告人李某某通过网络搜索的方式与被告人杨某取得联系，双方约定由李某某出资，杨某负责开发针对某医院挂号系统的抢号软件及后期的升级维护等。2020年7月至2023年3月，被告人李某某在互联网上联系有挂号需求的患者，确定某医院抢号的代挂费，然后使用被告人杨某提供的软件将患者的挂号信息通过对应医院的网址流转至杨某的电脑上，杨某在江苏省南通市负责运行抢号程序或者由李某某自行运行抢号程序，待医院正式开始放号时自动完成快速批量的抢号。抢号成功后李某某将抢号情况告知患者并收取高额的抢号代挂费，以此获利。李某某将获利分配给杨某，有时还支付一定的抢号程序升级费用或发红包给杨某。李某某获利共计约2.3万元，杨某获利共计8万余元。经鉴定，提取到的上述抢号程序增加了医院挂号系统中存储的数据，为破坏性程序。

【案件焦点】

对于通过破坏性程序非法增加医院挂号系统数据进行抢号，导致其他患者无法按照医院的挂号秩序正常挂号的罪名认定。

【法院裁判要旨】

重庆市大渡口区人民法院经审理认为：被告人逯某、杨某、李某某违反国家规定，对计算机信息系统中存储的数据进行增加的操作，造成计算机信息系统不能正常运行，后果特别严重，其行为均构成破坏计算机信息系统罪。判决：

一、被告人杨某犯破坏计算机信息系统罪，判处有期徒刑六年四个月；

二、被告人逯某犯破坏计算机信息系统罪，判处有期徒刑五年十个月；

三、被告人李某某犯破坏计算机信息系统罪，判处有期徒刑五年；

四、依法追缴被告人逯某、杨某共同的违法所得247万元

五、依法追缴被告人杨某、李某某共同的违法所得10.3万元；

六、扣押在案的作案工具台式电脑机箱2个、笔记本电脑3台、手机22部依法予以没收。

宣判后，逯某、李某某提出上诉。

重庆市第五中级人民法院经审理认为：上诉人逯某、李某某、原审被告人杨某违反国家规定，对计算机信息系统中存储的数据进行增加，造成计算机信息系统不能正常运行，后果特别严重，其行为均已构成破坏计算机信息系统罪。在共同犯罪中，逯某与杨某、杨某与李某某分工配合，共同实施犯罪行为，获取非法利益，行为均积极主动。逯某、杨某、李某某归案后如实供述自己的罪行，依法从轻处罚。逯某违法所得 109 万余元、杨某违法所得 146 万余元、李某某违法所得 2.3 万元，均应当予以追缴。从逯某处扣押的资金 169.5 万元可用于冲抵其全部违法所得，其余部分应当予以退还；从杨某处扣押的资金 30.52 万元可用于冲抵其部分违法所得。原判认定事实和适用法律正确，量刑适当，审判程序合法。据此裁定如下：

一、准许上诉人逯某撤回上诉；

二、驳回上诉人李某某的上诉，维持原判。

【法官后语】

本案的争议焦点是罪名认定问题，即被告人行为是构成非法控制计算机信息系统罪，还是构成破坏计算机信息系统罪。

一、非法控制计算机信息罪与破坏计算机信息罪客观方面存在部分重合

《中华人民共和国刑法》对两罪罪状的描述比较粗糙。非法控制计算机信息系统罪的罪状“非法控制”系简单罪状，对于何为非法控制刑法和司法解释均未展开，似乎只要没有权限或者超越权限使得计算机系统脱离权利人控制均为非法控制。而破坏计算机信息系统罪中的“破坏”含义相当宽泛，几乎可以包括所有侵犯计算机信息系统功能、数据、程序的行为。

从犯罪实施过程看，实施非法控制计算机信息系统，就要先侵入或者采取其他技术手段进入计算机信息系统，取得浏览、修改、增加、删除等权限，再行控制，之后再根据犯罪目的进一步实施其他行为。这种对计算机信息系统数据进行修改、删除、增加等行为，与破坏计算机信息系统行为包含的对计算机信息系统或者系统数据进行删除、修改、增加等具体操作并无实质区别。就此

而言，非法控制与破坏并非对立关系，而是具有重叠性，在一定阶段其行为或者手段是相同的或者关联的。对计算机信息系统数据进行修改、删除、增加等操作，是非法控制计算机信息系统罪和破坏计算机信息系统罪共有的客观方面，无法仅仅从犯罪客观方面进行两罪区分。

本案中，逯某等人制造抢号软件，利用抢号软件在医院挂号系统中增加患者挂号信息，客观上具有非法控制计算机信息系统及破坏计算机信息系统的技术性质。对其法律性质如何认定应当继续检索其侵犯的法益及犯罪主观目的。

二、根据两罪保护法益的区别，破坏计算机信息系统罪第二类行为应限定为造成系统功能实质性破坏或者不能正常运行

从法益区别看，为了更好地维护计算机信息系统的安全和有效运行，国家对计算机信息系统制定了严格的管理制度。破坏计算机信息系统罪的客体为计算机信息系统安全，保护的是各种计算机信息系统功能及计算机信息系统中存储、处理或者传输的数据和应用程序。该罪保护的法益是计算机信息系统数据完整和运行的正常状态，因此造成系统功能实质性破坏或者不能正常运行是该罪的本质要求。而非法控制计算机信息系统罪侵犯的法益是计算机信息系统的保密性和控制性，保护的是计算机信息系统合法占用人、控制人的使用权或控制权。基于两罪保护法益的区别，应当以是否造成系统功能实质性破坏或者不能正常运行作为两罪的本质区别。

从法条适用看，本案对被告人定罪适用了《中华人民共和国刑法》第二百八十六条第二款。该条共三款分别规定了破坏计算机信息系统罪三种行为方式，其中第一款和第三款分别要求行为达到“造成计算机信息系统不能正常运行”“影响计算机信息系统正常运行”的后果程度，第二款只规定了对计算机信息系统数据或程序进行删修增等行为构成破坏计算机信息系统罪。适用该款并非只要行为人对计算机信息系统中数据或程序实施删修增等操作即可构成，必须是行为造成计算机信息系统功能实质性破坏或者不能正常运行的后果。在两罪客观方面存在重叠的情况下，行为是否造成计算机信息系统功能实质性破坏或者不能正常运行的后果是区分的关键。这同时也是上述两罪法益所要保护法益

的区别产生的当然结论。

三、两罪主观目的存在差异

《中华人民共和国刑法修正案（七）》将非法控制计算机信息系统行为入罪，主要是为了解决两个问题：一是计算机信息系统"使用盗窃"问题，也即侵入计算机信息系统后并未破坏计算机信息系统的功能或者数据，而是通过控制计算机实施特定的操作获利。二是解决非法控制计算机信息系统后实施的其他违法犯罪行为难以定罪的问题。[①] 因此，就主观方面而言，非法控制的根本目的并非破坏目标网站的功能或破坏其数据，而是更希望其能够正常运行，以便被控制网站能够继续成为其实施后续行为的有效工具。而破坏计算机信息系统罪是以对目标计算机系统功能或者其中的数据进行破坏使其不能正常运行、导致数据失真等，以达到侵犯他人利益或者获取不法利益的目的。

编写人：重庆市第五中级人民法院　彭芳芳　林栩塑

9

手机"轰炸程序"是否构成破坏计算机信息系统罪的司法认定

——张某某破坏计算机信息系统案

【案件基本信息】

1. 裁判书字号

河北省保定市清苑区人民法院（2023）冀 0608 刑初 309 号刑事判决书

2. 案由：破坏计算机信息系统罪

① 喻海松：《网络犯罪二十讲》，法律出版社 2022 年版，第 48~49 页。

【基本案情】

2019年以来，被告人张某某向吴某某（另案处理）等人有偿提供手机“轰炸程序”，吴某某等人从张某某处获得手机“轰炸程序”后出于报复、泄愤、骚扰等目的利用该程序轰炸他人手机。经查，张某某向吴某某等人有偿提供手机“轰炸程序”共计20人次，张某某获利人民币6000余元。经鉴定，送检的手机“轰炸程序”为破坏性程序。

【案件焦点】

1. 非法控制计算机信息系统罪与破坏计算机信息系统罪如何界分；2. 手机终端设备是否属于计算机信息系统。

【法院裁判要旨】

河北省保定市清苑区人民法院经审理认为：被告人张某某故意传播破坏性程序，影响计算机系统正常运行，且共计提供破坏性程序20人次，后果严重，其行为构成破坏计算机信息系统罪。张某某自动投案后如实供述自己的犯罪事实，系自首，愿意接受处罚，对其可以从轻处罚。公诉机关的量刑建议适当。张某某的违法所得，应予追缴。苹果手机一部、华为手机一部系张某某的作案工具，依法予以没收；华为平板电脑一台并非作案工具，依法发还被告人。据此，判决如下：

一、被告人张某某犯破坏计算机信息系统罪，判处有期徒刑八个月；

二、被告人张某某的违法所得人民币6000元，予以追缴，上缴国库；

三、苹果手机一部、华为手机一部，予以没收，上缴国库；华为平板电脑一台发还被告人张某某。

案件宣判后，判决已生效。

【法官后语】

破坏计算机信息系统罪，是指自然人或者单位违反国家规定，对计算机信息系统功能进行删除、修改、增加、干扰，造成计算机信息系统不能正常运行，或者对计算机信息系统中存储、处理或者传输的数据和应用程序进行删除、修改、增加的操作，或者故意制造、传播计算机病毒等破坏性程序，影响计算机系统的正常运行，后果严重的行为；非法控制计算机信息系统罪是指违反国家规定，对国家事务、国防建设、尖端科学技术领域的计算机信息系统以外的计算机信息系统实施非法控制，情节严重的行为。关于两罪的区分及本案行为性质认定可以从以下几个方面考虑。

一、破坏计算机信息系统罪与非法控制计算机信息系统罪的区分

从两罪所保护的法益看，破坏计算机信息系统罪侵犯的法益是计算机信息系统的运行安全，保护的是各种计算机信息系统功能及计算机信息系统中存储、处理或者传输的数据和应用程序；非法控制计算机信息系统罪侵犯的法益是计算机信息系统的保密性和控制性，保护的是计算机信息系统合法占用人、控制人的使用权或控制权。

在司法实践中，破坏计算机信息系统罪与非法控制计算机信息系统罪时常不易区分。最高人民法院曾通过指导案例指出，[①] 通过修改、增加计算机信息系统数据，对计算机信息系统实施非法控制，但未造成系统功能实质性破坏或者不能正常运行的，不应当认定为破坏计算机信息系统罪，符合《中华人民共和国刑法》第二百八十五条第二款规定的，应当认定为非法控制计算机信息系统罪。例如，在某网站上设置"黑链"，即向目标服务器植入木马程序进行控制，再使用能够获取目标服务器后台浏览功能的软件链接到木马程序，以获得增加、删除、修改等操作权限，最终导致目标服务器跳转到指定网页。这种设置"黑链"的行为，虽然也对计算机信息系统功能或计算机信息系统中储存、处理、传输的数据进行了修改和增加，也可能给计算机信息系统带来安全隐患，但并没有直接影响计算机信息系统的正常运行，没有侵害计算机信息系统的运

---

① 指导案例145号裁判要点：通过植入木马程序的方式，非法获取网站服务器的控制权限，进而通过修改、增加计算机信息系统数据，向相关计算机信息系统上传网页链接代码的，应当认定为《中华人民共和国刑法》第二百八十五条第二款规定的"采用其他技术手段"非法控制计算机信息系统的行为。参见最高人民法院指导案例145号：张某等非法控制计算机信息系统案。

行安全，侵害的是计算机信息系统合法占用人、控制人的使用权或控制权，故该行为只能认定为非法控制计算机信息系统罪。

二、破坏计算机信息系统罪的特征

其一，关于犯罪客体。如前所述，设置本罪是为了保护计算机信息系统功能、数据、应用程序的安全，以及按照预设的相关功能有效运行。

其二，关于犯罪客观方面。刑法根据保护的法益规定了三种情形：一是破坏信息系统功能型，即通过删除、修改、增加、干扰导致信息系统功能无法正常运行；二是破坏信息系统数据、应用程序型，即通过删除、修改、增加的操作对存储、处理或者传输的数据和应用程序进行破坏；三是制造、传播破坏性程序型，典型的破坏程序有计算机病毒、逻辑炸弹，以及其他专门设计用于破坏计算机系统功能、数据或者应用程序等。无论前述哪种类型，必须以产生严重后果为入罪条件。

其三，关于犯罪主体及主观方面。本罪为一般主体，无论是自然人还是法人均可成为犯罪主体；实施行为时必须基于故意才能构成本罪。

三、本案中行为人行为性质认定

破坏计算机信息系统罪属于结果犯，与提供侵入、非法控制计算机信息系统程序、工具可以直接定罪处罚不同，制造、传播计算机病毒等破坏性程序不属于提供工具犯，构成犯罪需要考虑以下两个方面条件。

一方面，尽管理论界与实务界对于“制作、传播”的理解有争议，但均认为“单独传播”“制作+传播”破坏性程序能够造成计算机系统不能正常运行的“严重后果”。

另一方面，不同程序有其特有的运行属性，判断其危害程度时各有不同，因此，《最高人民法院、最高人民检察院关于办理危害计算机信息系统安全刑事案件应用法律若干问题的解释》（以下简称《两高解释》）列举了不同的定罪处罚标准。例如，计算机病毒具有自我复制特性，其极易引发无法控制的大规模传播，只要制作、提供、传播此类程序，导致程序通过网络等媒介传播的，即可认定“后果严重”；“逻辑炸弹”等破坏程序的危害具有潜在性、条件性，

《两高解释》规定，向20台以上计算机系统植入其他破坏性程序才认定为严重后果。同时，司法解释还以提供破坏性程序的人次、违法所得数额、经济损失数额作为“严重后果”的认定标准，《两高解释》规定，提供计算机病毒等破坏性程序10人次以上、违法所得5000元以上，或者造成经济损失1万元以上属于后果严重。

本案中，张某某向吴某某等人有偿提供破坏性程序共计20人次，获利人民币6000余元。吴某某等人利用张某某提供、出售的破坏性程序，通过不间断发送短信、频繁打电话的方式，导致被害人手机系统不能正常运行。张某某的提供、传播破坏性程序行为侵害了计算机信息系统的运行安全，故被告人张某某的行为应当以破坏计算机信息系统罪定罪处罚。

同时，如何界定计算机信息系统也是值得关注的问题。《两高解释》第十一条规定，计算机信息系统，是指具备自动处理数据功能的系统，包括计算机、网络设备、通信设备、自动化控制设备等。根据司法解释和司法实践，在认定计算机信息系统时，并不能狭义地将计算机信息系统仅仅限定于电脑的范畴，而应从设备具备的软硬件与功能的角度进行综合考量。手机终端设备在硬件方面具备处理器，在软件方面具备操作系统和软件，且能联网，具备数据信息处理功能，属于计算机系统。出售、使用“轰炸程序”、轰炸软件高频次呼叫他人手机或不间断给他人手机发送短信致使手机无法正常使用的，属于对计算机信息系统进行干扰。

编写人：河北省高级人民法院　王荔

河北省保定市清苑区人民法院　张翼

10

设立“暗网”网站的行为定性

——刘某、周某某非法利用信息网络案

【案件基本信息】

1. 裁判书字号

广东省广州市增城区人民法院（2022）粤 0118 刑初 65 号刑事判决书

2. 案由：非法利用信息网络罪

【基本案情】

2019 年，被告人刘某与被告人周某某共同设立名为“××”的“暗网”网站，由被告人刘某负责租用服务器、架设、维护网站和掌握虚拟货币的助记词等事项，由被告人周某某负责处理站内信、帖子等网站日常管理和虚拟货币的提现等事项。

该“暗网”网站主要分为“交易市场”和“交流论坛”两大板块。“交易市场”板块有帖子 15512 篇、发帖会员 3326 人，帖子内容涉及倒卖公民个人信息、传授制毒及诈骗等犯罪方法、洗钱和贩卖毒品、枪支等大量违法犯罪活动。“交流论坛”有帖子 4875 篇、发帖会员 2522 人，帖子内容涉及传授黑客技术、代码等黑灰产业内容。该“暗网”网站在某即时通讯软件中拥有“黑产交流”“药品交流”“技术交流”等 10 个群组，群成员共计 25000 余人，用于网站的宣传引流、管理等，并由同案人担任群组管理员，负责在群组内售卖网站会员激活码、站内币充值提现、提供咨询及处理投诉等业务。

该“暗网”网站主要通过付费激活会员、会员交易提成、帖子付费置顶等方式获利。被告人刘某、周某某在 2020 年 4 月 18 日至 2021 年 4 月 26 日经营该

网站期间共计获利人民币 1726634 元，各分得人民币 863317 元。

【案件焦点】

被告人设立“暗网”网站的行为该如何定性。

【法院裁判要旨】

广东省广州市增城区人民法院经审理认为：被告人刘某、周某某设立用于传授犯罪方法、制作或者销售违禁品、管制物品等违法犯罪活动的网站，违法所得人民币 1726634 元。根据《最高人民法院、最高人民检察院关于办理非法利用信息网络、帮助信息网络犯罪活动等刑事案件适用法律若干问题的解释》第十条第五项之规定，属于情节严重，故被告人刘某、周某某的行为均已构成非法利用信息网络罪。

广东省广州市增城区人民法院依照《中华人民共和国刑法》第二百八十七条之一第一款第一项、第二十五条、第六十七条第三款、第五十二条、第五十三条、第六十四条和《最高人民法院、最高人民检察院关于办理非法利用信息网络、帮助信息网络犯罪活动等刑事案件适用法律若干问题的解释》第八条、第十条、第十八条之规定，判决如下：

一、被告人刘某犯非法利用信息网络罪，判处有期徒刑三年，并处罚金人民币 60 万元；

二、被告人周某某犯非法利用信息网络罪，判处有期徒刑二年八个月，并处罚金人民币 40 万元；

三、追缴被告人刘某的违法所得人民币 863317 元，追缴被告人周某某的违法所得人民币 863317 元，予以没收，上缴国库；

四、缴获的电脑 2 台、手机 3 台、固态硬盘 1 个、U 盘 5 个，予以没收、上缴国库。

案件宣判后，判决已生效。

【法官后语】

非法利用信息网络罪的增设背景是因互联网的普及，且互联网具有开放性、即时性、跨地域性等特点，行为人往往能通过网络在短时间内组织不特定的人实施违法犯罪行为，社会危害性较大。由于当前网络犯罪的态势逐渐严峻，且查处难度较大，故增设非法利用信息网络罪，将设立用于违法犯罪的网站、发布违法犯罪信息等犯罪的预备行为予以规制，能更好实现“打早打小”的立法目的。

对于被告人设立“暗网”网站的行为应如何定性，具体到本案。

一、被告人主观上具有设立网站供他人发布违法犯罪信息，并以此牟利的故意

被告人刘某作为具有专业编程知识的技术人员，在日常生活中接触到“暗网”，知晓“暗网”网站的运营模式及网站内有相关违法犯罪内容。为了谋取非法利益，被告人刘某仍利用自身专业知识设立涉案“网站，并邀请被告人周某某作为网站管理人员。涉案网站允许会员浏览、发布违法犯罪的帖子，并交易相关违禁品、管制物品，可见被告人刘某在设立涉案网站之初，就已有专门为他人提供违法犯罪信息发布平台的故意，符合非法利用信息网络罪的主观构成要件。

二、他人利用被告人设立的网站发布销售违禁品、管制物品以及传授犯罪方法等违法犯罪活动的信息，且属于情节严重

非法利用信息网络罪的客观要件不仅包括行为人自己发布违法犯罪信息，还包括设立供他人用于发布违法犯罪信息的网站、通讯群组的行为。同时，根据《最高人民法院、最高人民检察院关于办理非法利用信息网络、帮助信息网络犯罪活动等刑事案件适用法律若干问题的解释》第七条的规定，非法利用信息网络罪中提及的“违法犯罪”，包括犯罪行为和属于《中华人民共和国刑法》分则规定的行为类型但尚未构成犯罪的违法行为。

结合本案，涉案网站的运营模式、用户交易模式如下图：

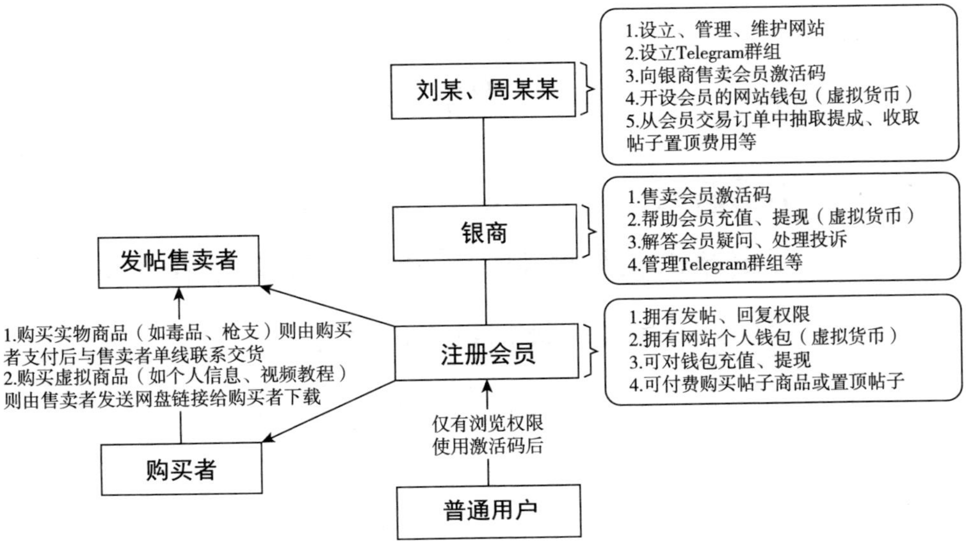

一方面，涉案网站的普通用户通过银商或者直接在站内购买激活码后成为注册会员，即可发帖或者回帖。发帖者决定售卖的商品类型及价格，购买者在个人钱包充值相应价值的比特币后，即可购买商品。经后台数据统计，涉案网站的“交易市场”板块共有帖子15512篇，内容涉及贩卖毒品、枪支、“裸贷”照片及视频等内容、公民个人信息，传授制毒及诈骗犯罪方法等。帖子所售内容基本属于犯罪行为或者属于刑法分则规定的行为类型但尚未构成犯罪的违法行为。

另一方面，涉案网站的盈利方式为购买会员激活码需要价值10美元的比特币；发帖者若需要将帖子在网站首页展示则收取价值20美元的比特币；售卖者与购买者每成功交易一次，涉案网站抽成交易金额的5%作为获利（案发期间1个比特币最高价值可达20000美元）。

综合上述，涉案网站的注册用户、帖子数量多，且被告人刘某、周某某仅在2020年4月18日至2021年4月26日经营该网站就获利人民币1726634元，已符合非法利用信息网络罪中“情节严重”的客观构成要件。同时，即便该网站在案发后已关停，但在网络上至今仍有对该网站的相关讨论，社会影响恶劣，故以非法利用信息网络罪对被告人刘某顶格判处刑罚。

编写人：广东省广州市增城区人民法院 陈艾菁 何达威

11

引诱路人扫码并邀请其通讯录好友进入特定通讯软件群聊，后将一定规模群组出卖并获利行为的认定

——莫某某等非法利用信息网络案

【案件基本信息】

1. 裁判书字号

河南省平顶山市中级人民法院（2024）豫04刑终9号刑事判决书

2. 案由：非法利用信息网络罪

【基本案情】

2022年7月被告人莫某某独自一人，2022年8月至10月莫某某伙同被告人刘某某，2023年2月至6月莫某某伙同他人，通过网络通讯软件联系上家获取“群二维码”（通过实名认证并包含个人身份信息的扫一扫功能，可将他人拉入聊天群），以扫码赠送礼品的方式在人流密集区域摆摊，通过路人或代替路人操作手机扫描“群二维码”，使其进入特定聊天群，并将路人的通讯录好友一并拉入特定聊天群，拉满25人至30人的群聊人数后，将群聊以160元至180元不等的价格“交单”给上家，以此牟取非法利益。2023年2月至6月，被告人刘某某、王某某、李某某采取上述同样方式“交单”给上家。

被告人莫某某等人先后至运城市、临汾市等地作案。莫某某非法获利98994.02元，刘某某非法获利84411.58元，王某某非法获利27268元，李某某非法获利6900元。莫某某涉及“交单群”累计约799个，涉及公民个人信息约19975条；刘某某涉及“交单群”累计约496个，涉及公民个人信息约12413

条；王某某和李某某涉及“交单群”累计约279个，涉及公民个人信息约6986条。

【案件焦点】

以赠送礼品的方式，引诱路人扫码并邀请其通讯录好友进入特定群聊，待群组成员达到一定数量后，将群组出卖给上家从中获利的行为应如何定性。

【法院裁判要旨】

河南省平顶山市卫东区人民法院经审理认为：被告人莫某某、刘某某违反国家有关规定，非法获取和出售公民个人信息，违法所得均超过了50000元，情节特别严重；王某某、李某某违反国家有关规定，非法获取和出售公民个人信息，情节严重；四被告人的行为均已构成侵犯公民个人信息罪。依照法律规定，判决如下：

一、被告人莫某某犯侵犯公民个人信息罪，判处有期徒刑三年七个月，并处罚金人民币12万元；

二、被告人刘某某犯侵犯公民个人信息罪，判处有期徒刑三年六个月，并处罚金人民币10万元；

三、被告人王某某犯侵犯公民个人信息罪，判处有期徒刑一年六个月，并处罚金人民币32000元；

四、被告人李某某犯侵犯公民个人信息罪，判处有期徒刑七个月，并处罚金人民币8000元；

五、被告人莫某某的违法所得98994.02元，被告人刘某某的违法所得84411.58元，被告人王某某的违法所得27268元，被告人李某某的违法所得6000元，依法追缴，上缴国库。

宣判后，原审被告人刘某某不服，提出上诉。

河南省平顶山市中级人民法院经审理认为：上诉人（原审被告人）刘某某及原审被告人莫某某、王某某、李某某明知他人实施诈骗等违法犯罪活动，仍帮助他人设立通讯群组，利用信息网络发布信息，提供信息的链接、二维码等指引访问服务，获取报酬，情节严重，其行为均已构成非法利用信息网络罪。依照法律规定，改判：

一、撤销河南省平顶山市卫东区人民法院（2023）豫0403刑初240号刑事判决；

二、原审被告人莫某某犯非法利用信息网络罪，判处有期徒刑二年三个月，并处罚金人民币10万元；

三、上诉人刘某某犯非法利用信息网络罪，判处有期徒刑二年，并处罚金人民币9万元；

四、原审被告人王某某犯非法利用信息网络罪，判处有期徒刑一年六个月，并处罚金人民币3万元；

五、原审被告人李某某犯非法利用信息网络罪，判处有期徒刑七个月，并处罚金人民币8000元；

六、原审被告人莫某某违法所得98994.02元，上诉人刘某某违法所得84411.58元，原审被告人王某某违法所得27268元，原审被告人李某某违法所得6900元，依法追缴。

【法官后语】

为维护信息安全，《中华人民共和国刑法修正案（九）》增设了非法利用信息网络罪。非法利用信息网络罪系将“网上”行为独立入罪，设立本罪的目的，是为了解决信息网络犯罪中带有预备性质的行为如何处理的问题，将刑法规制的环节前移，以适应惩治犯罪的需要。

行为人从上家获取特定通讯软件群聊二维码后，以赠送礼品的方式，引诱路人扫码并邀请其通讯录好友进入特定群组（俗称“地推”），待群组成员达到一定数量后，将群组出售给上家。笔者认为，应以非法利用信息网络罪定罪处罚。具体理由如下。

一、对犯罪行为作整体性评价

对犯罪行为进行定性分析是对犯罪行为规范性认知的过程，是透过现象且超越案件细枝末节的“价值抽象”与“价值整合”的过程。[①] 对犯罪行为认定是对“整体事件”的观察，思维的认知过程要采用整体性思维。

行为人从上家获取特定二维码及赠送礼品属事实性行为，组建群组、对外出售属规范性行为，系刑法评价的主要对象。将行为人认定为侵犯公民个人信息罪，是将观察点落在行为人“对外出售群组”时得出的结论，忽视了对行为人“组建群组”等其他行为的评价，未能对行为人的行为作出整体评价。“递移时间点观察法”[②] 认为，由于司法实践对犯罪行为的认定是“事后”的，故犯罪行为的认定要跨越行为的阶段性与局限性，要随着行为人事实要素的增加，不断扩张规范性评价的视野，从而使得出的结论在认识的不断完善中变得愈加丰实。整观行为人的核心要义，其从上家处获取二维码、将组建好的群组交给上家等行为，均是为了帮助上家设立群组。非法利用信息网络罪的增设，系对危险性明显偏高的网络预备行为独立入罪、作实质处罚，该罪的适用范围具有专属性，行为人的行为与本罪客观方面规定的“利用信息网络设立用于实施违法犯罪活动的网站、通讯群组”完全吻合，故应当认定为非法利用信息网络罪。

二、遵循罪责刑相一致原则进行处罚

帮助信息网络犯罪活动罪是将行为人实施的单纯的帮助行为在特定情况下定罪处罚。非法利用信息网络罪与帮助信息网络犯罪活动罪均包含有“设立用于实施犯罪活动的网站”的情形，有发生竞合的可能，故有观点认为，行为人的“地推”行为还可能构成帮助信息网络犯罪活动罪。在此，为有效遵循主客观相一致的原则，笔者仅从主观构成要件上将关联罪名进行简要分析讨论。

非法利用信息网络罪的主观构成要件，要求行为人明知设立通讯群组用于违法犯罪，帮助信息网络犯罪活动罪要求行为人主观上明知他人利用信息网络实施犯罪，两罪的关联行为均仅限于犯罪行为；而侵犯公民个人信息罪的构成要件要求行为人明知自己非法获取、非法提供公民个人信息的行为会对公民个

① 周光权：《刑法总论（第三版）》，中国人民大学出版社2016年版，第236页。
② 马荣春：《犯罪行为认定的整体性思维》，载《法治社会》2020年第6期。

人信息安全造成危害即可，对其是否知道公民信息被用于何种活动未作要求。行为人实施“地推”行为时，如果其主观上明知上家将群组用于犯罪活动，行为人可能以帮助信息网络犯罪活动罪或非法利用信息网络犯罪论处，最高被判处三年有期徒刑；但如果行为人主观上只是概括性明知，不知道出售的群组被用作违法活动还是犯罪活动，仅因其非法出售通讯群组，就以侵犯公民个人信息罪定罪，最高被判处七年有期徒刑，显然不能实现罪责刑相一致。另外，帮助信息网络犯罪活动罪要求以被帮助对象的行为构成犯罪为前提，故在本案中无须考虑该罪名。

利用信息网络实施的犯罪行为有极强的扩散性与危害性，非法利用信息网络罪的立法原意旨在实现积极的刑法危险控制，利用刑事手段提前，将相关犯罪预备行为进行堵截。本罪仅规定了三年以下有期徒刑一档量刑，具有轻罪的本质属性，行为人的“地推”行为造成的社会危害性毕竟有限，往往不超过背后的实行行为、主犯行为或正犯行为可能导致的危害结果或危险状态，故以非法利用信息网络罪论处更利于实现罪责刑相一致。

总之，社交账号大多与特定自然人的身份信息、手机号码、银行账户等关联信息绑定，是公民个人信息的重要载体。“地推”组建的群组，往往成为电信网络诈骗等犯罪的工具，是电信网络诈骗犯罪的上游关键环节，在实践中出现了大量的引流团队，已形成较为稳定的黑灰产业链。“地推”引流的行为既可能为诈骗犯罪提供帮助，也可能严重侵害公民个人信息安全，必须在坚持主客观相一致原则的情况下予以打击。为有效阻断下游犯罪，即使暂时无证据证实具体实施诈骗或其他犯罪的行为人归案并受到刑事打击，并不影响非法利用信息网络罪的成立，[①] 满足条件的，仍要进行刑事处罚。

编写人：河南省平顶山市中级人民法院　宋红超　孙梦蝶

① 《非法利用信息网络罪、帮助信息网络犯罪活动罪典型案例》，载最高人民法院网站，https：//www. court. gov. cn/zixun/xiangqing/193721. html，2025年2月24日访问。

12

行为人明知他人利用信息网络实施犯罪，仍为其提供广告推广服务，情节严重的构成帮助信息网络犯罪活动罪[①]

——王某某等帮助信息网络犯罪活动案

【案件基本信息】

1. 裁判书字号

黑龙江省嘉荫县人民法院（2021）黑 0722 刑初 62 号刑事判决书

2. 案由：帮助信息网络犯罪活动罪

【基本案情】

2020 年 2 月，被告人王某某注册成立广东某网络科技有限公司（自然人独资，以下简称“某网络公司”），通过网络平台提供广告推广服务，并招录被告人王某 1、谢某等人作为公司员工。王某 1、谢某按照王某某的要求，通过网络发帖等方式寻找需要做广告推广的“客户”并与“客户”协商价格。价格谈妥后，王某某将“客户”的网站链接发送给“代理”张某（另案处理），张某利用他人的正规资质为“客户”套上合法外衣（“套户”）。之后王某某利用徐某武名下的银行账户收取“客户”支付的广告费并扣除佣金，再向张某提供的银行账户转入广告推广费用。同年 3 月至案发，王某某等人明知“客户”的广告系虚假贷款网站，仍通过上述方式收取广告费共计人民币（以下币种同）2354529 元，非法获利共计 513933.5 元。其间，王某 1 按照王某某的要求，为

① 入库案例，参见人民法院案例库 2023-03-1-257-001。

QQ 昵称为“A”“B”“C”“D”“E”等的虚假贷款网站提供广告推广，收取广告费共计 1123475 元，为王某某非法获利 243408 元，其本人非法获利 14000 元；谢某为 QQ 昵称为“F”“G”等的虚假贷款类网站提供广告推广，收取广告费共计 1231054 元，为王某某非法获利 270525. 5 元，其本人非法获利 12800 元。三人共同为上官某（已判刑）诈骗团伙提供诈骗软件广告推广并收取广告费 444000 元，非法获利 97691 元。

【案件焦点】

1. 为虚假贷款网站提供广告推广服务的行为应认定为非法利用信息网络罪中的“为实施诈骗等违法犯罪活动发布信息”，还是帮助信息网络犯罪活动罪中“为他人利用信息网络实施犯罪提供广告推广等帮助”；2. 为帮助网络犯罪推广而注册成立公司，后与公司其他人员共同实施广告推广的行为，应认定为单位犯罪还是个人犯罪。

【法院裁判要旨】

黑龙江省伊春市嘉荫县人民法院经审理认为：被告人王某某、王某 1、谢某明知他人利用信息网络实施犯罪，而为犯罪提供广告推广帮助，情节严重，其行为均已构成帮助信息网络犯罪活动罪。三名被告人系共同犯罪，王某某在共同犯罪中起主要作用，系主犯，应当按照其所参与的或者组织的全部犯罪处罚；王某 1、谢某在共同犯罪中起辅助作用，系从犯，依法应当从轻处罚。据此，判决如下：

一、被告人王某某犯帮助信息网络犯罪活动罪，判处有期徒刑一年八个月，并处罚金人民币 4 万元；

二、被告人王某 1 犯帮助信息网络犯罪活动罪，判处有期徒刑一年，缓刑二年，并处罚金人民币 1 万元；

三、被告人谢某犯帮助信息网络犯罪活动罪，判处有期徒刑一年，缓刑二年，并处罚金人民币 1 万元；

四、没收三名被告人违法所得，部分用于退赔上游诈骗犯罪未取得退赔的被害人，余款依法上缴国库。

案件宣判后，判决已生效。

【法官后语】

本案的争议焦点在于，为虚假贷款网站提供广告推广服务的行为应认定为非法利用信息网络罪中的“为实施诈骗等违法犯罪活动发布信息”，还是帮助信息网络犯罪活动罪（以下简称“帮信罪”）中“为他人利用信息网络实施犯罪提供广告推广等帮助”，以及为帮助网络犯罪推广而注册成立公司，后与公司其他人员共同实施广告推广的行为，应认定为单位犯罪还是个人犯罪。

第一，从行为方式上看，前者强调为实施诈骗等违法犯罪活动发送诈骗短信、发布诈骗信息等，属于信息通讯层面的行为；而后者强调为利用网络实施犯罪的人作广告、拉客户或为他人设立的犯罪网站投放广告以推广网站、扩大犯罪活动范围，属于网络平台层面的行为。本案中王某某等人通过网络平台为虚假贷款网站提供广告推广服务，符合帮信罪的客观行为方式。

第二，单位犯罪，是指单位为谋取非法利益，由单位决策机构决策后，由直接负责人实施的刑法明文规定单位应受刑罚处罚的犯罪。刑法中规定的单位犯罪主体必须是依法成立、拥有一定财产或经费、能以自己名义承担责任的组织。为进行违法犯罪活动而设立的单位，或是单位设立后以实施犯罪为主要活动，均不构成单位犯罪，而属于个人的共同犯罪行为。本案中，王某某以招揽非法网络软件推广为目的注册成立网络公司，公司成立后亦以通过网络平台为非法软件提供网络推广为主要经营业务，应认定为个人犯罪行为。

针对电信网络诈骗关联犯罪的查获和审判，对侦办上游电信网络诈骗犯罪起到极其重要的作用。本案作为关联犯罪的缩影，集中体现了相关犯罪的特点：第一，三人以上的团伙犯罪形式突出，团伙内部分工较为明确，其中包含合作、雇佣等关系。同时，关联犯罪之间也存在上下游关系，如“卡头”“卡主”和雇用“卡头”的上线人员。对于在共同犯罪中的作用和地位的认定，是对各被告人量刑的关键；第二，犯罪主体呈年轻化趋势，文化程度普遍不高，但呈向高学历群体发展趋势。本案中的三名被告人平均年龄仅为23岁。究其原因，一方面年轻人作为网络的重要涉众群体，对电子技术和新兴技术接受力强。另一方面，缺乏社会经验，分辨力较弱的同时又难以抵御金钱诱惑，最终彻底沦于犯罪团伙之中。尤其是近期，拉拢、引诱未成年人参与关联犯罪，成为犯罪分子的新手段，这也为预防未成年人犯罪工作提出了新的挑战；第三，关联犯罪分化、获取上游犯罪金额情况突出。因为犯罪呈现链条化，致使被害人财产快速被多渠道分散。一方面，关联犯罪从上游犯罪的犯罪金额中获得利益，本案中，上游电信网络诈骗团伙将近 25% 的犯罪所得支付给了王某某等人。另一方面，关联犯罪并不实际掌握上游犯罪的全部赃款，导致赃款外流严重，刑事判决仅能对关联犯罪的违法所得予以追缴，加大了追赃挽损的难度。因此，推动源头治理是工作的重中之重。

编写人：黑龙江省伊春市嘉荫县人民法院　崔健英

13

虚构交易为博彩提供资金结算帮助应认定构成帮助信息网络犯罪活动罪

——曾某帮助信息网络犯罪活动案

【案件基本信息】

1. 裁判书字号

江西省万载县人民法院（2022）赣 0922 刑初 166 号刑事判决书

2. 案由：帮助信息网络犯罪活动罪

【基本案情】

2019 年 9 月，被告人曾某在明知上游犯罪分子从事境外网络赌博的情况下，为赚取“返点”仍根据其要求开设网店。上游犯罪分子将该网店内的商品链接提供给赌客，赌客以点击链接购买商品的方式支付赌资。该订单以在网络店铺购买商品为掩饰，实际上不会发货给买家。被告人曾某收款后，按每10000元返利240元至280元的标准扣除返点后转给上游犯罪分子。被告人曾某通过这种方式提供支付结算帮助，结算流水500万余元，实际获利13万元。

【案件焦点】

本案应以非法经营罪定罪处罚还是以帮助信息网络犯罪活动罪定罪处罚。

【法院裁判要旨】

江西省万载县人民法院经审理认为：被告人曾某明知他人利用信息网络实施犯罪，仍以开设网店虚构交易的形式为赌客提供资金支付结算帮助，并按比例收取手续费，情节严重，其行为构成帮助信息网络犯罪活动罪。被告人曾某认罪认罚，且具有坦白情节，对其可以从轻处罚；案发后被告人曾某及其父母积极筹款尽力赔偿被害人经济损失，并取得被害人的谅解，对其可以酌情从轻处罚。

综上，江西省万载县人民法院依照《中华人民共和国刑法》第二百八十七条之二之规定，判决如下：

一、被告人曾某犯帮助信息网络犯罪活动罪，判处有期徒刑一年一个月，缓刑二年，并处罚金3万元；

二、被告人曾某违法所得13万元，予以追缴，上缴国库。

案件宣判后，判决已生效。

【法官后语】

近年来，电商交易成为一些网络犯罪资金流通的新渠道，犯罪分子通过在电商平台虚构交易的方式为境外赌场收取赌资，对比买卖电话卡、银行卡等常见方式，此种手段更具隐蔽性与危害性。开设网店这种行为本身并不违法，但本案中犯罪分子开设网店是为了逃避公安机关的打击和第三方支付的监管，网络赌博产业的犯罪分子不会从赌客手中直接获取资金，而是让消费者通过与网店虚假交易的方式将资金转到网店账户，而后网店运营者在扣除一定比例的手续费后再将资金转到网络赌博等上游犯罪的最终获利者账户中，此种方式具有较高的隐蔽性，不易被侦查机关察觉。利用开设网店进行非法结算的犯罪虽然刚刚兴起，但发展十分迅速，通过非法转移网络赌博、电信诈骗等资金规避资金流向监控预警，犯罪资金被拆分成小额交易转移，支付行业风险蔓延，威胁金融秩序。

一、虚构交易为博彩提供资金结算帮助犯罪的司法定性分歧

本案的争议焦点在于定性问题。梳理刑法理论界与实务界的观点，可以归纳为以下两种意见。

第一种观点认为，开设网店虚构发货为境外博彩收取赌资的行为属于未经国家有关主管部门批准非法从事资金支付结算业务，应以非法经营罪定罪处罚。

第二种观点认为，明知他人利用信息网络实施犯罪，还通过开设网店虚构发货的形式为境外赌博收取赌资，为犯罪提供支付结算帮助，应当以帮助信息网络犯罪活动罪定罪处罚。曾某案的办理过程中亦存在上述争议，最终法院采纳第二种意见，以帮助信息网络犯罪活动罪对被告人定罪量刑。

二、帮助信息网络犯罪活动罪与非法经营罪的区别

1. 两者针对的对象不同。非法经营罪中的支付结算，是指开展支付结算业务活动，所谓业务活动，即以营利为目的，针对不特定公众开展的频繁的、有计划的货币资金转移活动；而帮助信息网络犯罪活动罪中的支付结算，一般表现为普通的收付款，或者面向单一、特定对象的支付结算活动。

2. 两者侵犯的客体不同。非法经营是违反国家规定非法从事资金支付结算业务，扰乱市场秩序且情节严重的行为，关涉的是金融领域的特殊支付结算业务，侵犯的是国家金融市场秩序；帮助信息网络犯罪活动则是明知他人利用信息网络实施犯罪，为其提供支付结算帮助的行为，关涉的是上游犯罪资金的接收或过户，侵犯的是国家对信息网络的公共管理秩序。

3. 帮助信息网络犯罪活动罪具有依附性，非法经营罪具有独立性。帮助信息网络犯罪活动罪中的支付结算，是因为某种“转账、交易、收款”活动本身对上游网络犯罪行为的完成起到了帮助作用，且这种行为构成犯罪的前提是行为人主观上明知在帮助他人进行网络犯罪活动；而非法经营罪中的支付结算行

为，是指独立构成犯罪的支付结算业务活动，该行为其本身就是犯罪，不依附上游犯罪活动资金流转而构成犯罪，也不需要行为人主观上明知在帮助他人进行网络犯罪活动。

三、以开设网店虚构交易的形式为赌客提供支付结算帮助的行为应认定为帮助信息网络犯罪活动罪

（一）以开设网店虚构交易的形式为赌客提供支付结算帮助的行为没有独立构成资金支付结算业务活动

1. 非法经营罪“资金支付结算”与帮助信息网络犯罪活动罪“支付结算”的法律特征有本质区别。非法经营罪的“资金支付结算”，是指未经国家有关主管部门批准，非法从事资金支付结算业务的行为。该行为不是由上游犯罪衍生出来的下游犯罪，而是独立构成资金支付结算业务活动。所支付结算的资金应为合法资金或者没有证据可以证明属于犯罪的资金。

2. 帮助信息网络犯罪活动罪的“支付结算”，是指明知他人利用信息网络实施犯罪，仍为其犯罪提供支付结算等帮助的行为。该行为是为上游犯罪提供支付结算的帮助行为，通过单设罪名的形式将帮助行为正犯化，所支付结算的资金应为犯罪资金，且需要相应的证据能证明属于犯罪的资金。

本案中，被告人曾某开设网店进行支付结算行为本身并不违法，违法的是其利用网店为赌博网站收取赌资的行为，因此其有别于非法经营罪的独立性，需要上游构成犯罪才能构罪，具有依附性。

（二）以开设网店虚构交易的形式为赌客提供支付结算帮助的行为侵犯的客体不是国家金融市场秩序

1. 非法经营罪“资金支付结算”的主体未依法取得《支付业务许可证》而从事支付结算业务，侵犯的客体是国家金融市场秩序，因为在我国要从事支付结算类金融业务需要获得国家有关管理部门的特别许可，未经许可不得从事该类型业务。

2. 帮助信息网络犯罪活动罪“支付结算”行为，侵犯的客体是国家对信息网络的管理秩序，所对应的是上游犯罪资金，以提供收款、转款结算工具的形

式完成交易。

本案中，被告人曾某开设网店并进行支付结算属于法律允许的行为，其不需要取得金融管理部门的专门业务许可，因此其侵犯的是国家对信息网络的公共管理秩序，而不是我国的金融管理秩序。

（三）以开设网店虚构交易的形式为赌客提供支付结算帮助的行为不构成非法经营罪，应当以帮助信息网络犯罪活动罪定罪处罚

《中华人民共和国刑法修正案（七）》在《中华人民共和国刑法》第二百二十五条非法经营罪中增加了非法从事资金支付结算业务的规定。如何理解非法从事资金支付结算业务。中国人民银行《支付结算办法》规定，支付结算是指单位、个人在社会经济活动中使用票据、信用卡和汇兑、委托收款等结算方式进行货币给付及其资金清算的行为。实践中，非法资金支付结算行为包括未取得支付业务许可经营基于客户支付账户的网络支付业务，未取得支付业务许可经营多用途预付卡业务。资金支付结算就是货币资金转移服务，具体办案时，要深入剖析相关行为是否具备资金支付结算的实质特征。

判断平台是否涉嫌非法经营罪，应着重考察该平台的资金流转和运营模式，准确判断是否从事或变相从事上述纪要、解释规定的资金支付结算业务。非法从事资金支付结算业务的本质是脱离监管的非法流转资金行为，是从事支付、结算、清算服务的行为。本案的电商平台仅仅提供支付渠道单纯集成或支付转接，钱款未经平台清算和结算，不符合上述纪要、解释规定的资金支付清算业务，不能认定为非法经营罪。并且，本案被告人曾某开设网店虚构发货为境外博彩收取赌资的行为，面对的只有赌博参与人，属于特定的单一对象。

综上，本案中，被告人曾某开设网店虚构发货为境外博彩收取赌资的行为，仅面对特定的单一对象；开设网店并进行支付结算侵犯的是国家对信息网络的管理秩序，而不是我国的金融管理秩序；并且开设网店进行支付结算行为需要上游构成犯罪才能构罪，具有依附性，属于《中华人民共和国刑法》第二百八十七条之二规定的“帮助信息网络犯罪活动罪”。

编写人：江西省万载县人民法院　宋馨颖　郭莉

14

信息网络实施犯罪中“明知”的认定

——罗某某帮助信息网络犯罪活动案

【案件基本信息】

1. 裁判书字号

新疆维吾尔自治区阿克苏地区中级人民法院（2024）新2901刑终9号刑事裁定书

2. 案由：帮助信息网络犯罪活动罪

【基本案情】

2022年6月27日，罗某某从深圳来到阿克苏市，其在阿克苏市期间隐瞒自己的真实姓名，陆续联系证人康某某、王某某、马某甲（另案处理）、马某乙（另案处理）四人来阿克苏市，为上述四人提供生活费、住宿费等各项开支，并帮助四人办理营业执照、银行对公账户、电话卡等相关事宜，支付上述办理营业执照等产生的各项开支，办理完成后提供给其上家，其间其帮助办理的对公账户共进账15603860.4元，其中涉案633886元。2022年7月，马某甲、马某乙在深圳工作期间因公司管理原因选择辞职，在找工作过程中从网络上认识了一个中介并添加社交软件账号，对方在网络聊天中给马某甲说让其前往阿克苏市注册空壳公司，办理成功后向其支付报酬。马某甲、马某乙于2022年7月23日乘坐飞机前往阿克苏市，办理期间罗某某负责向马某甲、马某乙提供来回路费、生活费和办理营业执照、对公账户等所有费用。马某甲、马某乙将办理成功的营业执照和对公账户交给罗某某。事后罗某某将办理的营业执照和对公账户交给上家。经核实马某甲办理的三张对公账户共计进账流水15012101

元，经核实其中 453886 元确定为受害人被诈骗转账金额。马某乙办理的两张对公账户其中一个账户进账流水 591759.4 元，其中 18 万元经过核实确定为受害人被诈骗转账金额。

【案件焦点】

1. 罗某某是否明知他人利用信息网络实施犯罪；2. 罗某某是否具有犯罪的主观故意。

【法院裁判要旨】

新疆维吾尔自治区阿克苏市人民法院经审理认为：（1）罗某某从广东省深圳市跨省至新疆维吾尔自治区阿克苏市安排、指挥多人办理营业执照及对方账户，时间跨度持续近两个月之久；（2）在银行向中介告知马某甲办理的对公账户涉嫌电信诈骗后，罗某某未采取任何补救措施，反而继续要求、催促办理对公账户，其反应异于常人；（3）罗某某仅基于对未曾见面的“东哥”的信任，就负责接待马某甲等四人，并主动承担四人的路费、住宿费、生活费，不符常理；（4）罗某某辩称其前往阿克苏市系帮助马某甲等四人寻找中介办理营业执照、对公账户等，却多次冒充上述人员与中介或银行工作人员交涉，具有逃避监管、规避调查的情节；（5）罗某某使用手机中的通讯软件将办理营业执照等事宜告知“东哥”。故，结合罗某某的认知能力、既往经历、帮助犯罪的方式等因素，认定罗某某主观上系明知。罗某某明知他人利用信息网络实施犯罪而提供帮助，情节严重，其行为已构成帮助信息网络犯罪活动罪。

新疆维吾尔自治区阿克苏人民法院依照《中华人民共和国刑法》第二百八十七条之二、第六十四条、第五十二条，第五十三条，判决如下：

罗某某犯帮助信息网络犯罪活动罪，判处有期徒刑二年零六个月，并处罚金人民币 10000 元。

罗某某不服一审判决，提出上诉。新疆维吾尔自治区阿克苏中级人民法院同意一审法院裁判意见。依照《中华人民共和国民事诉讼法》第一百七十七条第一款规定，裁定：

驳回上诉，维持原判。

【法官后语】

一、“明知”的界定

《最高人民法院、最高人民检察院关于办理非法利用信息网络、帮助信息网络犯罪活动等刑事案件适用法律若干问题的解释》第十一条采用主观明知的推定规则，只要行为人具备该条规定的七种情形之一，就可以认定行为人在主观层面上明知。广义说除“知道+应当知道”和“知道+或许知道”外，还有不同理解，但几乎都是以该二者为中心，如“确知+或知”“知道+有理由知道”等。狭义说认为，“明知”就是“明确知道”“明确的认识”，属于直接故意、确定的故意，不包括“可能性认识”和“间接故意”，否则便加重了行为人的经营成本和风险。将“明知”从“知道”向“应当知道”扩张的过程，实际上是替换犯罪构成要件的过程，将证据要求更高、证明难度更大的“实际知道”替换为“不必实际知道”，这其实是将故意犯扩张到过失犯，超越了“明知”的含义，违背罪刑法定原则。

二、“明知”的推定方法

在司法实践中，为了认定在帮助故意中的“明知”，往往需要采用不同的证据规则，在需要推定的场合，要通过判断行为人是否能实际上履行结果回避的义务，来推定其是否对帮助故意的明知，推定是指根据法律规定或者经验法则，以查明的基础事实为前提，按照事物发展规律性和普遍联系，判断待定事实性质或状态的活动。推定的救济方法是当事人提出反证。所以，帮助信息网络犯罪活动罪中行为人只要能够证明其不可能履行注意义务，或者其已经尽到了合理义务以避免结果发生的，就不应当再推定其主观上有故意。反之，就可以推定其主观上明知。

本案中，罗某某专门从深圳来到阿克苏指挥、安排多人长达两个月之久的目的是办理对公账户进行贩卖，且在事前交代雇用人员“话术”，使用软件告知上线办理对公账户事宜，甚至在银行向中介告知马某甲办理的对公账户涉嫌电信诈骗后，罗某某未采取任何补救措施，反而继续要求、催促办理对公账户，可以认定罗某某“明知”符合法律规定。

编写人：新疆维吾尔自治区阿克苏市人民法院　黄延敏

15

在公众场所随意抛扔空酒瓶致使周围群众轻伤构成寻衅滋事罪

——刘某某寻衅滋事案

【案件基本信息】

1. 裁判书字号

重庆市江津区人民法院（2023）渝0116刑初724号刑事判决书

2. 案由：寻衅滋事罪

【基本案情】

2022年8月17日凌晨1时50分许，被告人刘某某受他人邀约到某烧烤店吃烧烤并饮酒，其间，刘某某因与范某发生琐事纠纷，向范某抛扔空啤酒瓶三个，其中第三个空啤酒瓶砸到了范某头部后炸裂，玻璃碎片溅到一旁玩耍的烧烤店老板王某的儿子袁某（案发时8周岁）的左眼内，致使袁某左眼及面部受伤，范某和陈某轻微擦伤。经公安局物证鉴定所鉴定，袁某的损伤程度鉴定为轻伤二级。2023年3月22日经某司法鉴定所鉴定，袁某被鉴定为十级伤残等级。2023年8月17日13时许，被告人刘某某接公安民警电话通知自动到某派出所接受调查。归案后，刘某某对上述犯罪事实供认不讳。案发后，刘某某赔付被害人袁某13000元。被告人刘某某与被害人范某、陈某达成调解协议，二被害人对刘某某的行为表示谅解。审理中，被告人刘某某与被害人袁某及其法定代理人王某达成了人身损害赔偿协议，被害人袁某及其法定代理人王某出具了刑事谅解书，对刘某某涉嫌寻衅滋事罪的行为表示谅解。

【案件焦点】

被告人刘某某的行为定性，即刘某某在公共场所向范某抛扔多个空啤酒瓶后炸裂并致使周围群众受伤达到轻伤二级是否构成犯罪以及构成何种犯罪。

【法院裁判要旨】

重庆市江津区人民法院经审理认为：被告人刘某某随意殴打他人，致一人轻伤二级，二人受伤，情节恶劣，破坏社会秩序，其行为已构成寻衅滋事罪。公诉机关指控的犯罪事实及罪名成立，本院依法予以采纳。被告人刘某某犯罪以后自动投案且如实供述其罪行，系自首，可以从轻处罚。被告人刘某某自愿认罪认罚，依法可从宽处理。被告人刘某某在案发后以及审理阶段与被害人达成调解协议并取得被害人谅解，可酌情从轻处罚。综上，根据被告人刘某某的犯罪事实、犯罪情节、危害后果及认罪、悔罪态度，综合前述量刑情节，本院依法采纳公诉机关量刑建议并对被告人刘某某适用缓刑。依照《中华人民共和国刑法》第二百九十三条第一款第一项、第六十七条第一款、第七十二条第一款、第七十三条第二款、第三款，《中华人民共和国刑事诉讼法》第十五条之规定，判决如下：

被告人刘某某犯寻衅滋事罪，判处有期徒刑一年二个月，缓刑一年六个月。

案件宣判后，判决已生效。

【法官后语】

在公共场所随意抛扔多个空啤酒瓶后炸裂并致使周围群众受伤达到轻伤二级构成寻衅滋事罪，具体认定如下。

一、侵犯客体为与个人法益紧密相连的社会公共秩序法益

寻衅滋事罪的客体概括来说是公共生活、交往中公众的身体、人格、财产安全，行为自主自由以及参与公共生活的环境安宁有序。本案发生的场所为烧烤店，当时仍有多名客人在此吃饭喝酒。从空间秩序维度来看，该烧烤店满足

空间场所的公开性特征；从时间维度来看，虽然事发接近凌晨两点钟，但该烧烤店具有不特定第三人进入的可能性且实际上确有人员断断续续地出入；从结果维度来看，表现为对非特定人产生影响并且造成了危害后果。刘某某抛扔玻璃啤酒瓶后炸裂的玻璃碎片极易造成人员受伤和侵扰正常的社会生活秩序，且客观上也确实造成袁某轻伤二级等后果。其行为侵害了不特定个体的人身权利，给公共秩序增加威胁。综上，被告人刘某某实施的行为侵犯了个人人身权利法益和社会公共秩序法益，属于寻衅滋事罪的保护法益。

二、对“随意抛扔”中的“随意性”理解

《中华人民共和国刑法》第二百九十三条对寻衅滋事行为明确列举了四种行为类型。本罪客观行为主要表现为行为人实施破坏社会管理秩序的行为，即分别包括：随意殴打；追逐、拦截、辱骂、恐吓；强拿硬要；在公共场所起哄闹事。随意殴打他人致一人轻伤，可以认定为寻衅滋事罪。此处对“随意性”的理解，主要是通过行为人的客观行为反映其主观上的无目的性和任意性，即寻求刺激、逞强耍横的心理。并且表现在其选取侵害对象上的随意性，以及在案件起因上的“无事生非”“借故生非”。本案中，被告人刘某某与范某在案发前并不相识，之前无积怨和矛盾纠纷，双方当晚并未发生较大矛盾纠纷。首先，以社会一般人的标准判断，矛盾产生原因系琐事纠纷，纠纷发生后刘某某为了发泄心中怒气，即拿啤酒瓶向范某抛扔，明显超出解决纠纷的合理限度，因此其随意砸扔啤酒瓶的行为系逞强耍横的行为。其次，刘某某在明知有多人在场的情况下就随意抡起酒瓶砸向范某，反映其主观上的任意性和侵害对象的随意性。最后，炸裂的玻璃碎渣划伤被害人袁某眼睛，造成袁某轻伤二级、陈某和范某受伤的后果。综上，刘某某客观上实施了随意殴打他人的行为，且致一人轻伤二级等后果。

三、寻衅滋事罪主观包含对他人受伤的间接故意

寻衅滋事罪的主观方面既包含直接故意也包含间接故意。即明知自己的行为会破坏社会秩序，会发生危害人身安全和财产安全等结果，并且希望或者放任这种结果发生的心理态度。同时，寻衅滋事罪主观故意内容包含特定的犯罪

动机或目的。例如，有为了逞一时之快，也有为了寻求刺激滋事。故，从其客观行为推断主观故意，可得出这是一种放任的态度。本案中，被告人刘某某作为一个成年人，其应该且已经意识到了在公共空间砸扔啤酒瓶可能会对周围不特定多数人的生命财产安全造成威胁，但仍多次抡起酒瓶砸向范某，致使第三个酒瓶砸中范某后炸裂，玻璃碎渣划伤公共空间内被害人袁某眼睛，造成袁某轻伤二级等后果。综上，刘某某的动机是寻求精神刺激、逞强斗狠、发泄情绪，其主观上明知自己的行为会给他人造成伤害的结果，却放任结果发生，具有寻衅滋事罪的间接故意。

综上，被告人刘某某的行为符合寻衅滋事罪的主客观构成要件，应以寻衅滋事罪对其定罪量刑。

编写人：重庆市江津区人民法院　陈健　杨漫雨

16

行为人借故生非，施加轻微威胁索要确定数额“赔偿”的犯罪认定

——蔡某寻衅滋事案

【案件基本信息】

1. 裁判书字号

广东省汕头市中级人民法院（2023）粤05刑终160号刑事判决书

2. 案由：寻衅滋事罪

【基本案情】

2022年10月20日23时许，原审被告人蔡某驾驶一辆摩托车在道路上行驶，刚好跟随在被害人黄某驾驶的电动摩托车之后，行驶至某内衣厂一小路时，

其在加速追上被害人黄某摩托车后随即减速，被害人黄某因刹车不及碰撞到原审被告人蔡某的摩托车，原审被告人蔡某便用手抓住被害人黄某的双手，并从身上掏出一把美工刀威胁被害人黄某拿出 1000 元作为赔偿，被害人黄某因没有现金，便通过微信扫码将 1000 元转账到原审被告人蔡某的微信中，后原审被告人蔡某驾驶摩托车逃离现场，被害人黄某遂报案。2022 年 10 月 21 日，原审被告人蔡某被公安机关抓获。2022 年 10 月 30 日，原审被告人蔡某的家属积极退赔被害人黄某的经济损失并取得其谅解。

另查明，2023 年 3 月 8 日，经司法鉴定，原审被告人蔡某临床诊断为精神分裂症（F20）（缓解期）；原审被告人蔡某涉案时的刑事责任能力评定为有完全刑事责任能力，目前为有受审能力。

【案件焦点】

蔡某的犯罪行为性质应如何认定。

【法院裁判要旨】

广东省汕头市潮阳区人民法院经审理认为：被告人蔡某无视国家法律，以非法占有为目的，采用持械胁迫手段抢劫他人财物，侵犯公民的人身权利和财产权利，其行为已构成抢劫罪。被告人蔡某患有精神分裂症，且事后其家属已积极赔偿被害人的经济损失并取得其谅解。据此，以抢劫罪判处被告人蔡某有期徒刑一年六个月，并处罚金人民币 3000 元。

宣判后，广东省汕头市潮阳区人民检察院提出抗诉，广东省汕头市人民检察院支持抗诉，但认为本案应当定性为寻衅滋事罪。蔡某未提出上诉。

广东省汕头市中级人民法院经审理认为：原审被告人蔡某借故生非，强拿硬要他人财物，情节严重，其行为已构成寻衅滋事罪。辩护人提出原审被告人为初犯偶犯，原审被告人的近亲属已退赔被害人经济损失的辩护意见属实。鉴于原审被告人的近亲属已退赔被害人黄某的经济损失并取得其谅解，对原审被告人蔡某可酌情从轻处罚。原审判决认定原审被告人蔡某以车辆被撞为由，强行索取赔偿 1000 元的事实清楚，但认定原审被告人蔡某构成抢劫罪的定罪不准确，应予纠正。据此，经审判委员会讨论决定，判决如下：

一、撤销汕头市潮阳区人民法院（2023）粤0513刑初177号刑事判决对被告人蔡某的定罪量刑，即“被告人蔡某犯抢劫罪，判处有期徒刑一年六个月，并处罚金人民币3000元”；

二、原审被告人蔡某犯寻衅滋事罪，判处有期徒刑一年六个月。

【法官后语】

本案的争议焦点在于，行为人施加轻微威胁强索确定数额“赔偿金”的行为构成抢劫罪还是寻衅滋事罪。其中，一审公诉机关及法院均认为被告人蔡某具有非法占有他人财物之目的，持械威胁夺取他人财物，严重侵犯公民的人身权利和财产权利，其行为构成抢劫罪。二审法院及支持抗诉检察机关认为，蔡某主观上系借由车辆被撞索要固定数额的赔偿，具有借故生非、强拿硬要的目的，不是单纯地非法占有他人财物，交涉过程中虽手持美工刀予以震慑、威胁，但其并未实际使用，也未造成任何损害后果，从事件起因、案发地点、所持工具、双方年龄、性别、体力、赔偿数额、支付方式、事后表现、危害后果、社会危害性等角度综合评判，蔡某主观上不具有非法劫取他人财物之目的，所实施行为的暴力、威胁程度未达到严重侵犯他人人身权利的程度，其行为客观上符合寻衅滋事罪的特征，应以寻衅滋事罪定罪处罚。

《中华人民共和国刑法》第二百九十三条规定了寻衅滋事的四种具体类型，其中强拿硬要型寻衅滋事与抢劫在行为特征和表现上具有一定的相似性，为此，《最高人民法院关于审理抢劫、抢夺刑事案件适用法律若干问题的意见》（以下简称《两抢意见》）第九条专门就二者之间的界限从主观目的、手段暴力程度及后果两个方面进一步明晰。基于此，笔者认为，对于寻衅滋事和抢劫的认定应当按照主客观相一致原则，综合考虑行为人的主观动机和故意内容、行为方式及其暴力威胁程度、所造成后果及社会危害等，深入分析、准确评价，根据罪刑法定和罪责刑相适应原则依法认定。

一、从犯罪目的及故意内容看行为人系借故生非强行索要“正当”赔偿

抢劫罪侵犯的法益主要是财产权益，但行为人为夺取财物所采取的暴力、

胁迫等方法，又可能同时侵犯人身自由甚至身体健康和生命安全等。而寻衅滋事罪侵犯的法益是社会秩序和公共秩序，从《中华人民共和国刑法》第二百九十三条规定的寻衅滋事具体类型来看，不同的寻衅滋事行为可能会侵犯人身安全与自由、人格名誉、财产等，但社会秩序和公共秩序是十分抽象和内容丰富宽泛的概念，这就导致我们在具体理解寻衅滋事行为、区分寻衅滋事与抢劫罪时易产生偏差，从法律、司法解释的规定以及刑法理论的通说来看，寻衅滋事的主观动机和故意内容更为复杂，依然是实践认定的难点和有争议之处。

《最高人民法院、最高人民检察院关于办理寻衅滋事刑事案件适用法律若干问题的解释》（以下简称《寻衅滋事解释》）第一条规定，寻衅滋事的主观动机主要表现为"为寻求刺激、发泄情绪、逞强耍横等，无事生非"；此外，《两抢意见》第九条还规定，寻衅滋事主观上具有逞强好胜和通过强拿硬要来填补其精神空虚等目的，抢劫一般只具有非法占有他人财物的目的。

具体到本案中，被害人黄某在道路上驾驶电动车正常行驶，蔡某突然驾驶摩托车超车黄某，并逐渐减速紧急刹车逼停黄某的电动摩托车，因黄某刹车不及撞上了蔡某的摩托车车尾，蔡某随即下车查看，并借由其车辆被撞，强行索要黄某赔偿金1000元。从蔡某摩托车被撞事实，以及其所要求支付的赔偿金数额、支付赔偿金的方式（微信扫码支付）、事后未进一步实施暴力手段自行驾车离开等方面来看，蔡某驾车超车逼停他人，索要"赔偿"过程中其主观上虽产生取得他人财物之目的和故意，但其系借由车辆被撞进而强行索要"正当"赔偿，而非单纯追求劫取他人财物之"非法"目的。

二、从行为形式及暴力程度看行为人系威胁使用轻微暴力索要少量财物

根据《两抢意见》第九条的规定，寻衅滋事客观上一般不以严重侵犯他人人身权利的方法强拿硬要财物，而抢劫则以暴力、胁迫等方式作为劫取他人财物的手段。强拿硬要型寻衅滋事与抢劫虽然都具有占有他人财物的目的、故意和行为、结果，但是二者在行为形式和暴力程度上存在本质区别，也是进一步区分二者的关键所在。

从行为形式来看，寻衅滋事与抢劫在手段、方式上存在明显不同，所使用

手段、方式在侵犯公民人身权、财产权的严重性和紧迫性上差异显著。就行为的暴力程度而言，抢劫所采用的暴力、胁迫或者其他方法足以使被害人不能反抗或不敢反抗，而寻衅滋事对行为暴力程度及被害人财产损失的要求较低，暴力程度一般不足以导致被害人达到严重伤害程度，且被害人的财产损失通常不大。与抢劫罪相较，寻衅滋事更加侧重关注行为人对社会秩序和他人正常生活的侵犯程度，行为人只是追求以轻微暴力甚至口头威胁、恫吓索要少量财物，从一定程度上也可以反映出其主观目的和犯意不在于无差别劫取他人全部财物，而是出于其自身的精神刺激或“流氓”心理。

根据蔡某供述，其在发现车辆被撞后立马截停被害人黄某的电动摩托车，并且要求其赔偿，双方在交涉过程中其随手掏出口袋里的美工刀震慑对方，并要求对方赔偿其1000元，黄某微信付款后其随即驱车离开，双方未发生肢体接触和冲突。综合考察案发现场为内衣厂附近路段、行为人年龄相仿、性别相同、体能相近等因素，并结合蔡某所持工具、事件起因、双方协商过程、索要“赔偿”金额来看，蔡某所实施行为手段及暴力威胁程度尚不足以达到使被害人不能反抗或不敢反抗，实际也未严重侵犯他人财产权利、人身权利。

三、从社会后果及危害性看行为人尚未造成一般人普遍认识的危害后果及严重社会危害性

综合全案事实、证据来看，蔡某为索要“赔偿”借助美工刀施加口头威胁被害人支付1000元，其行为未造成被害人任何人身损害结果，双方也未进一步发生暴力冲突，其取得财物后自行离开未进一步实施加害行为，行为手段和危害后果均没有达到一般人普遍认识中的抢劫所具有的严重社会危害性。根据《两抢意见》第九条的规定，对于未成年人使用或威胁使用轻微暴力强抢少量财物的行为，一般不宜以抢劫罪定罪处罚。其行为符合寻衅滋事罪特征的，可以寻衅滋事罪定罪处罚。被告人蔡某借故生非，手持美工刀施加口头威胁强拿硬要确定数额“赔偿”的行为基本符合“轻微暴力”“少量财物”的双重认定，且蔡某案发时虽有完全刑事责任能力，但其通过实名制微信转账索要“赔偿”的行为方式与其曾患有精神分裂症，心理状态及精神状况与正常成年人存

在一定差距的客观情况相印证，对其行为性质的判断应当更加审慎把握、准确评判、依法认定。

综上，蔡某虽确有借助美工刀对被害人进行口头威胁，并当场强行索要赔偿金，部分行为特征符合抢劫的行为性质，但综合考虑其在本案中的犯罪动机和故意内容、行为方式及其威胁、暴力程度、强拿硬要财物数额及支付方式、事件起因和事后行为表现、损害结果及社会危害等，认定其行为构成“强拿硬要型”寻衅滋事罪更符合罪刑法定原则和罪责刑相适应原则。鉴于蔡某归案后能如实供述，积极赔偿被害人经济损失并取得谅解，认罪、悔罪态度好，酌情从轻处罚。遂作出前述判决。

编写人：广东省汕头市中级人民法院　黄俊娇

17

以化学方法掩饰走私毒品行为的准确认定

——柯某某传授犯罪方法案

【案件基本信息】

1. 裁判书字号

北京市高级人民法院（2023）京刑终105号刑事裁定书

2. 案由：传授犯罪方法罪

【基本案情】

2016年至2019年，被告人柯某某多次向境外客户销售萘酮，产品运往境外市场，申报商品名称规格型号为萘酮≥98.5%，水≤1.5%，用途均为用于治疗支气管哮喘和过敏性鼻炎药物（曲尼司特的中间体）等。2020年7月6日，柯某某委托某国际货运代理有限公司，将其购买的化学品内酯分两票出口至A

国和B国，申报品名为萘酮等。该两票货物于2020年7月7日被海关物流监控处就地查扣，经称量共计1534.844千克。在与境外买家联系的过程中，柯某某与境外内酯买家之一的某杰通过通讯软件聊天时多次讨论了安全、局势、卧底等信息，并向某杰传授了制毒方法。

【案件焦点】

被告人柯某某以化学方法掩饰走私毒品的行为应如何定性。

【法院裁判要旨】

北京市第四中级人民法院经审理认为：被告人柯某某向他人传授犯罪方法，其行为已构成传授犯罪方法罪。柯某某向他人传授制毒犯罪方法，社会危害性大，考虑其系经侦查机关电话传唤到案等因素，依法对柯某某酌予从轻处罚。据此，判决：

一、被告人柯某某犯传授犯罪方法罪，判处有期徒刑二年；

二、扣押在某海关缉私局的物品依法处理。

一审宣判后，被告人柯某某以一审判决事实不清、证据不足，请求依法改判无罪为由提出上诉，主要理由如下：（1）其主观上不具有传授犯罪方法的故意；（2）其与某杰聊天内容中没有犯罪方法，其当时不掌握甲喹酮的制作工艺，不具有实施传授犯罪方法的条件；（3）在案证据不能证明其与某杰在聊天中有向某杰传授使用内酯制造甲喹酮的合成工艺。

北京市高级人民法院经审理认为：上诉人柯某某向他人传授犯罪方法，其行为已经构成传授犯罪方法罪，依法应予惩处。一审法院根据柯某某犯罪的事实、性质、情节及对于社会的危害程度所作的刑事判决，事实清楚，证据确实、充分，定罪正确，量刑适当，审判程序合法，应予维持。据此裁定：

驳回上诉，维持原判。

【法官后语】

本案在审理过程中，对于行为的认定，存在极大争议。第一种观点认为，被告人柯某某明知他人利用其走私的物质制造毒品而提供原料帮助，应认定为制造毒品罪共犯。第二种观点认为，被告人柯某某走私的内酯虽不在列管物质范围，但经化学反应可以生成甲喹酮，而甲喹酮属于毒品范畴，可以认定内酯属于“用于制造毒品的原料、配剂”，其行为应认定为走私制毒物品罪。第三种观点认为，因内酯极易水解，海关在扣押后为寻找专门仓储地点导致送检不及时，检验时大部分内酯已水解，因而针对走私物品成分的检验报告不能作为证据使用，无法证明走私对象的准确成分，进而无法认定走私制毒物品罪。而在案证据显示被告人柯某某向他人传授用内酯生成甲喹酮的方法，可以认定为传授犯罪方法罪。第四种观点认为，从现有证据来看，无法得出柯某某向某杰等人传授使用内酯制造甲喹酮的合成工艺这一具体犯罪方法的结论，不能认定柯某某的行为构成传授犯罪方法罪。

随着制毒技术的发展，新型毒品、新型精神活性物质等不断涌现，掩饰走私毒品的方式亦日趋多样化，在传统“物理”隐藏、夹带等方式的基础上逐渐发展出利用物质间合成、分解等化学反应掩饰毒品走私的行为。本案系以化学方法掩饰走私毒品的典型刑事案件，本案中走私的直接对象内酯不在我国现有列管物质范围内，但其自然放置（或加入稀硫酸）即可水解为N-乙酰邻氨基苯酸（被列为第一类易制毒化学品管控），后加入邻甲苯胺在一定浓度、温度等条件下经化学反应可以生成甲喹酮（被列入第一类精神药品管控，属毒品范畴）。而内酯由邻氨基苯甲酸（被列为第一类易制毒化学品管控）加入醋酐合成。可见，内酯的合成物质和水解后自然生成的物质均为列管物质，涉案行为系通过对管制物质的改造或伪装（英文译为mask），利用化学反应生成的未列入管制范围的物质，来逃避海关监管，以达到利用走私的物质在境外合成毒品的目的。对此，本案在审理中确认了如下审查路径。

第一，对于以化学方法掩饰走私毒品行为的定性，在走私物品收货方制造毒品相关证据充分时可考虑认定为制造毒品罪共犯；在走私物品属于易制毒化学品或在走私时已自然水解出易制毒化学品，且相关证据充分时可考虑认定为走私制毒物品罪；在走私行为人向他人讲解利用走私物品生成毒品的化学反应的证据充分时可考虑认定为传授犯罪方法罪。

第二，对于认定为传授犯罪方法罪的行为，评价“犯罪方法”的法律依据是《中华人民共和国刑法》；中性方法与犯罪方法需结合传授人、被传授人的个人情况，双方传授、学习该方法的原因、目的及在何种场合下或利用何种途径传授该方法等予以综合判断；证明责任方面走私物质经化学反应生成的毒品被用于合法用途应当由被告人负举证责任；直接故意和间接故意都可以构成本罪；刑事可罚性需结合传授犯罪方法的具体情况、行为的持续时间、传授方法的用途及影响等进行判断。

本案中，客观上，在事实层面，柯某某向某杰传授制作甲喹酮的方法；在法律层面，根据《中华人民共和国刑法》，该方法为犯罪方法，可以认定柯某某实施了向他人传授犯罪方法的行为。主观上，被告人具有直接故意，程度上，具备刑事可罚性，可以认定柯某某构成传授犯罪方法罪。

编写人：北京市第四中级人民法院　江珞伊

18

开发并帮助推广、技术维护网络赌博软件构成开设赌场罪

——邬某等开设赌场案

【案件基本信息】

1. 裁判书字号

广西壮族自治区柳州市中级人民法院（2023）桂02刑终176号刑事判决书

2. 案由：开设赌场罪

【基本案情】

2018年2月，邬某成立某公司，邬某为公司实际控制人。齐某担任研发部

总监、黄某、彭某、袁某担任研发部技术人员，负责公司棋牌类软件的研发和维护。张某担任产品部经理，负责对接棋牌软件具体玩法、规则等问题的汇总反馈。张某 2 担任运营部经理、刘某某担任运营部客服，负责为各地区的代理开通“比赛分”功能、赠送钻石等，并将代理反映的相关技术问题反馈给技术部门进行处理。胡某某、徐某、张某 3、张某 4、何某某担任市场部“组长”，李某某、李某 1、邓某某、黎某、郭某担任市场部推广员，负责在各地区发展棋牌软件的代理。

某公司主要经营“某 1 麻将”“某 2 麻将”棋牌软件 APP（手机应用软件）。某公司根据不同地区的玩法对棋牌软件 APP 进行改良，更换游戏名称。2020 年 5 月，邬某明知众多代理利用其公司的棋牌软件 APP 进行赌博的情况下，仍组织公司研发部技术人员在 APP 上添加了“亲友圈模式”“比赛场”等功能，两个以上的亲友圈可以合并为联盟，“盟主”向公司申请开通“比赛场”功能，并组织公司市场部人员在湖南、江西、广东、广西等地，通过发展“盟主”“圈主”“组长”、推荐人、玩家进行层层推广，由“盟主”向公司充值购买“钻石”、创建“比赛场”房间，组织参赌人员向其上一级购买积分后进行赌博。经鉴定，自 2020 年 5 月至 2021 年 9 月，某公司充值收入赌资共计 5798 万余元。

2020 年 9 月开始，邬某组织公司市场部业务员到柳州市各地推广该游戏，徐某、李某某等人在柳州市发展了罗某某成为“盟主”、组成“娱乐”赌博联盟，后罗某某将“盟主”转让给周某某。经统计，上述联盟共合并“亲友圈”200 余个，发展赌博玩家共计 2 万余人。2021 年 7 月，黄某某成为该赌博联盟的其中一个代理，其将赌博链接发送给赌客进行赌博，并从中抽头渔利。经统计，黄某某通过微信、支付宝账户接收赌资共计 7 万余元。黄某某非法获利约 2 万元。

公安机关经侦查，于 2021 年 9 月，将邬某等人抓获归案。

【案件焦点】

1. 邬某等人研发并推广的棋牌 APP 与传统的网络赌博软件相比，没有虚拟币与兑换的功能，但 APP 设置有比赛分、积分统计、系统自动抽成及积分分配等功能，赌客通过微信、支付宝等支付方式兑换积分进行结算，是否属于网络赌博，邬某等人的行为如何定性；2. 邬某等人的犯罪金额如何认定。

【法院裁判要旨】

广西壮族自治区柳州市鱼峰区人民法院经审理认为：邬某等人建立赌博网站并提供给他人组织赌博，并为赌博网站提供帮助，从中获利；黄某某为赌博网站担任代理并接受投注；其行为均构成开设赌场罪。据此，根据各具有的量刑情节，以开设赌场罪，分别判处邬某、胡某某、黄某、徐某、李某某等 19 名被告人有期徒刑九年至有期徒刑六个月不等的刑期，并处 260 万元至 3 万元不等的罚金。涉案银行账户内资金系违法所得，依法予以没收，并上缴国库。被告人退缴的违法所得依法予以没收，并上缴国库；继续依法追缴被告人违法所得，并上缴国库等。

邬某、黄某、徐某、李某某、张某 3、张某 4、张某、李某 1 提出上诉。

广西壮族自治区柳州市中级人民法院经审理认为：原判认定原审邬某等人犯开设赌场罪的事实清楚，证据确实充分，定性准确，适用法律正确。原判根据各原审被告人的犯罪事实、性质和对社会的危害程度，综合考量各原审被告人在共同犯罪中的地位和作用，以及认罪悔罪态度等情节，在法定量刑幅度内分别对各被告人科处刑罚，量刑适当。二审期间，有新证据证明邬某有立功表现，邬某能够自愿认罪认罚，其家属代其继续退缴违法所得，邬某确有悔罪表现，张某的家属代其退缴全部违法所得，预交原判认定的罚金，黄某的家属代其继续退缴违法所得，均视为二人有积极悔罪表现，可予以进一步从轻处罚。据此，判决如下：

一、维持广西壮族自治区柳州市鱼峰区人民法院（2022）桂 0203 刑初 321 号刑事判决第二项、第四项至第九项、第十一项至第二十二项；

二、撤销广西壮族自治区柳州市鱼峰区人民法院（2022）桂 0203 刑初 321 号刑事判决第一项、第三项、第十项；

三、邬某犯开设赌场罪，判处有期徒刑八年二个月，并处罚金 260 万元；

四、黄某犯开设赌场罪，判处有期徒刑六年四个月，并处罚金100万元；

五、张某犯开设赌场罪，判处有期徒刑二年七个月，并处罚金15万元；

六、准许张某3、张某4、李某1撤回上诉。

【法官后语】

本案的争议焦点在于邬某等人研发并推广的棋牌APP与传统的网络赌博软件相比，没有虚拟币与兑换的功能，但APP设置有比赛分、积分统计、系统自动抽成及积分分配等功能，赌客通过微信、支付宝等支付方式兑换积分进行结算，是否属于网络赌博，邬某等人的行为如何定性，以及犯罪金额如何认定。同时，《中华人民共和国刑法修正案（十一）》对开设赌场罪进行了修改，邬某等人的犯罪行为横跨修正案前后，在量刑时应当如何适用法律规定。

一、邬某等人构成开设赌场罪

根据《最高人民法院、最高人民检察院、公安部关于办理网络赌博犯罪案件适用法律若干问题的意见》第一条规定，利用互联网、移动通讯终端等传输赌博视频、数据，组织赌博活动，建立赌博网站并接受投注，或建立赌博网站并提供给他人组织赌博等情形的，属于《中华人民共和国刑法》第三百零三条规定的“开设赌场”行为。

具体到本案中，首先，“某1麻将”“某2麻将”等棋牌APP利用互联网、手机等移动通讯终端传输赌博数据。

其次，虽然“某1麻将”“某2麻将”等棋牌APP内不具有虚拟币与相互兑换的功能，但棋牌APP里有亲友圈、联盟等模式，设立有比赛分、积分统计、系统自动抽成及积分分配等功能，“盟主”消耗钻石后开桌供赌客进行打麻将等赌博行为，每局结束后系统自动根据输赢统计赌客的积分，赌客再通过微信、支付宝等支付方式兑换积分进行结算，与具有直接结算功能的赌博网站相比，只是规避了在棋牌APP中直接结算的过程，其本质上仍然属于网络赌博。

最后，微信聊天记录、各被告人的供述证实，“某1麻将”“某2麻将”等棋牌APP的比赛场功能就是为了方便赌博结算，添加比赛场功能后增加了许多代理和玩家，某公司因此也得到了更多获利。同时，公司要求员工及时删除与代理的微信等通讯工具的聊天记录，并用具有销毁聊天记录功能的“蝙蝠”聊天软件，来规避打击，证实主观上明知棋牌APP被用于赌博，为了获取更多利益，仍放任其研发的棋牌APP被用于组织赌博，并在棋牌APP运营过程中进行推广、提供技术维护等，可以认定与罗某某、黄某某等代理之间构成共同犯罪。

综上所述，“某2麻将”“某1麻将”棋牌APP属于赌博网站，邬某等人将研发的赌博网站提供给他人组织赌博，并进行推广、提供技术维护等，构成开设赌场罪。

二、邬某等人的犯罪金额认定

虽然目前仅抓获到柳州地区和江西地区的代理，但被告人供述、证人证言、后台管理数据等证据证实，在不同地方推广的软件基本相同，只是根据每个地方的打牌规则进行了打法上的改良，但都具备有比赛场和亲友圈的功能，都由代理创建亲友圈，两个以上的亲友圈合并组成联盟后向公司申请开通比赛场功能，代理购买“钻石”开设房间邀请他人来该棋牌APP上进行打牌，从常理来看，代理不可能自己花钱充值请人来玩游戏而不收取任何费用。因此，应当将某公司2020年5月研发出具有比赛场功能并上线后的全部收入全部认定为本案的犯罪数额。

此外，本案应当适用《中华人民共和国刑法修正案（十一）》关于开设赌场罪的相关规定。本案开设赌场的行为从2020年5月持续到2021年9月，属于连续犯，依法应适用行为终了时的现行《中华人民共和国刑法修正案（十一）》关于开设赌场罪的规定。同时，在具体量刑时考虑本案部分开设赌场行为发生在《中华人民共和国刑法修正案（十一）》施行之前，且之前的法定刑轻于现行法定刑，根据“从旧兼从轻”原则，对该部分开设赌场行为酌情从轻考量。

编写人：广西壮族自治区柳州市鱼峰区人民法院　杨青丹

19

不能证明是犯罪所得或通过犯罪所得所购置的财物如何处置

——何某等开设赌场案

【案件基本信息】

1. 裁判书字号

广西壮族自治区柳州市中级人民法院（2023）桂02刑终161号刑事判决书

2. 案由：开设赌场罪

【基本案情】

2021年9月，同案犯曾某与他人（另案处理）预谋共同架设一款手机赌博APP，并约定由他人组织团队进行软件研发，曾某负责进行推广。2021年年底，手机赌博APP（先后命名为“A”“B”“C”）研发成功上线运行。2022年年初，同案犯王某受曾某的指派，到广西推广“B”赌博APP，招募了被告人何某等多名代理并接受投注，其中何某为广西“盟主”，之后，何某又发展了王某等多名下级代理并接受投注，参与利润分成。经统计，2022年3月18日至5月22日，何某及其下级代理在该赌博APP的赌资总流水为8850011元。

2022年5月22日23时许，被告人何某被抓获归案。另查明：（1）公安机关从何某处扣押了苹果手机1部、华为手机1部、平板电脑1台、银行卡6张；（2）何某名下农业银行卡中29277.05元被公安机关依法冻结、何某名下工商银行卡中3163.23元被公安机关依法冻结；（3）何某利用其收取的赌资于2022年3月23日购买的某小区×号楼××房（登记在其妹何某1名下）被公安机关依法查封；（4）覃某将其代被告人何某收取的赌资6885元退缴到公安机关账户。

【案件焦点】

登记在被告人亲属名下的房产能否认定为赌资所购，是否应予没收。

【法院裁判要旨】

广西壮族自治区柳州市鱼峰区人民法院经审理认为：被告人曾某以营利为目的组织赌博活动，利用互联网、移动终端传输赌博数据，建立赌博网站并接受投注，参与赌博网站利润分成，情节严重；被告人王某、何某、王某以营利为目的，利用互联网、移动终端传输赌博数据，为赌博网站担任代理并接受投注，参与赌博网站利润分成，情节严重；被告人严某明知曾某开设赌场仍加入，并按照曾某的指派从事相关工作，五名被告人的行为均触犯《中华人民共和国刑法》第三百零三条第二款，构成开设赌场罪。在共同犯罪过程中，被告人曾某、王某、何某、王某起主要作用，是主犯，依法应当按照其所参与的全部犯罪处罚；但相对于曾某而言，王某、何某、王某是作用较小的主犯，量刑时酌情从轻处罚；被告人严某起辅助作用，是从犯，依法应当从轻、减轻处罚或者免除处罚。据此，以开设赌场罪，分别判处五名被告人六年至二年六个月不等刑期，并处罚金，对查封、扣押的被告人的违法所得及相关财物依法没收或冲抵财产刑。

宣判后，被告人何某提出上诉，其中一个上诉理由是某小区×号楼××房是其妹妹何某1出资购买，请求返还。

广西壮族自治区柳州市中级人民法院经审理认为：原判认定原审被告人何某、王某、曾某、王某、严某犯开设赌场罪的事实清楚，证据确实充分，定性准确。原判根据各原审被告人的犯罪事实、性质和对社会的危害程度，综合考量各原审被告人在共同犯罪中的地位作用，以及认罪悔罪态度等情节，决定各被告人量刑适当。原判认定某小区×号楼××房系何某违法所得予以没收不当，予以纠正。据此，判决如下：

一、维持广西壮族自治区柳州市鱼峰区人民法院（2022）桂0203刑初521号刑事判决第一项、第二项、第三项、第四项、第五项，以及第六项（附表二）中的序号1至8、10至14中的涉案财物处置；

二、撤销广西壮族自治区柳州市鱼峰区人民法院（2022）桂0203刑初521号刑事判决第六项（附表二）中的序号9，即某小区×号楼××房，予以没收并上缴国库；

三、查封在案的某小区×号楼××房，发还产权人。

【法官后语】

一、涉案财物归属的审查

根据《最高人民法院关于适用〈中华人民共和国刑事诉讼法〉的解释》第二百七十九条的规定，法院在受理涉财产处置案件时，应充分审核公诉机关移交的案卷材料中是否附有《提请人民法院依法处置涉案财物清单》，在庭审中应当对查封、扣押、冻结财物及其孳息的权属、来源等情况，是否属于违法所得或者依法应当追缴的其他涉案财物进行调查，由公诉人说明情况、出示证据、提出处理建议，并听取被告人、辩护人等诉讼参与人的意见。案外人对查封、扣押、冻结的财物及其孳息提出权属异议的，应当听取案外人的意见。由此可见，法院对于查扣在案的涉案财产权属应进行主动审查，并按照法律规定，对属于被告人名下和非被告人名下的财产进行甄别后进行处置，如果涉及案外人的，则应当听取案外人的意见。

二、在案证据无法充分证实查扣在案的非被告人本人名下的涉案房产系用赃款购买的情况下不应没收

一审法院根据房屋销售经理覃某的证言、支付宝和微信的收款记录等证据，认定何某向覃某表达购房意愿后，通过覃某的支付宝和微信的收款二维码在两个月内陆续有数额不等的钱款转入覃某的支付宝和微信，共收取72999元，认定该款属于赌资，虽然房子最终登记在何某1的名下，但仍据此判决予以没收。但二审过程中，被告人何某提出某小区×号楼××房是其妹妹何某1出资购买，辩护人提供了不动产查询材料、买卖协议书、何某1名下银行账户于该处房产交易当日转账43万元给原房主毛某的记录、何某1及其丈夫潘某、原房主毛某的证言、何某1及其丈夫潘某养殖场的营业执照等证据，二审法院认为，在案证据不足以证明何某1上述购房款系从何某处获取，或者何某用涉案赌资购买，

因此采纳了何某的意见，作出相关房屋返还产权人的判决。

本案中，虽然何某有和覃某表达购买房子的意愿，亦转账部分款项给覃某，但不能据此认定该房子就属于何某用赌资购买以及属于其名下资产。首先，金钱是种类物，何某本人未曾供述给覃某的款项系赌资。其次，该房子的产权登记人是何某1，何某1也支付了43万元，远远超出何某支付的费用，且目前在案证据无法证实何某1支付的43万元系何某给其，更无法证实43万元系赌资，不动产权证书上面也没有何某名字。最后，亦没有其他任何证据证实该房产系何某和何某1共同共有。

编写人：广西壮族自治区柳州市鱼峰区人民法院　谢剑峰　尹嘉嘉

20

行为人通过互联网同时与多名赌客单线联系并组织支配赌博活动的行为属于刑法意义上的“开设赌场”

——孙某某开设赌场案

【案件基本信息】

1. 裁判书字号

云南省昆明市西山区人民法院（2024）云0112刑初388号刑事判决书

2. 案由：开设赌场罪

【基本案情】

2022年11月20日至12月18日“世界杯”足球比赛期间，被告人孙某某在其家中，为谋取利益，以球赛的输赢结果、进球数量等因素为基础自行制定竞猜方式、投注赔率及赌资支付手段等赌博规则后，其或自行邀约他人参与赌博，或对赌客主动联系其意欲投注参赌的行为予以接纳，还放任赌客邀约其余人员添加其通讯软件社交账号参与赌博投注。其间，被告人孙某某自行“坐庄”，利用其手机中通讯软件具备的个人私聊功能分别与各名赌客单线联络，发送赌博规则，赔率等涉赌信息，并在每场球赛开赛前通过私聊功能同时接受多名赌客的投注与之对赌，并利用该软件具备的个人转账功能接受和流转赌资。经鉴定，自2022年11月20日至12月18日，被告人孙某某共计收到18名赌客赌资人民币564116元，支付赌客资金人民币443818元，获利人民币120298元。案发后，被告人孙某某已退缴其全部违法所得。

【案件焦点】

被告人孙某某的上述行为是否应解释为“开设赌场”。

【法院裁判要旨】

云南省昆明市西山区人民法院经审理认为：被告人孙某某无视国家法律，以营利为目的，设定赌博规则并组织多人进行赌博活动，其赌资数额累计达人民币564116元、违法所得累计达人民币120298元，其行为符合开设赌场罪的构成要件，已构成开设赌场罪且系情节严重。鉴于被告人孙某某有坦白、认罪认罚、已退缴全部违法所得等量刑情节，查证属实，云南省昆明市西山区人民法院依照《中华人民共和国刑法》第三百零三条第二款、第六十四条、第五十二条、第五十三条、第四十五条、第四十七条、第六十七条第三款以及《中华人民共和国刑事诉讼法》第十五条之规定，判决如下：

一、被告人孙某某犯开设赌场罪，判处有期徒刑五年，并处罚金人民币10000元；

二、扣押在案的作案工具手机2部，予以没收并依法处置；

三、扣押在案的违法所得人民币120298元，予以没收并上缴国库。

案件宣判后，判决已生效。

【法官后语】

一、互联网环境下准确定涉赌违法活动性质的新问题

随着互联网及移动支付技术的快捷发展，违法犯罪分子利用互联网组织开展赌博活动的手段和具体赌博方式不断更新迭代。这一现实情况对司法机关正确区分《中华人民共和国刑法》所规定的开设赌场行为、聚众赌博行为和不构成犯罪的一般生活娱乐行为，准确适用相应规范性法律文件，把握罪与非罪，此罪与彼罪之间的界限提出了新挑战。

二、“组织赌博活动”是认定开设赌场行为的首要和前提要素

《最高人民法院、最高人民检察院关于办理赌博刑事案件具体应用法律若干问题的解释》（以下简称《赌博案件解释》）第二条规定，以营利为目的，在计算机网络上建立赌博网站，或者为赌博网站担任代理，接受投注的，属于《中华人民共和国刑法》第三百零三条规定的“开设赌场”。在此基础上，《最高人民法院、最高人民检察院、公安部关于办理网络赌博犯罪案件适用法律若干问题的意见》（以下简称《网赌案件意见》）第一条规定，利用互联网、移动通讯终端等传输赌博视频、数据，组织赌博活动，具有下列情形之一的，属于《中华人民共和国刑法》第三百零三条第二款规定的“开设赌场”行为：

（1）建立赌博网站并接受投注的；（2）建立赌博网站并提供给他人组织赌博的；（3）为赌博网站担任代理并接受投注的；（4）参与赌博网站利润分成的。

上述规范性法律文件对网络开设赌场行为的基本行为模式界定为“建立赌博网站”。但应当注意到，《网赌案件意见》第一条在列举具体的行为情形之前，首先规定了“利用互联网、移动通讯终端等传输赌博视频、数据，组织赌博活动”作为互联网开设赌场行为的基本含义及特征，而其中“组织赌博活动”则是上述规范中明文规定的要件。同时，《最高人民法院、最高人民检察院、公安部关于办理利用赌博机开设赌场案件适用法律若干问题的意见》在规定利用赌博机开设赌场行为的定罪处罚标准时，亦使用了“设置赌博机组织赌博活动”的规范表述。上述条文共性地反映出，“组织赌博活动”是界定刑法

上开设赌场行为的基础性和决定性要素，实施开设赌场行为在逻辑上必然要求行为人以邀约、纠集等手段，客观上使得多名人员参加具有赌博性质的活动，故而“组织性”是开设赌场行为的基本与实质属性。

三、社会危害性标准下行为人对所组织的赌博活动中关键要素的支配性以及基于此形成的区别地位、相关赌博活动的开放与可传播属性是区分聚众赌博和开设赌场行为的关键要素

以此为基础，鉴于《中华人民共和国刑法》第三百零三条第一款亦将“以营利为目的，聚众赌博”的行为以赌博罪定罪处罚，《赌博案件解释》第一条在具体界定“聚众赌博”行为构成犯罪的标准时亦采用了“组织赌博”的基本表述模式。且现行《中华人民共和国刑法》在入罪标准及法定刑档方面的规范设置均表明，《中华人民共和国刑法》对开设赌场罪相较于赌博罪处罚更严。此种规定表明，对开设赌场罪意义上的“组织赌博活动”应相较于赌博罪意义上的“组织赌博”具有更严重的社会危害性和主观可责性。结合生活常理深入剖析赌博行为的基本环节与流程可知，发布和流传赌博信息、制定赌博基本规则、设定具体实施赌博行为的时空条件、收取和流转赌资是赌博行为中一系列关键和不可或缺的要素，直接决定了赌博行为的基本内容与样态。在开设赌场行为的实施过程中，行为人不仅通过聚集，纠集赌客的方式组织他人赌博，还得以通过对上述要素进行决定和控制的方式对赌博活动整体上实现支配，使得自身作为赌场“庄家”与单纯的赌博一般召集者，参与者区别开来，形成一方制定和执行赌博规则处于优势，而一方几乎仅系单纯服从赌博规则的不平等格局。此种格局下，开设赌场行为人完全具有通过利用其对赌博活动的控制及规则的决定权，通过诱使、迫使等手段让参赌人员在赌博泥潭中日益深陷的可能性，也完全能够利用此种支配地位形成对自身有利的规则并大肆谋取非法利益，造成相较于聚众赌博行为更大的社会危害。

同时，开设赌场行为还在一定时空条件内形成相对稳定的赌博架构，并足以吸引不特定多数人前来参赌或足以导致涉赌信息被更为广泛，大量地传播。基于上述特点，开设赌场行为在客观上相较于一般聚众赌博或以行为人赌博为

业的行为，行为人对于赌博活动的参与，特别是控制程度更深，更容易引起众多，持续的赌博行为，在更广泛的范围内传播赌博不良风气，煽动赌博恶习，侵蚀腐朽社会公民本应通过合法劳动致富这一正常经济生活观念，更严重地扰乱公共秩序并更可能引发违法犯罪活动或社会次生问题。行为人主观上对其开设赌场行为所具有的上述高于一般纠集人员赌博行为的社会危害性亦持追求或放任的故意心态。故而，正是以上要素使得开设赌场行为同聚众赌博行为在内涵、社会危害性程度及对应地应受制裁的程度上存在决定性的区别。但应当注意到，开设赌场并非必然系由多数人实施的共同犯罪，单一行为人亦足以通过设置赌博机等线下手段或借助信息网络的线上手段实现对赌博活动的有效组织及支配。

四、互联网环境下，基于利用信息网络开设赌场行为的上述核心特征和社会危害性，认定通过互联网开设的具体手段不应限于建立网站、设立群组、房间等形式

前述《赌博案件解释》和《网赌案件意见》分别施行于2005年、2010年，相关规定虽在一定程度上规制从线下场所转移至信息网络领域的组织赌博行为，但限于相关网信技术的发展水平和普及程度，当前通过即时通讯平台私聊和技术转账功能等组织赌博的新型手段在相关规范性法律文件制发的当时确实难以被制定者充分预见并规制。但此类行为对开设赌场罪所保护的正常、稳定社会秩序以及良好社会风气的扰乱破坏程度完全可能等同于，甚至高于所明确列举的以赌博网站为手段的设置赌场行为，行为人未建立网站或群组，而是采用单线多头私聊和个人转账的方式组织，支配赌博活动的行为相较于前者一定程度上反而更具隐蔽性，相关监管部门和互联网平台运营商进行监控查处的难度也更大。同时，规范性法律文件对于线下开设赌场行为的具体物理场所的形式也未加以明确限制。故，这一扩大解释也未超过刑法中“开设赌场”的基本犯罪构成含义及上述规范性法律文件中“组织赌博活动”的应有之义。

回归到本案中，被告人孙某某系为谋取利益，自行制定了具体的赌博竞猜规则，自行选定并系在“世界杯”球赛期间及每一场比赛开赛前这一相对确定

的时间点，通过即时通讯软件能够同时接受多名赌客投注，稳定有规律地组织开展赌博活动。其间，参与赌博活动的赌客均依据被告人孙某某制定的具体规则进行投注赌博，流转赌资等赌博活动。且被告人孙某某在招揽多名人员参与赌博的同时，对其招揽的赌客邀请其他人员参赌的行为及相关涉赌资讯信息的传播持放任心态。上述事实足以表明，被告人孙某某系利用信息网络手段，在相对稳定，确定的时空条件下同时组织多人赌博，并通过自行制定和有效执行相应赌博规则的方式支配了这一赌博活动，形成了区别于一般赌博参与者和召集者的地位。被告人孙某某通过信息网络同时与多名人员“私聊”的方式组织赌博活动的行为虽未采用群组、网站等形式，但亦足以同时让多名赌客超越物理所在空间的限制，即时参与赌博活动并通过转账功能快速支付流转赌资，相关涉赌信息亦通过信息网络存在向不特定人员继续快速传播的现实可能性，故其行为造成的社会危害程度与借由建立群组、网站等虚拟空间或在房屋、店铺等线下场所内开设赌场已经达到同质性的程度，且其赌资金额已达到情节严重的标准。

综上，应当认定本案中被告人孙某某的单线、多头同时组织他人赌博，控制赌博活动的具体行为可以构成开设赌场罪，应依法予以惩处。

编写人：云南省昆明市西山区人民法院　邓睿　许卓然

21

中国公民到境外开设赌场的管辖权认定问题

——刘某某等开设赌场案

【案件基本信息】

1. 裁判书字号

广西壮族自治区田林县人民法院（2022）桂 1029 刑初 20 号刑事判决书

2. 案由：开设赌场罪

【基本案情】

2019年年底，被告人刘某某、林某某、刘某1和赖某、阿某等人经过商议，决定共同在位于A国的A县投资开设一个游戏厅供人赌博，其中由赖某、阿某占大股份。后，被告人林某某、刘某1等人找到杨某，租用其场地用于开设赌场。该赌场于2020年4月开始正式营业，并起名为“某动漫城”。2020年6月，为扩大赌场规模，吸收被告人刘某2、卓某某、邢某某、刘某3、马某某、刘某某等人投资入股，并改名为“某娱乐城”。该赌场通过“牛牛”“三公”“捕鱼机”等方式，招揽赌客进行赌博，赌博筹码为人民币现金。到该赌场进行赌博的大部分为中国赌客。在该赌场经营中，被告人刘某某、林某某、刘某1根据赖某、阿某的安排负责全面工作；被告人卓某某、马某某和工作人员张某负责为赌客兑换人民币现金进行赌博，并从中另外收取手续费；被告人刘某2负责在国内对赌场资金进行转账、提现等工作。被告人刘某某等人明知道是赌场资金，仍提供自己的收款码、银行卡等给该赌场使用，并帮助转账、提取现金等对赌场资金进行回笼和分配。被告人邢某1明知同案人及他人开设、经营赌场，仍为其提供自己的支付宝、银行账户等，与被告人卓某某、马某某等人在赌场里负责为赌客兑换人民币现金进行赌博，并从中另外收取手续费等工作服务，获取非法利益。经统计，“某娱乐城”实体赌场涉案金额共计49130807元人民币。

【案件焦点】

1. 广西壮族自治区田林县人民法院对本案是否具有管辖权；2. 各被告人在共同犯罪中所起到作用应如何认定；3. 公诉机关指控被告人邢某1犯掩饰、隐瞒犯罪所得罪有无事实及法律依据。

【法院裁判要旨】

广西壮族自治区田林县人民法院经审理认为：被告人刘某某、林某某、刘某1、刘某2、卓某某、刘某3、邢某某、马某某、刘某某共同出资入股，伙同他人在境外开设赌场，主要吸引中国籍赌博人员参与赌博；被告人邢某1明知他人开设、经营赌场仍为其提供工作服务和帮助，情节严重，上列被告人的行为均已触犯刑律，构成开设赌场罪，应予依法惩处。本案事实清楚，证据确实充分。公诉机关指控上列被告人犯开设赌场罪的罪名成立，但指控被告人邢某1掩饰、隐瞒犯罪所得罪的事实缺乏充分的证据，本院不予以认定，公诉机关指控的该罪名不成立。在共同犯罪中，上列被告人均起次要作用，是从犯，依法应当从轻、减轻或者免除处罚。据此判决：

一、被告人刘某某犯开设赌场罪，判处有期徒刑三年，并处罚金500000元人民币；

二、被告人林某某犯开设赌场罪，判处有期徒刑二年零六个月，缓刑三年，并处罚金450000元人民币；

三、被告人刘某1犯开设赌场罪，判处有期徒刑二年零六个月，缓刑三年，并处罚金450000元人民币；

四、被告人刘某2犯开设赌场罪，判处有期徒刑二年，缓刑二年零六个月，并处罚金350000元人民币；

五、被告人卓某某犯开设赌场罪，判处有期徒刑二年，缓刑二年零六个月，并处罚金350000元人民币；

六、被告人刘某3犯开设赌场罪，判处有期徒刑一年零六个月，缓刑二年，并处罚金300000元人民币；

七、被告人马某某犯开设赌场罪，判处有期徒刑一年零六个月，缓刑二年，并处罚金250000元人民币；

八、被告人刘某某犯开设赌场罪，判处有期徒刑一年零四个月，缓刑一年零六个月，并处罚金250000元人民币；

九、被告人邢某1犯开设赌场罪，判处有期徒刑一年零二个月，缓刑一年零六个月，并处罚金200000元人民币；

十、被告人邢某某犯开设赌场罪，判处有期徒刑一年，缓刑一年零六个月，并处罚金 150000 元人民币。

案件宣判后，判决已生效。

【法官后语】

实践中，境外赌场经营人、实际控制人、投资人，组织、招揽中华人民共和国公民赴境外赌博的，属于《中华人民共和国刑法》（以下简称《刑法》）第三百零三条第二款规定的开设赌场。本案中，各被告人的违法犯罪行为均符合开设赌场罪的构成要件，若我国对该案具有刑事司法管辖权，则可以直接依据我国法律对其进行审判；但若我国对该案件没有刑事司法管辖权，则需要根据国际法和相关国家的法律程序进行处理，追究各被告人刑事责任的难度将加大。因此，本案管辖权的问题，不仅是争议焦点之一，而且影响案件程序的正当性。

在跨境赌博犯罪案件中，不可避免地面临管辖权冲突问题。《刑法》第六条至第十一条规定了我国行使刑事司法管辖权的基本准则，即以属地管辖权和属人管辖权为基本，保护管辖权、普遍管辖权并行，并明确了域外法律适用的效力问题。

本案中，几名中国籍被告人在 A 国开设赌场，即犯罪地在 A 国。被告人邢某 1 涉嫌掩饰、隐瞒犯罪所得犯罪行为在 A 国实施，即犯罪行为发生地在 A 国；被害人在广西壮族自治区田林县被诈骗，即犯罪结果地在广西壮族自治区田林县。这当中可能涉及中国和 A 国之间行使属地管辖权的冲突，以及我国属人管辖权与 A 国属地管辖权冲突的问题。

法学理论界关于犯罪地比较有代表性的观点主要有“犯罪行为地主义”“犯罪结果地主义”“折衷主义”。前两种观点分别以犯罪行为本身的发生地及其相关的因素或者犯罪行为所产生的结果及其相关的因素产生于本国作为认定犯罪地的决定性标准。“折衷主义”则是将犯罪行为的发生地和犯罪行为结果的产生地及其相关因素都包含在认定犯罪地的条件之中。

《刑法》第六条第三款规定，犯罪的行为或者结果有一项发生在中华人民共和国领域内的，就认为是在中华人民共和国领域内犯罪。由此可见，我国司法实践中采取的是“折衷主义”，无论是行为还是结果发生于我国境内，我国均享有管辖权。

本案中，各被告人开设赌场犯罪行为发生地在A国，根据当地的法律规定，A国不是完全禁赌的国家，即外国人在A国当地开设赌场依据当地的法律不一定构成违法犯罪。因犯罪地在A国，若根据A国法律各被告人不构成犯罪，则A国当地不会追究各被告人的刑事责任。同时，因犯罪地不在我国境内，我国无法通过行使属地管辖权对本案进行管辖。但是，本案各被告人均为中华人民共和国公民，被告人在境外两国边界开设赌场，主要吸引中国籍赌博人员参与赌博，其行为已触犯我国《刑法》。同时，我国《刑法》规定开设赌场罪的最高刑期并非为三年以下有期徒刑，因此，国家依据属人管辖权，对本案有刑事司法管辖权。

此外，跨境赌博犯罪案件一般由犯罪地公安机关立案侦查，犯罪地包括犯罪行为发生地和犯罪结果发生地。被告人邢某1同时犯开设赌场罪和掩饰、隐瞒犯罪所得罪，其中，邢某1涉嫌掩饰、隐瞒犯罪所得罪中的被害人是广西壮族自治区田林县籍，掩饰、隐瞒犯罪所得罪中犯罪结果发生地在广西壮族自治区田林县，且邢某1涉嫌实施掩饰、隐瞒犯罪所得罪中犯罪行为与其和同案被告人共同实施的开设赌场犯罪行为存在直接关联，本案由公诉机关广西壮族自治区田林县人民检察院向广西壮族自治区田林县人民法院提起公诉，因此，广西壮族自治区田林县人民法院对本案有管辖权。

本案中，管辖权的问题主要是我国属人管辖权与他国属地管辖权之间的冲突，以及各被告人户籍所在地与犯罪地管辖权的冲突问题。本案例中的司法机关全面研判各被告人所犯罪名的犯罪地，通过被告人邢某1所犯数罪中的掩饰、隐瞒犯罪所得罪之犯罪结果发生地取得全案管辖权，从而有力打击了跨境犯罪行为。

编写人：广西壮族自治区田林县人民法院　熊曾熙

22

关于对“电商购物平台”系“网络赌场”性质的认定

——高某等开设赌场案

【案件基本信息】

1. 裁判书字号

四川省成都市中级人民法院（2023）川01刑终133号刑事判决书

2. 案由：开设赌场罪

【基本案情】

2020年，何某带领包括周某等在内的技术团队，开发设计“A”软件平台。而后，何某带领原技术团队，成立某1公司、某2公司，并以前述公司名义，接受高某实际控制的某3公司、某4公司的委托，在明知“A”平台被用于结算赌资的情况下，参照“A”软件代码及功能，先后设计“B”“C”等软件平台。何某从高某处获取软件开发等各项费用共计342万余元，以发工资、奖金等形式将前述款项予以分配。

高某全面管理、控制“B”“C”软件平台，并通过向网络赌博人员收取提现手续费的方式获利。何某负责软件平台开发、技术维护等工作。周某经何某安排，负责设计“B”“C”软件原型，安排技术开发、运维等日常事务。经何某安排，周某还配合各地公安机关调取有关涉平台违法、犯罪证据。周某获得工资等共计259672元。

网络赌博人员在“B”“C”平台上聚集并建立聊天群，通过某小程序，将“某麻将”等棋牌类娱乐APP中的“战绩截图”自动导入“B”“C”平台中的聊天群，再通过“B”“C”中的充值、提现、发红包等功能，或通过支付宝、微信转账等，完成赌资结算。截至案发，在“C”平台上注册的会员账号共27万余个。涉案期间高某通过收取提现手续费的方式，从“B”“C”平台抽头渔利数额共计2147万元。二审期间周某的亲属代其退缴违法所得259672元、缴纳罚金2万元。

【案件焦点】

1. 披着外衣的假“电商购物平台”能否被认定为“网络赌场”；2. 如何认定经营者和开发者的行为是否属于“开设赌场”。

【法院裁判要旨】

四川天府新区人民法院经审理认为：被告人高某、何某、周某经营、开发、维护“B”“C”软件为赌博人员提供赌博聚集、赌资结算网络平台并从中获利，其行为均已构成开设赌场罪，其中高某抽头渔利数额2147万元，何某违法所得342万元，周某违法所得259672元，均属情节严重。在共同犯罪中，高某委托开发、经营涉案平台等，何某接受高某委托开发、维护涉案平台，二人均起主要作用，均系主犯，但高某作用大于何某，量刑时予以考虑；周某受何某安排帮助开发、维护涉案平台，起次要或辅助作用，系从犯，依法减轻处罚。周某退缴全部违法所得，有认罪悔罪表现，予以从轻处罚。据此，依照《中华人民共和国刑法》第三百零三条、第二十五条第一款、第二十六条第一款、第二十七条、第六十一条、第五十二条、第五十三条、第四十七条、第六十四条之规定，判决如下：

一、被告人高某犯开设赌场罪，判处有期徒刑九年，并处罚金40万元；

二、被告人何某犯开设赌场罪，判处有期徒刑六年，并处罚金10万元；

三、被告人周某犯开设赌场罪，判处有期徒刑三年三个月，并处罚金2万元；

四、向被告人高某、何某追缴21796494.97元，予以没收；其中有342万元向何某追缴后予以没收；

五、在342万元中，向被告人周某追缴259672元，予以没收。

一审宣判后，四川天府新区人民检察院提出抗诉，高某和周某提出上诉。

四川省成都市中级人民法院经审理认为：对高某、何某适用法律正确，量刑适当，予以维持。因周某在二审期间自愿认罪认罚并足额退缴全部违法所得，原审部分涉案犯罪金额认定、涉案财物处理不当。据此，判决如下：

一、维持四川天府新区成都片区人民法院（2022）川0192刑初193号刑事判决的第一、二项；

二、撤销四川天府新区成都片区人民法院（2022）川0192刑初193号刑事判决的第三、四、五项；

三、上诉人周某犯开设赌场罪，判处有期徒刑三年，缓刑四年，并处罚金人民币二万元；

四、对上诉人高某、原审被告人何某违法所得2147万元予以追缴并没收，其中向何某追缴342万元，其余部分向高某追缴（已冻扣及退缴在案的违法所得分别用于前述款项的执行，不足部分继续追缴）。对上诉人周某已退缴在案的违法所得259672元予以没收。对冻结在案的支付公司中某3公司、某4公司的账户资金及孳息，予以没收。

【法官后语】

近年来，涉网络平台的开设赌场罪案件数量有所增长，表现形式也不断多元化，主要表现为各类型的网络赌博平台、黑彩、对赌等。很多APP或者披着合法用途的“外衣”，或者不断变化服务器，或者仅是犯罪链条中的一环，导致“网络赌场”认定困难。

本案的争议焦点，包括披着外衣的假“电商购物平台”能否被认定为“网络赌场”，如何认定经营者和开发者的行为是否属于“开设赌场”。

首先，司法实践中已经达成共识，对利用互联网、移动通讯终端等传输赌博视频、数据、组织赌博活动的行为可以被认定为“开设赌场”。认定某个平台是否属于“网络赌场”，应根据平台的主要功能加以认定。具体到本案中，“B”“C”名义上是“电商购物平台”，具有建群、聊天、发红包、充值、提现等功能。但根据后台数据，除高某的一名亲属在平台上有80余件商品交易记录外，数千万元的交易流水均无任何商品交易记录，高某对此也无法作出合理解释。结合在案证人、赌博人员的供述，可以认定“B”“C”平台其主要功能为赌资结算。

其次，因为网络空间的虚拟性、国家对网络资金安全监管的重视，要顺利运营“网络赌场”，赌资结算成为非常重要的一环。本案中，赌博人员均在正规棋牌类娱乐软件上打牌，通过“机器人”小程序将输赢结果摆渡到“B”“C”平台并进行赌资结算。根据在案证据可以认定，赌资结算为网络棋牌从娱乐发展为赌博提供了重要条件，聚集了大量网络赌博人员，“B”“C”平台属于“网络赌场”。

再次，认定是否“明知”开设网络赌场，应当结合行为人所在的行业、过往经历等进行综合认定。本案中，高某在2020年7月曾因为赌博平台提供费用结算，被公安机关立案侦查后，作出不起诉决定。而何某团队不仅以赌资结算平台“A”的源代码为依据开发“B”“C”平台，还根据赌博人员反馈的漏洞进行维护、测试，何某团队能够明确看到赌博人员反馈中反复出现“茶水费”“红包”等多个涉及赌博的关键词，并私下多次就如何统一口径、规避风险进行沟通，还多次接受公安机关对赌博、诈骗等报案的调查。故，在案的证据可以证实高某、何某、周某明知其所经营、开发、维护的平台系“网络赌场”。

最后，认定各行为人对“网络赌场”的责任大小，应当考虑各行为人与“网络赌场”正常运转的关联度、紧密度，而非仅以获利金额进行判断。本案中，高某作为“网络赌场”的经营者，获得了绝大部分抽头渔利，其系开设赌场的主犯。何某虽然仅以开发费、维护费等，获得了300余万元，非法获利远低于高某，但其带领的团队提供的源代码、平台运营模式、测试和维护技术，是本案的网络赌场能够顺利运营的关键，其也系开设赌场的主犯。

随着手机、平板电脑等方便、快捷上网方式的普及，用手机上网成了主要的休闲方式，在网络上开设赌场也成为网络赌博的主要犯罪方式。利用网络游戏开设赌博犯罪行为具有低成本、高利润的特点，且其不仅隐蔽性强，还不受地域限制，因此犯罪规模越来越广、涉案金额越来越高。与传统的开设赌场犯罪相比，在网络上开设赌博的犯罪行为认定难度也越来越大。本案的被告人建立的并非通常意义上的赌博网站，他们不接受投注、不担任代理，甚至不直接组织赌博活动。但人民法院坚持源头打击，根据所架设平台的基本属性、各被告人的行为、分成金额、资金流水等，准确认定事实及各被告人的地位、作用等，落实宽严相济刑事政策，对被告人进行了精准打击。公众网络“私域”空间不是法外之地，赌博犯罪无论如何变身隐形，都逃不过被依法惩处的下场。

编写人：四川天府新区人民法院　邓双双　廖礼红

23

利用网络娱乐平台开设房间组织赌博的行为性质及犯罪数额认定

——赵某某等开设赌场案

【案件基本信息】

1. 裁判书字号

河北省保定市中级人民法院（2023）冀06刑终794号刑事判决书

2. 案由：开设赌场罪

【基本案情】

2019年1月至2022年2月，被告人赵某某先后伙同张某（已判刑）、杨某、冉某（已判刑）等人为牟利，在手机上下载“某麻将”软件，组建用于赌博的亲友圈，分别拉微信好友进亲友圈以打麻将的方式进行赌博。赵某某等人分别从“某麻将客服”处低价购买房卡，为参赌人员开设房间，每局赵某某或其他人抽取房间费4元，参赌人员最后按赢取的积分计算输赢，1分按1元计算，赌资、房间费通过微信支付的方式进行结算。

赵某某违法所得共计 30889 元，购买房卡支付某客服资金 19889 元。被告人赵某某劝说、陪同王某到公安局投案，到案后如实供述其与同案犯张某共同犯罪事实。

【案件焦点】

1. 在非赌博网站开设房间组织赌博是否构成开设赌场罪；2. 组织赌博的行为人购买房卡的支出是否应从犯罪数额中予以扣除。

【法院裁判要旨】

河北省曲阳县人民法院经审理认为：被告人赵某某为牟利与他人共同组建用于赌博的微信亲友圈，通过下载的“某麻将”软件，购买房卡开设房间，拉微信好友进入房间以打麻将的方式进行赌博，从中抽头渔利，构成开设赌场罪。赵某某劝说、陪同同案犯王某自首，系立功，依法从轻处罚；自愿认罪，酌情从轻处罚；到案后如实供述与张某开设赌场犯罪事实，可以从轻处罚。赵某某抽头渔利数额累计达到 3 万元以上，赌资数额累计达到 30 万元以上，情节严重，应判处五年以上有期徒刑。

河北省曲阳县人民法院依照《中华人民共和国刑法》第三百零三条第二款、第十二条、第二十五条第一款、第五十二条、第五十三条第一款、第六十一条、第六十四条、第六十七条第三款、第六十八条规定，认定被告人赵某某犯开设赌场罪，判处有期徒刑五年，并处罚金人民币 4 万元；依法追缴被告人赵某某违法所得人民币 30889 元。

一审宣判后，赵某某提出上诉。

河北省保定市中级人民法院经审理认为：上诉人赵某某伙同他人以营利为目的，利用网络平台作为开设赌场的工具，使参赌人员通过该网络平台进行赌博，情节严重，其行为均已构成开设赌场罪。

关于赵某某的行为性质。“某麻将”软件为网络娱乐平台，赵某某组建亲友圈，在该娱乐平台创建房间，并组织招揽亲友圈的人员参与赌博，抽取房间费，赵某某的行为虽非字面意思上的建立赌博网站担任代理并接受投注，但其利用“某软件”这一合法网络平台的游戏规则，抽房间费，此时俨然已具有赌博功能，合法平台具有了赌博网站性质，其在实质上便是建立了赌博网站。

关于赵某某抽头渔利的数额。赵某某抽头渔利的数额有其在公安机关的供述以及鉴定报告等证据相互印证，可以认定其犯罪数额为30889元。赵某某购买房卡并支付房费是其实施开设赌场行为的必要条件，其支付的犯罪成本具有利用可能性，能够帮助其实现预期的交易目的，系其为实现犯罪既遂所必须付出的代价，不应予以扣除。

综上，原判决认定事实和适用法律正确、量刑适当。河北省保定市中级人民法院依照《中华人民共和国刑事诉讼法》第二百三十六条第一款第一项、第二百四十四条规定，裁定：

驳回上诉，维持原判。

【法官后语】

本案系利用网络进行的赌博犯罪行为，从全案来看，被告人的行为同在物理空间开设赌场及司法解释规定的典型的网络开设赌场均存在较大差异，争议焦点在于在非赌博网站开设房间组织赌博是否构成开设赌场罪，以及购买房卡的支出是否应从犯罪所得中予以扣除。

一、在非赌博网站开设房间组织赌博构成开设赌场罪

开设赌场侵犯的是正常的社会管理秩序和社会风尚，客观方面表现为具有为赌博提供场所、赌具、筹码等，设定赌博方式、规则，控制、组织赌博的行为，主观方面需具有营利的故意。传统的赌博场所一般是房屋、场馆等实际空间，赌具、筹码也都看得见、摸得着，当前更广泛的犯罪形式是利用网络开设虚拟赌场进行犯罪。根据《最高人民法院、最高人民检察院、公安部关于办理网络赌博犯罪案件适用法律若干问题的意见》，利用互联网、移动通讯终端等传输赌博视频、数据，组织赌博活动，具有下列情形之一的，均属于《中华人民共和国刑法》第三百零三条第二款规定的“开设赌场”行为：(1) 建立赌博网站并接受投注的；(2) 建立赌博网站并提供给他人组织赌博的；(3) 为赌博网站担任代理并接受投注的；(4) 参与赌博网站利润分成的。

上述意见明确了建立赌博网站按开设赌场定罪处罚的裁判规则，但本案利用普通网站组织人员进行赌博活动是否构成开设赌场罪并未明确。此时，应该结合涉案行为是否具备开始赌场罪的实质特征进行判定，具体而言：(1) 开始赌场应当具有经营性。开设赌场罪的主观目的限定为以营利为目的，通常表现为通过组织或管理赌博行为，以抽头渔利等方式直接从组织或管理赌博活动中获利。本案行为人以抽取房间费的形式非法获利，符合经营性特征。(2) 开设赌场应当具有组织性。开设赌场罪中，为了招揽赌客，将零散的赌博行为转化为有组织性的赌博活动，赌场经营者一般会形成相对明确的组织架构和人员分工。本案中，行为人赵某某组建用于赌博的亲友圈，发展王某等人为“小队长”，“小队长”去拉人赌博，具备了一定的组织性。(3) 开设赌场应当具有控制性。经营者对赌博活动的控制性，主要体现在由开设赌场的人决定在何时何地开展赌博，且赌场经营者参与制定赌博输赢规则和抽成比例等结算规则。本案中，赵某某等人在网站为参赌人员开设房间，提供赌博场所，制定计分制的输赢规则和房间费抽成比例以及结算规则，具备了控制性特征。(4) 开设赌场应当具有规模性。开设赌场往往具有一定的规模，以赌场的持续经营来招揽赌客，赌场会向不特定人员开放。本案中，赵某某等人自2019年至2022年，纠集多人在网站开设房间，拉不特定的微信好友进行赌博，赌场持续运营，具备了规模性。

综上，被告人利用赌博网站提供的虚拟房间，支付房卡（房间费用）后，自己招揽人员进入房间，根据网站提供的软件、规则组织赌博，参赌人员向被告人支付房间费用，被告人挣取房卡差价、通过社交软件为参赌人员进行赌资结算并抽头，该行为虽然与司法解释规定的传统网络开设赌场案件中为赌博网站担任代理、参与利润分成、提供服务收取服务费等行为不同，但为他人赌博提供了场所、平台、设备，并从中渔利，应视为开设赌场的行为，这一实质内核既适用于物理空间，也适用于网络空间，因此其行为实质仍是现实社会中开设赌场行为的虚拟化，具有专门场所、面向不特定人群、专设赌博项目、提供资金结算、固定盈利方式等要素，故应依照《中华人民共和国刑法》第三百零三条第二款之规定，以开设赌场罪定罪处罚。

二、组织赌博的行为人购买房卡的支出不应从犯罪数额中予以扣除

在利用合法娱乐平台创建房间用于赌博类开设赌场犯罪的违法所得数额认定上，通常来说，“违法所得”是指行为人在违法犯罪活动中违法所得的一切财物，不应当将所谓的犯罪成本予以扣除。犯罪所得与非法获利的内涵是一样的，均指犯罪行为人犯罪收入的总和，而不能理解为“利润”。法律对此类行为持否定性评价，决定此类行为人由此而获得的经济利益都是非法的。至于行为人为了实施犯罪行为而付出的成本，都属于犯罪成本，依法不能在犯罪所得中予以扣除。因此，除非有司法解释对某类案件有特殊考量（如非法经营罪），犯罪成本原则上不应予以扣除。本案中，购买房卡并支付房费是犯罪分子实施开设赌场行为的必要条件，该部分支出不应在非法获利总数额中予以扣除。

编写人：河北省高级人民法院　徐翠翠

河北省保定市中级人民法院　赵炎

（二）妨害司法罪

24

允诺他人帮忙脱罪的行为认定①

——董某某、汤某某妨害作证案

【案件基本信息】

1. 裁判书字号

江苏省淮安市中级人民法院（2021）苏 08 刑终 295 号刑事裁定书

---

① 入库案例，参见人民法院案例库 2023-05-1-291-001。

2. 案由：妨害作证罪

【基本案情】

2017年6月，黄某、徐某及董某（系被告人董某某、汤某某之子）经合谋，租赁某处门面房共同出资经营某养生会所。2017年12月19日，民警在对某养生会所检查时发现会所内有组织卖淫行为，并于当日立案侦查。2017年12月20日，黄某、徐某至董某家中商量对策，被告人董某某向黄某、徐某允诺利用社会关系帮黄某、徐某脱罪，并要求二人归案后不要供出董某参与某养生会所经营的犯罪事实。因此黄某、徐某在归案后供述其二人是某养生会所的老板，未提及董某。2018年4月，被告人董某某、汤某某为使知晓案情的黄某1（系黄某父亲）隐瞒董某参与组织卖淫的犯罪事实，商定给予黄某160万元作为补偿，并将上述款项存入相关银行账户。2019年4月25日，黄某、徐某因犯组织卖淫罪被分别判处有期徒刑十一年、十年。2019年8月12日，徐某于在服刑期间供述董某参与组织卖淫的犯罪事实；2019年9月5日，黄某亦供述上述事实。2019年9月12日，公安机关于将董某抓获归案。2020年10月23日，董某因犯组织卖淫罪被判处有期徒刑十年六个月。

【案件焦点】

1. 妨害作证罪中的“贿买”是否包含非物质性利益，如何对行为人“允诺他人帮忙脱罪”行为进行定性；2. 未进入刑事诉讼程序但知晓案情的人，能否认定为妨害作证罪中的“证人”；3. 对妨害作证罪中“他人”的范围如何理解。

【法院裁判要旨】

江苏省淮安经济技术开发区人民法院经审理认为：妨害作证罪中的“证人”不限于狭义的“证人”，包括被害人、鉴定人、翻译人等，徐某、黄某、黄某1均知情董某犯罪事实，对于董某案来说均属于“证人”。徐某、黄某因受董某某允诺帮忙脱罪的影响，未如实供述董某犯罪事实，董某某的行为实质上妨害司法机关的正常诉讼活动，其行为已构成妨害作证罪。被告人董某某、汤某某为使黄某1继续隐瞒董某参与经营某养生会所的事实，将60万元打入相关银行账户，二名被告人以贿买的方式阻止证人作证，均已构成妨害作证罪。

江苏省淮安经济技术开发区人民法院依照《中华人民共和国刑法》第三百零七条第一款，第二十五条第一款，第二十六条第一款、第四款，第二十七条及第六十四条之规定，作出如下判决：

一、被告人董某某犯妨害作证罪，判处有期徒刑二年；

二、被告人汤某某犯妨害作证罪，判处拘役三个月；

三、已被冻结的账户存款人民币60万元予以没收，上缴国库。

一审宣判后，二名被告人提起上诉。董某某提出允诺他人帮忙脱罪的行为不构成妨害作证罪。经二审审理查明的事实和证据与一审相同，法院予以确认。江苏省淮安市中级人民法院经审理认为：《中华人民共和国刑法》第三百零七条第一款在“暴力、威胁、贿买”之后还使用了“等”字，说明除列举的上述三种阻止证人作证或者指使他人作伪证的方法外，行为人通过其他积极的作为阻止证人作证或者指使他人作伪证的方法也应属此列。本案中，徐某、黄某、黄某1知晓案情，均可成为妨害作证罪的犯罪对象，上诉人董某某向徐某、黄某允诺帮忙脱罪的行为，以及两名上诉人对黄某1实施的金钱贿买行为，妨害了正常的司法诉讼程序，两名上诉人的行为均构成妨害作证罪。上诉人的上诉理由不能成立。

江苏省淮安市中级人民法院依照《中华人民共和国刑事诉讼法》第二百三十六条第一款第一项之规定，裁定如下：

驳回上诉，维持原判。

【法官后语】

一、董某某“允诺他人帮忙脱罪”的行为与暴力、威胁、贿买具有同质性，应当以妨害作证罪中的其他方法对该行为进行评价

（一）妨害作证罪中的“贿买”不包含非财产性利益

第一，妨害作证罪中的“贿买”一词重点是“贿”，“贿”对应的是财物、

财产性利益，并不包含非财产性利益。第二，结合其他相关法条，能进一步阐明“贿买”的规范意旨中不包含财产性利益。例如，《中华人民共和国刑法》第三百八十九条第一款规定，为谋取不正当利益，给予国家工作人员以财物的，是行贿罪。《最高人民法院、最高人民检察院关于办理贪污贿赂刑事案件适用法律若干问题的解释》第十二条规定，贿赂犯罪中的“财物”，包括货币、物品和财产性利益。财产性利益包括可以折算为货币的物质利益……由此可见，贿赂犯罪中“贿”是可以用金钱来衡量的，非财产性利益则应然地不能被包含在内。

（二）“允诺他人帮忙脱罪”行为可以以妨害作证罪中的其他方法来评价

从实现刑法规范法益保护目的角度考虑，当行为人实施的行为方法如唆使、嘱托、请求、引诱等行为，足以阻止证人作证或指使他人作伪证，该类行为方法对国家司法机关的正常诉讼活动和公民依法作证的权利的侵害，与暴力、威胁、贿买行为具有同质性，应当然地被涵摄至妨害作证罪“等方法”法律语义中。这种解释既不偏离其基本语义的基础，又兼顾多种价值之间的平衡，即在达到刑法保护人民、惩治犯罪的立法目的的同时，又确保解释结论能够得到民众内心的认同与遵从。

二、未进入刑事诉讼程序但知晓案情的黄某1，可以被认定为妨害作证罪中的“证人”

第一，从《中华人民共和国刑事诉讼法》第六十二条及《中华人民共和国民事诉讼法》第七十五条两则法律条文可知，凡是知道案件情况的人都应当属于“证人”的范围。第二，从刑法规范的目的角度考察“证人”的内涵。妨害作证罪位于刑法分则第六章第二节“妨害司法罪”中，该节主要规制妨害国家司法机关正常诉讼活动、破坏国家司法权行使的行为。本案从客观要素上来看，董某某的行为直接指向知晓案情的黄某1，行为方式为以金钱贿买黄某1；主观要素上，董某某追求的是董某不被司法机关发现犯罪事实、逃避法律责任的结果。故而黄某1虽然未进入诉讼活动，但董某某贿买的行为实质上损害司法客观公正性，其“证人”的身份具有不可替代性，实质上属于该案“潜在证人”。

三、妨害作证罪中的“他人”可以作广义理解，包括所有诉讼参与人

刑法对妨害作证罪“指使他人作伪证”中的“他人”没有作明确限制，若尝试限制“他人”法律内在含义的范围并不符合法律的形式逻辑，因而“他人”应当包括所有的诉讼参与人，即当事人和其他诉讼参与人，甚至是其他任何人，如指使根本不了解案件情况的人充当证人。因此同案犯也能够成为妨害作证犯罪对象中的“他人”。

编写人：江苏省淮安市中级人民法院　张帅

江苏省涟水县人民法院　朱剑

25

明知他人利用其提供的银行卡从事信息网络犯罪，并配合刷脸、提供验证码行为性质的认定

——赵某掩饰、隐瞒犯罪所得案

【案件基本信息】

1. 裁判书字号

黑龙江省嫩江市人民法院（2023）黑 1183 刑初 41 号刑事判决书

2. 案由：掩饰、隐瞒犯罪所得罪

【基本案情】

被告人赵某，大学文化。2022 年 5 月，被告人赵某在网上结识“跑分”人员，通过聊天软件联络、交流并决定参与“跑分”。2022 年 5 月 23 日，被告人赵某到福建省南平市建瓯市，将自己的 2 张银行卡提供给“跑分”团伙使用，

并提供刷脸、验证码帮助上游犯罪分子转移犯罪所得。2张银行卡的单项流入资金共计1125447.11元，其中涉及诈骗案共计17起，涉案资金846045元。案发后，被告人赵某被抓获到案，退赔全部涉案资金。

【案件焦点】

行为人明知他人利用其提供的银行卡从事信息网络犯罪，又到场配合刷脸、提供验证码帮助转移犯罪所得，是否可以认定为主观明知是犯罪所得而予以转移，构成掩饰、隐瞒犯罪所得罪。

【法院裁判要旨】

黑龙江省嫩江市人民法院经审理认为：被告人赵某明知是他人犯罪所得而予以转移，情节严重的行为已构成掩饰、隐瞒犯罪所得罪，公诉机关指控成立。赵某本应靠自己的文化知识、专业技能去创造财富，却为获取不法利益而触碰法律红线，其行为与我国社会主义核心价值观相悖。被告人赵某通过提供银行卡并配合刷脸、提供验证码的方式，帮助上游犯罪分子转移犯罪所得，系从犯，依法减轻处罚。被告人赵某到案后如实供述自己的罪行，系坦白，且自愿认罪认罚，依法从轻处罚。被告人赵某返还全部赃款，酌定从轻处罚。据此，判决：被告人赵某犯掩饰、隐瞒犯罪所得罪，判处有期徒刑一年九个月，缓刑二年，并处罚金人民币5万元。

案件宣判后，判决已生效。

【法官后语】

《中华人民共和国刑法修正案（九）》新增的第二百八十七条之二设立了帮助信息网络犯罪活动罪，将网络帮助行为以独立的罪名进行处罚。司法实践中，该罪名在打击电信网络诈骗、网络赌博等犯罪上下游关联犯罪时被广泛适用。

实践中，帮助信息网络犯罪活动罪和掩饰、隐瞒犯罪所得、犯罪所得收益罪成为近两年的高发罪名，尤其对于行为人提供银行卡后又进行刷脸验证的案件，在适用上存在诸多争议。帮助信息网络犯罪活动罪与掩饰、隐瞒犯罪所得、犯罪所得收益罪在量刑的设置上有着很大不同，根据《中华人民共和国刑法》第二百八十七条帮助信息网络犯罪活动罪的法定刑设置，本罪的法定最高刑为三年，是一项轻罪，追诉标准为支付结算金额20万元以上，而掩饰、隐瞒犯罪所得、犯罪所得收益罪的法定刑设有两档，三年以下有期徒刑和三年以上七年以下有期徒刑，第二档刑的追诉标准为涉案数额10万元以上。因此，正确区分两罪对于贯彻罪责刑相适应原则、统一法律适用具有重要意义。本案在审理过程中，存在两种截然不同的观点。

第一种观点认为，被告人赵某提供银行卡的转进与转出都是一种帮助行为而非隐瞒犯罪所得行为，帮助行为发生在上游犯罪实施过程中，即上游犯罪所实施的犯罪行为尚未获取赃款、赃物，不同于掩饰、隐瞒犯罪所得的事后帮助行为。因此，应构成帮助信息网络犯罪活动罪。

第二种观点认为，被告人赵某明知他人利用信息网络实施犯罪，仍向他人提供银行卡，并在他人对卡内资金进行转移的过程中配合对方进行刷脸验证，该行为可视为参与对赃款的转移，应认定为掩饰、隐瞒犯罪所得、犯罪所得收益罪。

笔者同意第二种观点，被告人赵某的行为构成掩饰、隐瞒犯罪所得、犯罪所得收益罪，且根据其在犯罪中所起的作用，认定为从犯。具体理由分析如下：

一、从主观是否明知为犯罪所得来分析

帮助信息网络犯罪活动罪与掩饰、隐瞒犯罪所得、犯罪所得收益罪的主观方面均为明知，但两者的主要区别在于，主观明知的内容不同，帮助信息网络犯罪活动罪的主观明知是一种概括性明知，即行为人只知对方可能实施网络违法犯罪行为，对被帮助对象的犯罪手段、性质等都不明确；而掩饰、隐瞒犯罪所得、犯罪所得收益罪要求明知涉案资金是上游犯罪的犯罪所得，既可以是概括明知，也可以是明确知晓。主观明知的具体内容，是区分支付结算型帮助信息网络犯罪活动罪与掩饰、隐瞒犯罪所得、犯罪所得收益罪的重要标准。

关于正确区分帮助信息网络犯罪活动罪和掩饰、隐瞒犯罪所得、犯罪所得收益罪与诈骗罪共犯的界限，即应当根据行为人的主观明知内容和实施的具体犯罪行为，确定其行为性质。行为人向他人出租、出售信用卡后，在明知是犯罪所得及其收益的情况下，又代为转账、套现、取现等，或者为配合他人转账、套现、取现而提供刷脸等验证服务的，可以掩饰、隐瞒犯罪所得、犯罪所得收益罪论处。明知他人利用信息网络实施犯罪，仅向他人出租、出售信用卡，未实施其他行为，达到情节严重标准的，可以帮助信息网络犯罪活动罪论处。

上海市第一中级人民法院课题组在中国应用法学2022年第1期发表的《网络支付结算型帮助行为的刑法规制——兼论帮助信息网络犯罪活动罪的理解与适用》[①] 一文中指出，提供银行卡并转账的行为系在事后为犯罪分子隐瞒资金流向，既属于帮助行为，又妨害了司法秩序，在认定该类行为构成掩饰、隐瞒犯罪所得罪还是帮助信息网络犯罪活动罪时，可以从以下角度考虑。其一，审查转账资金的性质，若转账资金非犯罪所得，如为赌资，则可以排除掩饰、隐瞒犯罪所得罪，以帮助信息网络犯罪活动罪定罪处罚；若转账资金为犯罪所得，则以掩饰、隐瞒犯罪所得罪处罚。其二，若转账资金无法全部查明性质，则能够查明上游犯罪事实部分，根据转账资金性质来认定相关罪名，对于无法查明上游犯罪事实的部分，以帮助信息网络犯罪活动罪定罪，然后在两罪中择一从重定罪处罚。

具体到本案中，赵某具有大学本科文化程度，对其转移的赃款明知程度不同于帮助信息网络犯罪活动罪的概括明知，从手机聊天记录亦能反映出其明知其参与的“跑分”就是转移赃款。赵某在联系到“跑分”团伙后主动前往福建省建瓯市参与“跑分”，并非仅仅提供、出卖银行卡，放任上游犯罪分子操作，而是在此基础上提供了刷脸和验证码的又一层次的帮助。赵某在实施行为前已与上游犯罪分子有联络，目的明确就是要参与“跑分”，其对银行卡内资金来

① 上海市第一中级人民法院课题组、上海市第一中级人民法院：《网络支付结算型帮助行为的刑法规制——兼论帮助信息网络犯罪活动罪的理解与适用》，载《中国应用法学》2022年第1期。

路不正是有认识的，对其行为是转移犯罪所得及其收益持放任态度，即主观上具有转移犯罪所得的故意，客观上确实属于犯罪所得及其收益，因此应认定其构成掩饰、隐瞒犯罪所得、犯罪所得收益罪。实践中，上游犯罪为了防止“黑吃黑”，在行为人转账时会限制其人身自由，即使这样，为获取高额报酬，行为人自愿被“看管”，甚至跨省、市为上游转账，对于这些人仍然以帮助信息网络犯罪活动罪认定，罪责刑将明显不相适应，因此定掩饰、隐瞒犯罪所得、犯罪所得收益罪更为合适。

二、从行为时间节点来分析

帮助信息网络犯罪活动罪行为通常发生在上游犯罪着手之后尚未获取赃款赃物之前。而掩饰、隐瞒犯罪所得、犯罪所得收益罪则是典型的事后帮助犯罪，发生于上游犯罪既遂之后，即相应犯罪所得已经被上游犯罪分子控制。

就本案来看，被害人被诈骗的钱款在转账至赵某账户时，被害人已失去对钱款的支配能力，上游犯罪已经既遂，赵某提供刷脸和验证码的验证服务，帮助上游犯罪分子转移赃款，逃避司法追查，致使赃款无法追回。赵某的客观行为体现在以下两个方面：一是将银行卡提供给上游犯罪行为人收取赃款；二是配合上游犯罪行为人刷脸、提供验证码以转移赃款。尽管赵某提供银行卡时并不明确知道上游行为是何种性质的犯罪行为，但对他人向其银行卡转入的款项，其能够意识到属于上游犯罪的赃款，且资金转入其银行卡时上游犯罪已经既遂。通说认为，电信网络诈骗犯罪的既遂，并不要求必须亲手控制，对于电信网络诈骗团伙所控制的人或组织控制财物的，即可以认定为既遂。也就是说，当被告人来到现场被控制以后，电信网络诈骗资金转入其卡中，上游犯罪即既遂。在这之后，其只要参与了掩饰、转移赃款的，就应当认定为掩饰、隐瞒犯罪所得、犯罪所得收益罪。

三、从被告人整体行为综合分析

本案中，赵某虽然存在明知他人利用信息网络实施犯罪，仍将银行卡提供给他人使用的帮助信息网络犯罪活动的行为，但其又持卡到犯罪分子从事具体犯罪活动的地点，配合刷脸、提供验证码，从一般人的常规认识和判断以及赵某的文化程度来看，足以证明赵某主观上明知其帮助转移的系犯罪所得，此时以帮助信息网络犯罪活动罪定罪已不能全面评价其犯罪行为，且赵某掩饰、隐瞒犯罪所得金额80余万元已达情节严重的标准，故被告人的行为构成掩饰、隐瞒犯罪所得、犯罪所得收益罪。

综观全案，赵某提供银行卡帮助他人从事信息网络犯罪活动，其身份属性与帮助信息网络犯罪活动罪中的“卡农”较为相似，唯一不同的是赵某相较帮助信息网络犯罪活动罪中的“卡农”又提供了进一步的刷脸、提供验证码的帮助行为。众所周知，在登录网上银行或使用银行卡转账时，刷脸、提供验证码是比较常见的情形，操作上也比较简单，不具有技术性或专业性，明显属于辅助行为。因此笔者认为，无论从该种行为的具体性质来看还是从目前规范性文件的表述上来看，在认定帮助转移犯罪所得的“卡农”刑事责任时，除考虑掩饰、隐瞒犯罪所得的数额外，还应考虑其在犯罪过程中的地位作用。对于大多数“卡农”而言，其主要是协助、配合组织者转移赃款，在整个犯罪过程中起次要和辅助作用，依法可以认定为从犯。特别是在其掩饰、隐瞒犯罪所得数额达到量刑第二档时，根据其从犯的地位作用，依法从轻、减轻处罚，确保罪责刑相适应。

编写人：黑龙江省黑河市中级人民法院　余金玲

26

行为人明知是违法所得及其收益而提供银行卡并刷脸帮助转移犯罪资金的应当认定为掩饰、隐瞒犯罪所得罪的从犯

——刘某、姚某某掩饰、隐瞒犯罪所得案

【案件基本信息】

1. 裁判书字号

湖南省湘西土家族苗族自治州中级人民法院（2023）湘31刑终51号刑事判决书

2. 案由：掩饰、隐瞒犯罪所得罪

【基本案情】

2022年2月下旬，刘某应“眼睛”要求联系姚某某、赵某某（另案处理）来江苏省常州市打工赚钱，二人到达后，刘某带二人办理了银行卡，并将银行卡给“眼睛”等网络诈骗团伙，用于接收和转移资金，“眼睛”等网络诈骗团伙在接收和转移诈骗资金过程中，姚某某、赵某某配合转账进行刷脸等验证服务，二人银行账户分别接收、转移非法资金59万余元、45万余元。2022年7月12日，刘某被抓获归案，并如实供述犯罪事实。2022年3月24日，姚某某主动到公安机关接受讯问，并如实供述犯罪事实。

【案件焦点】

1. 刘某、姚某某是构成帮助信息网络犯罪活动罪还是掩饰、隐瞒犯罪所得罪；2. 刘某、姚某某的主从犯认定问题。

【法院裁判要旨】

湖南省花垣县人民法院经审理认为：刘某、姚某某的行为已构成掩饰、隐瞒犯罪所得罪。二人均系主犯。刘某坦白且自愿认罪，可以从轻处罚；姚某某自首且自愿认罪，可以减轻处罚。二人违法所得均应予以追缴，上缴国库。判决如下：

一、刘某犯掩饰、隐瞒犯罪所得罪，判处有期徒刑三年，并处罚金人民币 1 万元；

二、姚某某犯掩饰、隐瞒犯罪所得罪，判处有期徒刑一年六个月，并处罚金人民币 8000 元；

三、分别对刘某违法所得赃款人民币 13000 元，姚某某违法所得赃款人民币 1000 元，予以追缴。

一审宣判后，二人均提出上诉。

湖南省湘西土家族苗族自治州中级人民法院经审理认为：刘某明知是犯罪所得而介绍他人提供银行卡和刷脸服务帮助接收、转移犯罪资金，姚某某明知是犯罪所得而提供银行卡和刷脸服务，帮助他人接收、转移犯罪资金，二人行为均构成掩饰、隐瞒犯罪所得罪。刘某电话联络姚某某提供银行卡，帮助他人接收、转移犯罪资金，姚某某明知系犯罪资金而接受邀约，提供银行卡和刷脸服务帮助接收、转移，二人系共同犯罪。在转移资金的过程中，刘某并未实际实施转移资金的行为，而是受人指使，邀约姚某某、赵某某为他人提供银行卡；姚某某在转移资金过程中，也仅系在他人转账时提供了刷脸帮助。二人均应认定为掩饰、隐瞒犯罪所得罪的从犯。刘某到案后，能够如实供述犯罪事实，且认罪，可从轻处罚；姚某某主动到案，如实供述自己的罪行，系自首，依法可从轻处罚。刘某违法所得赃款 13000 元，姚某某违法所得赃款 1000 元均应予以追缴，上缴国库。判决如下：

一、维持湖南省花垣县人民法院刑事判决中对刘某、姚某某的定罪部分以及第三项和第四项；

二、撤销湖南省花垣县人民法院刑事判决中第一项和第二项对刘某、姚某某的量刑部分；

三、刘某犯掩饰、隐瞒犯罪所得罪，判处有期徒刑一年六个月，并处罚金人民币3000元；

四、姚某某犯掩饰、隐瞒犯罪所得罪，判处有期徒刑九个月，并处罚金人民币1000元。

【法官后语】

在使用电信网络实施诈骗等上游犯罪活动中，行为人提供银行卡和刷脸服务，帮助接收、转移犯罪所得究竟是认定为帮助信息网络犯罪活动罪（以下简称帮信罪）还是认定为掩饰、隐瞒犯罪所得罪（以下简称掩隐罪）。对此不能一概而论，需要区分不同的情形加以区别。

情形一：行为人明知他人要通过电信网络实施诈骗等犯罪活动，而事先与他人通谋协商，由其负责提供银行卡接收犯罪资金。在满足立案追诉情况下，该行为构成诈骗罪的共同犯罪，属于诈骗罪的帮助犯，但是因为《中华人民共和国刑法》第二百八十七条之二将帮助利用信息网络实施诈骗的行为予以正犯化，根据法条竞合的原则，特殊法条应当优先适用，应以帮信罪论处。即使行为人后续再将银行卡内的资金转移，因为不具有期待可能性属于不可罚的事后行为，只能认定为帮信罪一罪。

情形二：行为人明知他人要通过电信网络实施诈骗等犯罪活动，未与他人协商共谋，而是应邀提供银行卡来接收诈骗资金。此种情形属于承继的共同犯罪，与情形一处理结论一致。

情形三：他人实施了诈骗等犯罪活动并已经获得诈骗资金，行为人提供银行卡接收、转移该诈骗资金。因为上游犯罪已经诈骗既遂，此时行为人转移诈骗资金的行为完全具有掩隐罪构成要件的符合性。

情形四：行为人提供的银行卡接收的诈骗资金有以下两种情况：一种是直接接收的被害人被诈骗的资金；另一种是接收的他人在诈骗既遂后再次转来的诈骗资金，然后又将这两笔资金转移出去。此情形就是本案的犯罪类型——行为人既有帮助上游网络诈骗犯罪的帮助行为，又有单纯的转移违法所得的行为。

此种情况应以掩隐罪一罪论处。其一，行为人基于同一故意内容（帮助他人接受、转移诈骗资金）实施了数个同质行为，系连续犯的类型，属于处断的一罪。其二，从行为发展的进程来看，帮助接收诈骗资金行为在先，转移资金在后，接收犯罪资金只是过程性的手段行为，同时按照对严格客观、灵活解释的原则，在现在信息网络快速发展的当下，传统形式的诈骗已经在发生转型，电子支付成为市场交易的主要方式，行为人利用信息网络实施诈骗，再用银行卡接受、转移诈骗资金在现在具有通常性和普遍性，按照牵连犯的原则，也应以掩隐罪论处。其三，从全面评价角度出发，此种情形认定为帮信罪，则会遗漏对行为人掩饰、隐瞒违法所得行为的评价，同时对于出现违法所得数额巨大及其以上的，单以帮信罪论处无法做到罪责刑相适应。

从《中华人民共和国刑法》第二百八十七条之二与第三百一十二条的规定来看，两罪的区别在于实施犯罪的时间节点与行为对象。从时间上来看，帮信罪的行为是发生在上游犯罪既遂之前，掩隐罪的危害行为发生在上游犯罪既遂之后，即犯罪分子已经对被害人的财物形成了稳定的支配。从行为对象来看，帮信的行为对象是他人实施的犯罪行为，掩隐的行为对象是违法所得。如果行为人的行为对象已经具有了违法所得的性质，就应当认定为掩隐。

在实务当中，除犯罪集团首要分子、组织、策划、指挥他人实施犯罪的人以及在犯罪过程中起辅助作用的行为人在主从犯认定上没有困难外，其他类型的主从犯认定则是一大困境。认定主从犯顺序上一般宜先确定主犯、后确定从犯，但也因具体案件而定。从行为分工上来看：教唆犯、实行犯主从犯都可以成立，帮助犯只能是从犯，除非积极参与实行并对结果发生具有重要影响。那么对于教唆犯、实行犯主从犯的认定可根据行为人犯意的形成、在共同犯罪中的地位等因素综合审查。（1）行为人是犯意的提起者：①行为人既是教唆者又是实行者，一般认定为主犯；②是教唆者但不是实行者，教唆行为对实行者犯意产生作用大的，则认定为主犯。若实行者原本有相同的犯意，则教唆则认定为从犯。（2）行为人不是犯意的提起者而是实行者：①看分工，具体行为与犯罪构成要件紧密性不强，为从犯；②看意志，是否需要听从安排、指挥，若需要听从安排，为从犯。本案中，刘某仅邀请他人提供银行卡，既不是犯罪的实行者，又不是犯意的发出者，在犯罪中起辅助性作用，系从犯。姚某某参与了接受、转移资金的过程，虽然是实行者，但其是受犯罪团伙指挥行事，应认定为从犯。

编写人：湖南省湘西土家族苗族自治州中级人民法院　李根

27

违法所得的认定规则

——朱某某等掩饰、隐瞒犯罪所得案

【案件基本信息】

1. 裁判书字号

广西壮族自治区贵港市中级人民法院（2024）桂08刑终11号刑事判决书

2. 案由：掩饰、隐瞒犯罪所得罪

【基本案情】

2016年至2021年，张某、谢某伙同他人为非法牟利，在某矿区以烧碱溶液灌洗矿洞的方式非法开采金矿，并将金矿提炼成黄金出售。2021年8月至12月，被告人朱某某明知张某出卖的17000克黄金是非法采矿所得仍予以收购，并支付给张某6349238元。

2021年11月1日，江某、谢某1携带500克黄金到甲首饰店出售，被告人朱某某、朱某1明知江某、谢某1出售的黄金是非法采矿所得仍予以收购，并支付给谢某1、江某195430元。同月6日，被告人朱某某、朱某1收购谢某1出售的黄金1200克，并支付给谢某1435250元；同年12月20日，被告人朱某某、朱某1收购谢某1、江某出售的黄金430克，并支付给谢某1、江某158769

元。

被告人朱某某将从张某处收购的两块黄金共计2563.19克交给朱某2保管。案发后，公安机关依法从朱某2处追缴上述黄金。被告人朱某1退出谢某1卖给其的黄金共计2130.46克，已交至公安机关。

【案件焦点】

掩饰、隐瞒犯罪所得罪违法所得是获利还是全部收入。

【法院裁判要旨】

广西壮族自治区贵港市港北区人民法院经审理认为：被告人朱某某、朱某1明知是犯罪所得而予以收购，情节严重，他们的行为构成掩饰、隐瞒犯罪所得罪。根据《中华人民共和国刑法》第六十四条的规定，犯罪分子违法所得的一切财物，应当予以追缴或者责令退赔。违法所得的一切财物，是指犯罪分子因实施犯罪活动，而取得的全部财物。法律和司法解释无特殊规定时，违法所得数额应当按照收益总额认定，不应扣除犯罪分子为实施犯罪行为所支出的费用。在上游犯罪非法采矿案中，追缴犯罪行为人的违法所得系用于退赔犯罪行为造成的损失；在下游犯罪掩饰、隐瞒犯罪所得案中，追缴被告人的违法所得系没收因实施犯罪行为而取得的全部财物。依法判决：

一、被告人朱某某犯掩饰、隐瞒犯罪所得罪，判处有期徒刑三年，并处罚金3万元；

二、被告人朱某1犯掩饰、隐瞒犯罪所得罪，判处有期徒刑三年，缓刑四年，并处罚金2万元；

三、追缴被告人朱某某的违法所得6349238元（含扣押于公安机关的2563.19克黄金在内），予以没收，上缴国库；追缴被告人朱某某、朱某1的违法所得789449元（含扣押于公安机关的2130.46克黄金首饰在内），予以没收，上缴国库。

宣判后，被告人朱某某不服一审判决，提起上诉。

广西壮族自治区贵港市中级人民法院经审理认为：一审判决认定事实清楚，

证据确实、充分，定罪准确，量刑适当，但判决追缴违法所得的处理有误，对定罪与量刑部分予以维持，改判：

追缴上诉人朱某某、原审被告人朱某1违法所得15000元，予以没收，上缴国库。

【法官后语】

对于违法所得是否包含犯罪成本，无论是刑法理论还是司法实务都没有统一的意见。有观点认为，没收违法所得不属于财产刑的范畴，不具有财产惩戒功能，违法所得应以实际获利为限。也有观点认为，《中华人民共和国刑法》第六十四条规定的违法所得是指犯罪分子违法所得的一切财物，根据文义解释，一切财物应包含犯罪成本。还有观点认为，纯获利类犯罪没有成本或成本较小，违法所得包含犯罪成本；经营类犯罪成本较大且有差异，违法所得不包含犯罪成本。以上观点都有一定的合理之处，笔者认为，广义的违法所得包括其他涉案财物，犯罪成本是否有必要扣除，要根据犯罪的具体情况评判。

一、犯罪危害的区分

从刑法体系来看，违法所得并非个罪独有，个案不仅有单纯以犯罪为牟利手段及偶然犯罪的区分，还存在情节轻重、成本及获利等差别，而社会危害是犯罪最本质的特征，不同犯罪社会危害不同，违法所得是否计算犯罪成本不能一概而论，对于社会危害越大的犯罪，制裁手段应越严厉，犯罪成本严格依法不予扣除，而对于危害不大的犯罪，若通过主刑和附加刑能达到刑罚惩治的目的，仅没收获利即可，《最高人民法院、最高人民检察院关于办理侵犯公民个人信息刑事案件适用法律若干问题的解释》区分了“违法所得”数额和“获利”数额，就是出于不同犯罪情形社会危害不同考量。本案中，朱某某、朱某1所犯的掩饰、隐瞒犯罪所得罪是下游犯罪，未侵犯他人利益，罪行较轻，且二被告人是在正常的经营活动中偶然犯罪，并非以收赃为牟利手段，犯罪行为也未妨害司法机关对上游犯罪予以查处，虽然本案犯罪数额已远超该罪情节严重基准，但整体上犯罪的社会危害较小，与上游犯罪及其他严重侵犯他人利益的犯罪有显著的区分，没收违法所得不宜计算犯罪成本。

二、价值判断衡量

《中华人民共和国刑法》第六十四条的规定属于法律规则，在适用上具有优先性，一般情况下，除非个罪有司法解释明确违法所得的范围，否则没收违法所得的范围是犯罪分子实施犯罪所得的全部收入，包括犯罪成本在内。朱某某、朱某1明知涉案黄金是犯罪所得，依然予以收购，二被告人的收购行为就是犯罪行为，收购黄金的支出与犯罪存在直接关联，而掩饰、隐瞒犯罪所得罪的司法解释没有明确该罪要扣除犯罪成本，依法应当没收犯罪成本，这是一审法院坚持没收被告人收购黄金成本的根本原因。但一审法院忽略了被告人收购黄金成本与实际获利差距悬殊，成本与收益明显不对等，在被告人犯罪危害不大的情况下，没收违法所得不扣除收购黄金成本无疑会导致被告人受处罚程度远远超出犯罪危害程度，不符合公众的合理预期，难以取得法律效果和社会效果的统一。《中华人民共和国刑法》明确的罪责刑相适应原则，比法律规则具有更高的位阶。二审法院基于罪责相当和刑法体系的处罚平衡考量，认为本案被告人收购涉案黄金成本有扣除的必要，故对"违法所得"进行缩小解释，仅以获利认定。

编写人：广西壮族自治区贵港市港北区人民法院　覃思贤

28

掩饰、隐瞒犯罪所得罪被告人是否应与上游犯罪行为人承担连带退赔责任

——陈某某掩饰、隐瞒犯罪所得案

【案件基本信息】

1. 裁判书字号

广东省广州市中级人民法院（2023）粤01刑终1015号刑事判决书

2. 案由：掩饰、隐瞒犯罪所得罪

【基本案情】

2020 年 5 月开始，被告人陈某某在明知上游犯罪行为人吴某向其出售的电线为犯罪所得的情况下，仍在其经营的某再生资源公司收购吴某盗窃的被害单位某线材公司的电线近三百次，并通过微信向吴某支付收购电线的款项共计 698404 元，后转卖销赃获利约 80000 元。经统计，陈某某收购的上述被盗电线合计价值 2491460 元。2022 年 1 月 8 日，陈某某经公安机关传唤，主动到公安机关接受调查。2023 年 5 月 8 日，陈某某向一审法院代管款账户退赃 80000 元。

另查明，吴某因犯盗窃罪，被广东省广州市花都区人民法院以（2022）粤 0114 刑初 643 号刑事判决书判处有期徒刑八年六个月，并处罚金 5 万元；责令吴某向某线材公司退赔 2491460 元。

【案件焦点】

掩饰、隐瞒犯罪所得罪被告人是否应与上游犯罪行为人承担连带退赔责任。

【法院裁判要旨】

广东省广州市花都区人民法院经审理认为：被告人陈某某无视国家法律，为谋取非法利益，明知是犯罪所得而予以收购，情节严重，其行为已构成掩饰、隐瞒犯罪所得罪。据此，以掩饰、隐瞒犯罪所得罪，判处：

被告人陈某某有期徒刑三年六个月，并处罚金 2 万元；责令被告人陈某某对（2022）粤 0114 刑初 643 号刑事判决的第二项承担连带退赔责任；扣押在案的作案工具手机一部予以没收。

一审宣判后，陈某某提出上诉。

广东省广州市中级人民法院经审理认为：原审判决认定上诉人陈某某犯掩饰、隐瞒犯罪所得罪的事实清楚，证据确实、充分，定罪准确，对陈某某的量刑适当，审判程序合法，唯责令其承担连带退赔责任适用法律不当，依法予以纠正。据此，判决如下：

一、维持广州市花都区人民法院（2023）粤 0114 刑初 591 号刑事判决的第一项和第三项，即上诉人陈某某犯掩饰、隐瞒犯罪所得罪，判处有期徒刑三年六个月，并处罚金 2 万元，以及扣押在案的作案工具手机一部予以没收；

二、撤销广州市花都区人民法院（2023）粤 0114 刑初 591 号刑事判决的第二项，即责令上诉人陈某某对（2022）粤 0114 刑初 643 号刑事判决的第二项承担连带退赔责任；

三、上诉人陈某某退赃款 80000 元，优先退赔给某线材公司；如某线材公司损失已弥补，则作为违法所得予以没收，上缴国库。

【法官后语】

本案的争议焦点主要在于掩饰、隐瞒犯罪所得罪的被告人是否应与上游犯罪行为人承担连带退赔责任。

掩饰、隐瞒犯罪所得的犯罪多是为了从中获取少量利益，大部分犯罪所得给予了上游犯罪行为人，如何确定掩饰、隐瞒犯罪所得被告人的追缴退赔数额，涉及被害人的权利保障。[①] 掩饰、隐瞒犯罪所得罪被告人的退赔责任，是与上游犯罪行为人承担连带退赔责任，还是仅在违法所得范围内承担退赔责任，我们认为，掩饰、隐瞒犯罪所得罪被告人不应与上游犯罪行为人承担连带退赔责任，尤其在上游犯罪已判决退赔的情况下，其仅在违法所得范围内对被害人损失承担退赔责任，如被害人损失已在上游犯罪案件中获得弥补，则应追缴其违法所得予以没收，上缴国库。本案中，被告人陈某某不应与上游盗窃犯罪被告人吴某承担连带退赔责任，主要理由如下：

一、法律并未规定掩饰、隐瞒犯罪所得罪被告人应当承担连带退赔责任

根据《中华人民共和国刑法》第六十四条的规定，犯罪分子违法所得的一切财物，应当予以追缴或者责令退赔；对被害人的合法财产，应当及时返还；违禁品和供犯罪所用的本人财物，应当予以没收。《最高人民法院关于适用

---

① 最高人民法院刑事审判第一、二、三、四、五庭编：《刑事审判参考》（总第 132 辑），人民法院出版社 2022 年版，第 90 页。

〈中华人民共和国刑事诉讼法〉的解释》第一百七十六条的规定，即被告人非法占有、处置被害人财产的，应当依法予以追缴或责令退赔。上述规定中的追缴退赔，并未明确为连带退赔责任。同时，《最高人民法院关于审理掩饰、隐瞒犯罪所得、犯罪所得收益刑事案件适用法律若干问题的解释》亦未提及掩饰、隐瞒犯罪所得罪被告人需承担上游犯罪赔偿责任的问题。

此外，掩饰、隐瞒犯罪所得罪在《中华人民共和国刑法》分则中规定，在妨害社会管理秩序罪下的妨害司法罪章节中，其侵犯的客体是社会管理秩序和国家司法机关的正常活动，而非规定在侵犯财产犯罪章节中。据此，掩饰、隐瞒犯罪所得罪的被害人或被害单位并非其上游犯罪的被害人或被害单位，责令本案被告人对上游犯罪被害单位的经济损失承担连带退赔责任缺乏法律依据。

二、根据刑法共同犯罪理论，共同犯罪人对共同犯罪行为才应当承担共同赔偿责任

首先，掩饰、隐瞒犯罪所得罪与上游犯罪虽然有着密切的联系，但不属于共同犯罪。本案中，虽然陈某某向吴某收购盗窃电线近三百次，但原审公诉机关并未指控二人是盗窃的共犯，现有证据也无法证实陈某某事前与吴某通谋，故二人之间不成立共同犯罪关系，也就不存在连带赔偿责任。

其次，上游犯罪被害单位的经济损失是由吴某的盗窃行为造成的，该案已经判决责令吴某予以退赔。本案中，陈某某的行为只是对吴某盗窃犯罪予以掩饰、隐瞒，并不是造成上游犯罪被害单位经济损失的直接原因。在上游犯罪被害单位财产被掩饰、隐瞒之前，犯罪后果已经发生，陈某某对上游犯罪被害单位的被盗财产并无非法占有的主观故意，也没有非法占有的实际行为，其行为侵害的实质其实是司法机关的正常活动，妨害了司法机关对涉案赃款物的追缴。故，不应再判决陈某某承担连带赔偿责任。

三、承担连带退赔责任，不符合刑法罪责刑相适应原则

掩饰、隐瞒犯罪所得罪属于上游犯罪的事后帮助犯，对上游犯罪具有依附性，因此在量刑上要与上游犯罪之间取得平衡。具体而言，在掩饰、隐瞒犯罪所得罪和上游犯罪指向同一笔财物的情况下，对掩饰、隐瞒犯罪所得行为人的量刑

必须要比上游犯罪人量刑轻一些，而且要适当拉开档次。[①] 这里所讲的主要是掩饰、隐瞒犯罪所得罪被告人的主刑要轻于上游犯罪被告人，但追缴退赔责任也是一种刑事责任，同样也应轻于上游犯罪，不宜让掩饰、隐瞒犯罪所得罪被告人在追缴退赔上承担和上游犯罪被告人一样的责任，如连带退赔责任。

具体到本案而言，陈某某掩饰、隐瞒犯罪所得行为的违法所得仅8万元，如判决其与上游犯罪被告人吴某就盗窃所得240多万元承担连带退赔责任，显然与其罪责刑不相适应。实践中，还有更多的代转账、取款类掩饰、隐瞒犯罪所得罪被告人，其获利仅几千元或几万元，其上游犯罪多为电信网络诈骗犯罪，涉案金额动辄几百上千万元甚至更多，如判决承担连带退赔责任，则明显不符合罪责刑相适应原则。

实践中，有部分掩饰、隐瞒犯罪所得罪被告人为了与上游犯罪被害人达成赔偿协议以获得从轻处罚，主动赔偿被害人的全部或大部分损失，笔者认为，对此司法机关则不宜进行干预。

编写人：广东省广州市中级人民法院　廖秋平

29

倒卖“回流药”行为的准确认定

——信某某掩饰、隐瞒犯罪所得案

【案件基本信息】

1. 裁判书字号

北京市房山区人民法院（2022）京0111刑初14号刑事判决书

① 最高人民法院刑事审判第一、二、三、四、五庭主办：《刑事审判参考》（总第104辑），法律出版社2016年版，第46~47页。

2. 案由：掩饰、隐瞒犯罪所得罪

【基本案情】

2019年至2021年12月，被告人信某某在某村、某小区等地，从医保人员手中低价收购利用医保骗保购买的药品后倒卖牟利，涉案金额为人民币17万余元。2020年8月10日6时许，被告人信某某驾车行驶至某路口时被民警查获，民警从其驾驶的汽车后备箱内查获各类药品70多种、500多盒。经价格认证中心认定，查获的药品价值人民币26983元。被告人信某某于2020年8月10日20时被查获归案。涉案药品和手机被公安机关扣押并暂存。

【案件焦点】

本案被告人的行为如何定性。

【法院裁判要旨】

北京市房山区人民法院经审理认为：《最高人民法院、最高人民检察院关于办理危害药品安全刑事案件适用法律若干问题的解释》第十三条第一款规定，明知系利用医保骗保购买的药品而非法收购、销售，金额5万元以上的，应当依照《中华人民共和国刑法》第三百一十二条的规定，以掩饰、隐瞒犯罪所得罪定罪（以下简称掩隐罪）处罚。本案中，被告人信某某主观上认识到本市老年医保人员买药的医保报销比例较高，继而有针对性地前往老年人居住较多的小区散发收药小卡片，从老年医保人员手中收购药品进而加价出售。客观上，从被告人信某某手机中梳理出的通话记录、微信聊天记录能够证实卖药的老年医保人员与信某某之间存在联系，医保局调取的医保明细能够证实涉案老年医保人员开药记录存在异常，部分老年医保人员的证言能够证实骗取医保药的行为模式：根据现行的医保政策，只有存在具体病症（有就医记录、检查报告等）的病人，才能从医院开出对应药品。老年医保人员本人因确实患病，故在开药时让医生按照最大用药量开出医保药品，或针对同一病症一次开出多种医保药品，但自己只按照较小的药量服用，或者只服用其中一、两种医保药品，剩余医保药品出售给被告人信某某，即被告人信某某从老年医保人员手中收购的药品应认定为利用医保骗保购买的药品。数额方面，在案微信聊天记录、转账记录、查获药品、价格认定结论等证据证明，被告人信某某在三年间累计售出的药品金额达 17 万余元，且在案微信转账记录、快递单等证据证明被告人信某某在取保候审期间仍从事销售医保骗保药品的违法犯罪行为。因此，信某某的行为符合前述司法解释的规定，应当以掩隐罪追究其刑事责任。据此判决：

一、被告人信某某犯掩饰、隐瞒犯罪所得罪，判处有期徒刑一年六个月，并处罚金人民币 5 万元；

二、随案移送的扣押物品，均予以没收。

案件宣判后，判决已生效。

【法官后语】

本案的办理中对被告人行为的认定存在不同意见。第一种意见认为，被告人信某某明知系利用医保骗保购买的药品而非法收购、销售，金额 5 万元以上，符合《最高人民法院、最高人民检察院关于办理危害药品安全刑事案件适用法律若干问题的解释》第十三条第一款规定，应当依照《中华人民共和国刑法》第三百一十二条的规定，以掩隐罪定罪处罚。第二种意见认为，《最高人民法院、最高人民检察院关于办理诈骗刑事案件具体应用法律若干问题的解释》（以下简称《诈骗解释》）第七条规定，明知他人实施诈骗犯罪，为其提供信用卡、手机卡、通讯工具、通讯传输通道、网络技术支持、费用结算等帮助的，以共同犯罪论处。本案中，被告人信某某明知他人利用医保实施诈骗犯罪，仍对相关药品予以收购，为上游诈骗犯罪提供帮助，可以认定为诈骗罪的共犯。第三种意见认为，在未依法取得药品经营许可资质的情况下出售药品，符合《中华人民共和国刑法》第二百二十五条第一项规定的未经许可经营法律、行政法规规定的专营、专卖物品或者其他限制买卖的物品的情形，应认定为非法经营罪。本案采用了第一种意见，原因如下。

1. 案涉行为尚未达到扰乱市场秩序的程度，不宜认定为非法经营罪。行为符合《中华人民共和国刑法》第二百二十五条第一项规定的未经许可经营法律、行政法规规定的专营、专卖物品或者其他限制买卖的物品的行为要件，同时需着重关注“扰乱市场秩序”这一结果要件，即对非法经营罪的构成要件行为，应当进行实质解释，必须将没有扰乱市场秩序的行为排除在构成要件之外。

本案中，被告人信某某通过从医保人员手中低价收购利用医保骗保购买的药品后倒卖牟利，交易对象零散，单次交易的规模与金额均不大，其犯罪行为的辐射范围有限；同时，被告人信某某出售的药品为真实药品，不存在危害买药服药人员及公共安全的风险，其行为尚未达到扰乱市场秩序的程度，不宜认定为非法经营罪。

2. 被告人不具有上游诈骗行为帮助犯的主客观要件，不宜认定为诈骗罪。一方面，被告人信某某虽然能够推测出收购的药品是通过骗取医保获得，但其与上游行为人间不存在共谋，其不了解上游行为人骗取药品的行为方式，上游行为人也不掌握其收购药品后的行为，因而难以认定二者间存在共同故意。另一方面，享有医保的人员利用医保骗保购买药品，实际上是骗取国家的医保基金，严重危害医保基金安全，损害人民群众医疗保障合法权益，系违法犯罪行为。但上游骗保行为在行为人以低价取得药品时已经既遂，其后续卖药行为属于诈骗行为既遂后的销赃行为，因而虽然被告人信某某在主观上对卖药者骗取医保行为的性质具有“单方明知”，且在客观上为诈骗行为提供了帮助，亦不足以认定为上游骗保行为的帮助犯。

3. 案涉行为符合掩隐罪的构成要件。第一，上游骗保行为在行为人以低价取得药品时已既遂，其后续卖药行为属于诈骗行为既遂后的销赃行为，因而被告人信某某的购药行为属于收购上游骗保犯罪所得、帮助上游犯罪行为人销赃的行为，增加了追缴骗保所得的药品的难度，在性质上可以认定为以收购方式掩饰、隐瞒犯罪所得的行为，符合掩隐罪的客观构成要件。第二，在案件办理中，通过被告人信某某与各上游骗保行为人的交易记录对上游诈骗行为的涉案金额进行筛选，将未达到诈骗罪入罪标准的交易予以剔除，仅计算上游犯罪行为构成诈骗罪的部分，确保纳入本案数额部分所对应的上游骗保行为均已达到诈骗罪的入罪标准。第三，被告人信某某以明显低于市场的价格收药，且收药对象为本地老年人，其能够认识到低价收购的药品是卖药者通过“多开”“少服”等方式骗取医保而得。且被告人信某某可以从与上游骗保行为人交易的数量和金额上认识到上游犯罪行为人的行为已构成诈骗罪。

综上，对于类似倒卖“回流药”的行为，不属于非法经营罪和诈骗罪帮助犯的规制范围，对于上游骗保行为人涉案金额达到入罪标准的涉案部分，如非法收购、销售，金额5万元以上的，符合《最高人民法院、最高人民检察院关于办理危害药品安全刑事案件适用法律若干问题的解释》第十三条第一款的规定，应以掩隐罪定罪处罚。

编写人：北京市第四中级人民法院 江珞伊
北京市东城区人民法院 石魏
北京市房山区人民法院 董杰

30

行为人“名下”无财产，如何认定执行能力

——李某1、李某2拒不执行判决、裁定案

【案件基本信息】

1. 裁判书字号

福建省南平市中级人民法院（2023）闽07刑终47号刑事裁定书

2. 案由：拒不执行判决、裁定罪

【基本案情】

2016年5月31日，福建省南平市延平区人民法院对债权人陈某诉李某1、刘某（李某1配偶）民间借贷纠纷一案作出民事判决：李某1、刘某应于判决生效之日起十日内一次性向陈某偿还借款本金1600万元、利息1059.73万元及

违约金100万元、律师费6万元，并自2016年3月14日起以1600万元为本金按年利率6%的标准支付利息至借款清偿之日止。该判决生效后，李某1、刘某未能履行判决确定的还款义务。陈某于2016年11月14日向福建省南平市延平区人民法院申请强制执行，福建省南平市延平区人民法院向李某1、刘某送达了《执行裁定书》《报告财产令》《限制消费令》等执行文书，因李某1未如实向法院报告财产，福建省南平市延平区人民法院于2019年12月14日决定对李某1司法拘留十五日，因未找到李某1而未执行。2020年9月2日，因李某1向福建省南平市延平区人民法院申报的财产情况与查明的财产情况不符，福建省南平市延平区人民法院决定对李某1、刘某各罚款5万元，李某1于2020年9月7日向福建省南平市中级人民法院提出复议申请，福建省南平市中级人民法院经审查后于2020年10月20日作出决定驳回其复议申请，维持原决定。被告人李某1在被司法处罚后，仍然未如实向法院报告财产情况。2016年11月至2021年4月，使用李某2名下银行卡收取及转出资金均超2000万元，收取资金中含他人购买李某1一人投资的陇西某某置业有限公司房产的购房款460.2507万元及从临洮某某置业有限公司领取的工资46.5万元，又使用高某平、苟某霞的银行卡、支付宝账户从某置业有限公司领取的工资13.95万元。李某1隐瞒其以女儿名义出资93万余元与他人在甘肃合作投资经营的两家公司，同时其以女儿名义出资10万元预订别墅，另还实施了违反限制消费令的行为。被告人李某2系被告人李某1的堂弟，在李某1任法定代表人的陇西某某置业有限公司工作期间，明知该公司及李某1的银行账户已被法院冻结无法使用，仍应李某1的要求提供自己的三张银行卡供李某1使用。

【案件焦点】

被执行人“名下”无财产，如何认定执行能力。

【法院裁判要旨】

福建省南平市延平区人民法院经审理认为：被告人李某1对人民法院的判决、裁定有能力执行而拒不执行，被告人李某2为被告人李某1拒不执行人民法院的判决、裁定提供帮助，二被告人行为均构成拒不执行判决、裁定罪。被告人李某 1 拒不执行法院判决、裁定，情节特别严重，严重侵犯他人合法权益，扰乱正常司法秩序。据此，以拒不执行判决裁定罪，分别判处被告人李某 1 有期徒刑五年，并处罚金 30 万元；被告人李某 2 有期徒刑一年六个月，缓刑二年。

一审宣判后，被告人李某 1 提出上诉。

福建省南平市中级人民法院经审理认为：上诉人李某 1 对人民法院的判决、裁定有能力执行而拒不执行，情节特别严重，原审被告人李某 2 为李某 1 拒不执行人民法院的判决、裁定提供帮助，情节严重，二人的行为均构成拒不执行判决、裁定罪。原判认定事实清楚，证据确实、充分，定性准确，量刑适当，审判程序合法。据此，依照《中华人民共和国刑事诉讼法》第二百三十六条第一款第一项之规定，裁定：

驳回上诉，维持原判。

【法官后语】

有能力执行是拒执罪成立的必要前提，实践中，行为人为逃避履行，在审判阶段或在执行阶段即将自己名下财产转移，规避行为多种多样，在财产给付案件中不法使用他人银行账户用于生产生活，在受刑事公诉案件追诉前使用的银行账户内资金流水巨大但余额几近为零，如何认定行为人的执行能力是实践中的难题，而本案又因被告人与其一人投资的公司财产混同，为认定执行能力增加难度。本案被执行人“名下”无财产，但可以认定有能力执行，理由如下。

一、行为人基于对公司的实际控制及自主意识，肆意处分公司财产仍应计入拒执数额

一人公司最显著特点是股东的唯一性，无股东会、董事会、监事会相互制约的机构，因而立法者与社会公众对一人股东持有难以慎独自律的合理怀疑，故《中华人民共和国公司法》规定举证责任倒置即股东负有自证财产独立的责任。本案中，陇西某某置业有限公司为被告人李某 1 一人出资成立的公司，李某 1 因其本人被列为被执行人，公司账户亦因涉其他民事案件被冻结，李某 1

遂决定使用李某2的账户用于生产生活使用，本案审理期间，其未能提供证据证明其个人财产独立于公司财产，客观上李某1的财产与陇西某某置业有限公司财产已混同。

股东因个人债务被列为被执行人时，因主体不同，公司财产本不受个人债务牵连，本案中一人公司与被告人因不同债务致使账户被冻结后使用他人的银行账户，该决策均系被告人基于对公司的实际控制及个人自主意识，实施对公司财产的控制，而该公司未能提交独立的审计报告，无法充分反映公司财产的运行状况，转入由被告人独立使用的他人银行账户，并由被告人自由支配处分，该公司财产基于被告人行为而灭失，在计算被告人拒执数额时不应扣除。

二、货币具有流通性，行为人控制的银行账户资金流水应认定为其实际流水发生额

《中华人民共和国民法典》第二百二十四条规定，动产物权的设立和转让，自交付时发生效力，但是法律另有规定的除外。货币作为一种特殊动产，是种类物，其本身存在无法辨别的困难，同时又是一种价值符号，流通性系其生命。被执行人个人及其控制的银行账户是行使货币流通的一种方式，在银行账户发挥其流通功能的情形下，货币的占有与所有高度一致。在经济交往中，因基础关系较复杂，被执行人向他人汇款的性质既有合法亦有非法，若系合法转账则受法律保护，但本案中被告人对其账户内转出资金均未能提供相应证据证明资金去向，从其对账户内货币的占有、所有，该账户内资金流水均应认定其本人实际流水发生额。

三、从行为人消费能力分析

执行能力在实践中并不是一个静止不动的状态，在判断执行能力时需遵循定量变量相互结合的方法。根据财产取得时间可分为现有财产及未来财产，同时根据消费能力可分为现有消费能力及预期消费能力。本案中，行为人使用他人账户在短期内多次消费，每次消费过万元购买衣物，交易流水中不乏“高端定制西服”，另向其还是在校生的女儿转账购买奢侈品包具，其消费能力已高

于普通大众；行为人以其女儿名义预定位于福州市区内的别墅，虽其仅支付购房定金，但其行为已表明其对自身财务情况有明确的认识，并具有支付别墅购房款的预期消费能力。

综上，结合行为人对其使用的他人账户具有实际控制权及账户内流水情况、日常消费行为及预期消费能力可以认定行为人具有执行能力。

本案中，被告人在收到法院报告财产令后均未如实申报其个人财产，在受到司法处罚措施后仍拒不如实申报，在刑事案件立案后，仍拒不如实交代财产情况，又罔顾法院限制高消费令的规定恶意奢侈消费，并以多种手段隐藏、转移财产，表明其主观恶性大，行为手段恶劣；被告人在负有执行义务之日起至到案前，长达五年时间未主动履行还款义务，通过各种手段转移、隐藏财产，致使以千万元为计量单位的大额可供执行的财产法律性灭失或物理性灭失，造成债权人合法权益遭受重大损失，其行为不但挑衅执行行为且影响司法裁判的权威性，应认定为“情节特别严重”。故，符合拒执罪要件。

编写人：福建省南平市中级人民法院　黄静静　罗仁清

31

协助执行义务人、接到协助执行通知书的理解及本罪情节轻微的认定

——杨某某拒不执行判决、裁定案

【案件基本信息】

1. 裁判书字号

福建省厦门市中级人民法院（2023）闽 02 刑终 272 号刑事裁定书

2. 案由：拒不执行判决、裁定罪

【基本案情】

法院生效判决认定王某（被告人杨某某的配偶）、张某、张某甲犯职务侵占罪，应共同退赔被害单位相应损失。福建省厦门市思明区人民法院于2016年7月18日立案受理被执行人王某、张某、张某甲责令退赔强制执行一案。2017年10月13日，福建省厦门市思明区人民法院执行人员到被执行人王某所有的位于上海市某路的房屋现场调查，查明被告人杨某某与其父母共同在上述房屋居住，遂要求被告人杨某某及其父母于2017年11月30日前腾空房屋交由人民法院处置。2018年7月12日，福建省厦门市思明区人民法院执行人员再次到房屋所在物业管理处调查，了解到房屋内仍有一男一女居住。福建省厦门市思明区人民法院制作了落款日期为“2018年7月×日”的公告，公告内容为“实际占用人在2018年8月1日前将地址位于上海市某路房屋腾空并交付给福建省厦门市思明区人民法院处置。到期仍不履行，福建省厦门市思明区人民法院将依法强制执行，逾期未腾空的物品视为废弃物。被执行人或者协助执行义务人拒不配合执行的，人民法院将依法对其罚款、拘留乃至移送拒不执行判决、裁定罪立案侦查”之后，福建省厦门市思明区人民法院执行人员又在该室门口张贴了落款时间为“2018年11月28日”的腾房公告，公告载明：“责令被执行人王某及有关占有人、使用人于2018年12月10日前腾空前述涉案房屋交付思明区法院拍卖。到期仍不履行，福建省厦门市思明区人民法院将依法强制执行。逾期未腾空的物品视为废弃物。被执行人或者协助执行义务人拒不配合执行的，福建省厦门市思明区人民法院将依法对其罚款、拘留乃至移送拒不执行判决、裁定罪立案侦查。”被告人杨某某在得知上述公告情况后，仍拒不迁出涉案房屋。2019年3月12日，被告人杨某某仍居住在上述房屋内，直至案发仍未迁出涉案房屋，致使法院生效判决长期无法执行。

2019年8月26日，公安机关决定对被告人杨某某涉嫌拒不执行判决、裁定案立案侦查。在公安机关侦查期间，被告人杨某某及王某将涉案房屋腾空、迁出。2021年7月19日，被告人杨某某在接到民警电话通知后主动到案接受调查。到案后，被告人杨某某如实供述了自己的主要犯罪事实。2021年8月24

日，王某、张某、张某甲职务侵占罪一案的被害单位厦门某地产公司对被告人杨某某的涉案行为出具谅解书。

【案件焦点】

1. 能否将被执行房产的实际占有人、使用人作为协助执行义务人对待；2. 如何理解、认定协助执行义务人“接到协助执行通知书”；3. 如何认定拒不执行判决、裁定罪情节轻微。

【法院裁判要旨】

福建省厦门市思明区人民法院经审理认为：被告人杨某某作为协助执行义务人，对人民法院的判决、裁定有能力执行而拒不执行，情节严重，其行为已构成拒不执行判决、裁定罪。公诉机关的指控成立。被告人杨某某犯罪以后自动投案，并如实供述自己的罪行，是自首，依法可以从轻或减轻处罚。被告人杨某某在公安机关立案侦查后，自动到案前，已主动将涉案房屋腾空、迁出，并交付本院处置，已履行全部协助执行义务，可酌情从宽处罚。综上，鉴于被告人杨某某涉案犯罪行为的危害后果较小、主观恶性不深、认罪悔罪态度好，能取得被害单位谅解等，可以认定属于犯罪情节轻微，决定对其免予刑事处罚。据此判决：

被告人杨某某犯拒不执行判决、裁定罪，免予刑事处罚。宣判后，福建省厦门市思明区人民检察院提出抗诉。福建省厦门市中级人民法院经审理认为：原判定罪准确，审判程序合法，综合考虑杨某某的犯罪事实、情节、悔罪态度及社会危害后果，对其所作量刑并无不当，裁定：

驳回抗诉，维持原判。

【法官后语】

一、协助执行义务人及接到协助执行通知书的理解与认定

首先，将被告人杨某某作为拒不执行判决、裁定罪的主体，有明确的法律依据。《全国人民代表大会常务委员会关于〈中华人民共和国刑法〉第三百一

十三条的解释》将担保人、协助执行义务人、有通谋的国家机关工作人员明确纳入本罪犯罪主体。《最高人民法院、最高人民检察院关于办理拒不执行判决、裁定刑事案件适用法律若干问题的解释》（以下简称《解释》）将本罪的主体界定为被执行人、协助执行义务人、担保人等负有执行义务的人，进一步在概念上进行了扩张界定。本案中，被告人杨某某作为被执行房产的实际占用人，具有配合法院执行的义务，拒不配合的可以构成本罪。

其次，可以将本案被告人杨某某作为协助执行义务人对待。对于与被执行标的有利害关系的人，能否认定为协助执行义务人，存在争议。民事诉讼法明确提到需要发协助执行通知书的条款，均未涉及被执行标的的利害关系人、案外人。案外人对执行标的提出的异议不成立，被依法驳回后，需要该案外人配合执行的，其法律地位是被执行人还是协助执行义务人，《中华人民共和国民事诉讼法》及《最高人民法院关于适用〈中华人民共和国民事诉讼法〉的解释》等均未作进一步的规定。司法实践中，也未将被执行标的的利害关系人确定为协助执行义务人。但对于执行标的的实际占有人、使用人等利害关系人，如果拒不配合执行的，将其按照协助执行义务人对待，既是保障利害关系人诉讼权益的需要，也是人民法院将利害关系人纳入诉讼程序以依法推进执行工作有序进行的需要，并未与现行法律相冲突，已成为当下各地人民法院执行工作的普遍惯例。

最后，应当对接到协助执行通知书作实质理解。本案中，执行部门确没有向被告人杨某某送达《协助执行通知书》。但对接到协助执行通知书应当作实质理解。执行人员于2018年11月在涉案房屋门口张贴的公告，本质上系以书面形式告知了涉案房屋占有人、使用人应当协助执行的事项、法律义务及法律后果等，虽然在形式上不符合最高人民法院制定的《协助执行通知书》样式，但内容上已经完整涵盖了《协助执行通知书》样式所要求体现的要素，在有充分证据证实被告人杨某某已知悉该公告内容的情况下，可以视为其接到了人民法院的协助执行通知书。人民法院采取强制腾房类执行措施，应当由院长签发公告，告知房产所有人、占有人、使用人，是民事诉讼法的特别规定，再另行要求人民法院对该房产的具体占有人、使用人专门制发《协助执行通知书》，即无明确的法律依据，也会被蓄意阻碍执行的人员利用，通过随时变更房产占用人、使用人，掣肘执行工作。

需要注意的是，认定协助执行义务人接到人民法院协助执行通知书后，仍拒不协助执行的行为，应当从其异议请求被生效裁判驳回后开始计算。其通过法律途径提出异议、法院审查异议的期间，不得认定为其系实施拒不协助执行的行为。

二、拒不执行判决、裁定罪情节轻微的认定

认定拒不执行判决、裁定罪情节轻微，应当从被告人的主观恶性、采取的抗拒措施、拒不配合的时限、经教育后的悔过表现、对执行申请人造成的损害后果等方面，进行综合评判。本案中，考虑到被告人杨某某系协助执行义务人，其配偶暨房产所有人尚在监狱服刑，且始终未实施积极的抗拒行为，执行部门也未实际采取积极的强制执行措施，且在侦查阶段公安机关尚未对其采取调查措施前，其已主动迁出房屋并交付执行，综合考虑其认罪悔罪态度较好，损害后果较轻等因素，可以认定为犯罪情节轻微，免予刑事处罚。

编写人：福建省厦门市思明区人民法院　王中义

32

拒不执行判决、裁定罪“情节严重”的把握①

——某钢铁公司、林某某拒不执行判决、裁定案

【案件基本信息】

1. 裁判书字号

广东省高级人民法院（2021）粤刑再 2 号刑事判决书

① 入库案例，参见人民法院案例库 2023-16-1-301-001。

2. 案由：拒不执行判决、裁定罪

【基本案情】

某钢铁公司于2004年12月31日注册成立，法定代表人林某某，2015年3月变更为薛某某。

2006年3月1日，原审自诉人某仓储商贸公司作为出租方，与承租方某仓储管理公司、担保方原审被告单位某钢铁公司签署《租赁合同》一份，合同约定：某仓储管理公司租用某仓储商贸公司厂房、土地、相关租金、租赁期限以及合同解除条件，合同中还约定某钢铁公司对某仓储管理公司全部合同义务承担连带担保责任。合同签订后，因发生拖欠租金以及擅自拆除地上建筑物等纠纷，广东省佛山市顺德区人民法院、广东省佛山市中级人民法院对上述三方系列纠纷案件作出民事判决，系列判决于2010年4月至2015年2月相继发生法律效力。生效法律文书确定某钢铁公司需连带承担822.49万元的支付责任。上述案件生效后，广东省佛山市顺德区人民法院根据某仓储商贸公司申请立案执行，并依法向某钢铁公司发出执行通知，责令其履行法律文书确定的义务及申报财产，某钢铁公司没有在指定期限内履行，也没有向法院申报财产。广东省佛山市顺德区人民法院依法执行部分财产。在执行过程中，因（2010）佛中法民一房终字第57号被发回重审、再审，广东省高级人民法院于2012年8月15日中止案件执行，2015年2月（2014）佛中法民一终字第3197号民事判决生效，案件恢复执行。截至自诉时，某钢铁公司需向某仓储商贸公司支付租金、滞纳金、利息等费用合计1238.74万元，至本案一审法庭辩论终结前，尚有663.54万元未执行。

自2010年4月开始，某钢铁公司在明知其公司尚有执行案件确定的义务未履行的情况下，以林某某个人名义与案外人陈某某等人签订租赁合同，将上述大部分土地及地上建筑物转租给陈某某等人，收取大量租金差价收益，并将该收益以某钢铁公司或林某某的名义收取后存进林某某或其他人的账户。2015年4月21日，广东省佛山市顺德区人民法院向某钢铁公司、林某某发出《通知书》，责令其在2015年4月27日前退出自2010年4月以来的租金收益，至本案一审判决前，某钢铁公司、林某某未予执行。2015年4月22日，广东省佛山市顺德区人民法院向区公安局发出《移送公安机关侦查函》，区公安局立案侦查后，于2015年8月4日对该案作撤案处理。自诉人于2015年8月17日向广东省佛山市顺德区人民法院提起控诉，广东省佛山市顺德区人民法院于2015年8月25日立案。

【案件焦点】

1. 原一审法院直接受理本案是否程序违法；2. 某钢铁公司、林某某是否构成拒不执行判决、裁定罪。

【法院裁判要旨】

广东省佛山市顺德区人民法院经审理认为：被告单位某钢铁公司是经法院生效民事判决书确认负有履行民事判决确定义务的被执行人。广东省佛山市顺德区人民法院于2015年4月21日向某钢铁公司、林某某发出《通知书》，将被告人林某某认定为协助执行义务人，责令其在2015年4月27日前退出自2010年4月以来的租金收益。该通知书系顺德法院依法作出的执行文书，具有与协助执行通知书等同的法律效力，但某钢铁公司、林某某未向该院说明所涉租金去向或拟订归还计划，且至一审法庭辩论终结前未按《通知书》要求予以执行，其行为属“拒不交付法律文书指定交付的财物、票证或者拒不迁出房屋、退出土地，致使判决、裁定无法执行”的情形。被告单位某钢铁公司无视国家法律，对人民法院的判决、裁定有能力执行而拒不执行，情节严重，已构成拒不执行判决、裁定罪。被告人林某某作为该司直接负责的主管人员，应当以同罪追究其刑事责任。广东省佛山市顺德区人民法院依照《中华人民共和国刑法》第三百一十三条、第五十二条、第五十三条及《最高人民法院关于审理拒不执行判决、裁定刑事案件适用法律若干问题的解释》第二条第三项的规定，作出判决：

一、被告单位某钢铁公司犯拒不执行判决、裁定罪，判处罚金人民币50万元；

二、被告人林某某犯拒不执行判决、裁定罪，判处罚金人民币 20 万元。

一审宣判后，某钢铁公司、林某某提出上诉。

广东省佛山市中级人民法院经审理认为：上诉人某钢铁公司无视国家法律，对人民法院的判决、裁定有能力执行而拒不执行，情节严重，已构成拒不执行判决、裁定罪。上诉人林某某是某钢铁公司直接负责的主管人员，其行为已构成拒不执行判决、裁定罪。原一审判决认定事实清楚，适用法律正确，审判程序合法，量刑适当。依照《中华人民共和国刑事诉讼法》第二百二十五条第一款第一项的规定，裁定：

驳回上诉，维持原判。

某钢铁公司、林某某向广东省高级人民法院提出申诉。

广东省高级人民法院经审理认为：原审被告单位某钢铁公司负有履行生效裁判确定的执行义务，在人民法院具有执行内容的判决、裁定发生法律效力后，实施转移财产等拒不执行行为，致使判决、裁定无法执行，情节严重，其行为已构成拒不执行判决、裁定罪。原审被告人林某某是对某钢铁公司拒不执行判决、裁定犯罪直接负责的主管人员，其行为亦构成拒不执行判决、裁定罪。原审裁判认定事实清楚，证据确实、充分，适用法律正确，量刑适当。经合议庭评议，法院审判委员会讨论决定，依照《中华人民共和国刑事诉讼法》第二百五十六条第一款，《最高人民法院关于适用〈中华人民共和国刑事诉讼法〉的解释》第三百八十九条第一款第一项的规定，裁定：

维持广东省佛山市中级人民法院（2016）粤 06 刑终 377 号刑事裁定和佛山市顺德区人民法院（2015）佛顺法刑初字第 2785 号刑事判决。

某钢铁公司、林某某不服，向最高人民法院提出申诉。最高人民法院于 2020 年 12 月 22 日作出（2020）最高法刑申 29 号再审决定，指令广东省高级人民法院对本案进行再审。

广东省高级人民法院经审理认为：

1. 关于原一审法院直接受理本案是否程序违法。经查，原一审法院于 2015 年 4 月 22 日以涉嫌构成拒不执行判决、裁定罪向公安机关移送立案，公安机关于2015年5月7日作出立案决定书，但于同年8月4日作出撤销案件决定。某仓储商贸公司遂于2015年8月17日直接向原一审法院提起自诉，原一审法院受理本案。依照《最高人民法院关于审理拒不执行判决裁定刑事案件适用法律若干问题的解释》第三条第二项的规定，申请执行人曾经提出控告，而公安机关或者人民检察院对负有执行义务的人不予追究刑事责任时，人民法院认为对于符合《中华人民共和国刑事诉讼法》第二百零四条第三项规定的，以自诉案件立案审理。上述规定的立法本意是当公安机关或检察机关怠于行使侦查权可能损害自诉人利益的情况下，法院有权以自诉案件直接立案审查以保护自诉人的合法权益。本案广东省佛山市顺德区人民法院已向公安机关移送，公安机关立案后又撤销立案，故自诉人在未经向公安机关提出控诉的情况下直接向法院提出自诉，原一审法院直接受理本案，符合前述司法解释的规定，程序合法。

2. 关于某钢铁公司、林某某是否构成拒不执行判决、裁定罪。经查：（1）某钢铁公司在明知有生效裁判文书确定的义务需要履行的情况下，将该公司承租的土地和建筑以林某某个人名义出租，将应进入公司账号的租金以林某某名义收取或转入其他指定账号，长期收取转租收益，但未用于履行生效判决确定的义务，在法院向其发出通知书要求其交出上述租金收益的情况下仍不执行，有能力而不履行法院生效判决。但在案证据显示，该公司在获得转租收益期间，本案涉案民事案件曾中止执行，该公司在中止执行前、中止执行期间以及恢复执行后均没有改变转租土地方式、租金数额和收取方式，认定其在规避执行的主观故意下转移财产，并致使判决、裁定无法执行的事实不清、证据不足。（2）原执行法院广东省佛山市顺德区人民法院发现某钢铁公司获得转租收益线索后，未对该线索进行详细核查，未采取查封、冻结、扣押等查控措施，也未对被执行人采取罚款或拘留等处罚措施，仅于2015年4月21日向某钢铁公司、林某某发出《通知书》，责令其在2015年4月27日前退出自2010年4月以来的租金收益，该通知书未明确本案执行标的的总额、已执行到位数额、还需执行的数额以及要求交纳的具体金额，执行法院的执行行为不规范，执行措施不充分，客观上存在一定程度的难以配合和协助执行，据此认定某钢铁公司拒不交付法律文书指定交付的财物，致使判决、裁定无法执行依据不足。综上，某钢铁公司虽实施了拒不履行生效判决的行为，但尚不足以认定其行为严重妨害司法，达到情节严重应予追究刑事责任的程度。广东省高级人民法院依照《中华人民共和国刑法》第十三条，《中华人民共和国刑事诉讼法》第二百五十六条第一款，《最高人民法院关于适用〈中华人民共和国刑事诉讼法〉的解释》第四百七十二条第二款的规定，判决如下：

一、撤销本院（2018）粤刑再28号刑事裁定、广东省佛山市中级人民法院（2016）粤06刑终377号刑事裁定及广东省佛山市顺德区人民法院（2015）佛顺法刑初字第2785号刑事判决；

二、原审被告单位某钢铁公司无罪；

三、原审被告人林某某无罪。

【法官后语】

1. 拒不执行判决、裁定罪中如何把握是否达到“情节严重”程度。拒不执行判决、裁定罪是指对人民法院的判决、裁定有能力执行而拒不执行，情节严重的行为。拒不执行判决、裁定罪所侵犯的客体是人民法院正常的执行活动，因负有执行义务的人某些积极的作为或者消极的不作为最终导致判决、裁定无法执行时，应当认定其行为构成“情节严重”。《全国人民代表大会常务委员会关于〈中华人民共和国刑法〉第三百一十三条的解释》以及《最高人民法院最高人民检察院关于办理拒不执行判决、裁定刑事案件适用法律若干问题的解释》对“有能力执行而不执行情节严重”作出解释，明确“情节严重”是指“致使判决、裁定无法执行”的程度，并作出列举式的规定。“无法执行”，是指即使负有执行义务的人具有阻碍、抗拒执行的行为，而人民法院在穷尽一切强制执行措施后，仍然无法实现判决、裁定所确定的结果时，才应认定负有执行义务的人造成了“致使判决、裁定无法执行”的后果。负有执行义务的人采取抗拒执行的行为后，在人民法院采取全部的强制执行措施之前，均不应认定其行为造成了“致使判决、裁定无法执行”的后果，也就不能认定其构成犯罪。

2. 防止拒不执行判决、裁定罪的滥用。实践中，负有执行义务的人抗拒执行或消极执行的情形大量存在，生效法律文书是否能得到充分执行一定程度上还取决于执行法院是否采取足够的执行措施，不能仅以有抗拒执行的行为就认定行为人构成犯罪。这也符合上述立法、司法解释的本意，即将犯罪与普通抗拒执行的行为作出区分，防止拒不执行判决、裁定罪的滥用，保护公民合法权益不受侵犯。

编写人：广东省高级人民法院　潘惠莉

（三）妨害国（边）境管理罪

33

运送他人偷越国（边）境的车辆是否作为作案工具没收

——黄某某等运送他人偷越国（边）境案

【案件基本信息】

1. 裁判书字号

广西壮族自治区梧州市中级人民法院（2024）桂04刑终43号刑事判决书

2. 案由：运送他人偷越国（边）境罪

【基本案情】

2023年5月27日，被告人黄某某、农某某、赵某某为牟取非法利益，在陈某某（另案处理）等人的安排下，对武某某（音译）等七名非法入境的越南籍人员进行分段运送。其中，赵某某在某小区接到武某某等人后，由农某某驾驶一辆红色本田小轿车在前探路确认是否有警察查缉，赵某某驾驶一辆小汽车搭载武某某等人跟随在后，将武某某等人从广西靖西市区运送至广西南宁市江南区明阳中学附近，再由黄某某驾驶一辆白色轩逸小轿车将其从南宁市运往广东省汕头市，12时许，黄某某搭载武某某等人沿广昆高速开往广东省汕头市途经岑溪市中林服务区时，被公安民警查获。

在实施上述行为过程中，被告人黄某某从中获利2000元、被告人赵某某从中获利2100元。

【案件焦点】

运送他人偷越国（边）境的车辆是否作为作案工具没收。

【法院裁判要旨】

广西壮族自治区岑溪市人民法院经审理认为：被告人黄某某、农某某、赵某某违反国家出入国境管理法规，非法运送他人偷越国境，构成运送他人偷越国境罪，应予依法惩处。被告人黄某某、农某某、赵某某在他人的安排下，受雇参与实施运送他人偷越国境犯罪行为，是共同犯罪，在共同犯罪中起次要作用，均是从犯，依法应当从轻处罚。因运送他人偷越国境的行为尚未完成，构成犯罪未遂，对三被告人依法可以比照既遂犯从轻处罚；被告人黄某某、农某某有坦白情节，被告人赵某某有自首情节，三被告人愿意接受处罚，均依法从轻处罚。据此，以运送他人偷越国境罪，分别判处：黄某某有期徒刑十个月，并处罚金人民币5000元；农某某有期徒刑十个月，并处罚金人民币5000元；赵某某有期徒刑九个月，并处罚金人民币5000元；继续追缴被告人黄某某的违法所得人民币2000元、被告人赵某某的违法所得人民币2100元，待追缴后没收，上缴国库；公安机关扣押在案的作案工具黄某某的小型轿车1辆、黑色手机1部，农某某的手机1部，赵某某的手机1部，均予以没收。

被告人黄某某上诉称，其名下小轿车是用合法财产购买，平时用于跑网约顺风车，事先不知道所载人员为越南籍人员，不应予以没收，请求归还。

广西壮族自治区梧州市人民法院经审理认为：原审被告人黄某某、农某某、赵某某违反国家出入国境管理法规，非法运送他人偷越国境，其行为已触犯

《中华人民共和国刑法》第三百二十一条第一款之规定，构成运送他人偷越国境罪。原审被告人黄某某、农某某、赵某某在他人的安排下，受雇参与实施运送他人偷越国境犯罪行为，是共同犯罪，在共同犯罪中起次要作用，均是从犯，依法从轻处罚。因运送他人偷越国境的行为尚未完成，构成犯罪未遂，对三原审被告人依法可以比照既遂犯从轻处罚；原审被告人黄某某、农某某有坦白情节，原审被告人赵某某有自首情节，三原审被告人愿意接受处罚，依法从轻处罚。

对于上诉人黄某某的上诉意见，认为涉案小轿车购买于2021年12月1日且已设定抵押，平时主要用于日常工作和生活，没有证据证明是为实施犯罪而购买，虽然该车被用于本次运输偷越国境的越南籍人员，但并非上诉人为犯罪而专门购买的作案工具，故原判对上诉人黄某某没收车辆的判决不当。据此，判决如下：

一、维持广西壮族自治区岑溪市人民法院（2023）桂0481刑初361号刑事判决的第一项、第二项、第三项、第四项，即：被告人黄某某犯运送他人偷越国境罪，判处有期徒刑十个月，并处罚金人民币5000元；

二、被告人农某某犯运送他人偷越国境罪，判处有期徒刑十个月，并处罚金人民币5000元；

三、被告人赵某某犯运送他人偷越国境罪，判处有期徒刑九个月，并处罚金人民币5000元；

四、继续追缴被告人黄某某的违法所得人民币2000元、被告人赵某某的违法所得人民币2100元，待追缴后没收，上缴国库；

五、撤销广西壮族自治区岑溪市人民法院（2023）桂0481刑初361号刑事判决的第五项，即：公安机关扣押在案的作案工具黄某某的小型轿车1辆、黑色手机1部，农某某的手机1部，赵某某的手机1部，均予以没收；

六、公安机关扣押在案的作案工具黄某某的黑色手机1部，农某某的手机1部，赵某某的手机1部，均予以没收；

七、公安机关扣押的黄某某的小型轿车1辆，依法返还上诉人黄某某。

【法官后语】

本案的争议焦点在于运送他人偷越国（边）境的车辆是否作为作案工具没收。

一、作案工具的认定

根据《中华人民共和国刑法》第六十四条的规定，供犯罪分子犯罪所用的本人财物，应当予以没收。该条款对于作案工具没有作出更详细的规定，强调了该财物是供犯罪使用及属于犯罪分子本人两个方面，根据全国人大常委会法制工作委员会刑法室编著的《〈中华人民共和国刑法〉释义及实用指南》[①] 解释，“供犯罪所用的本人财物”，是指供犯罪分子进行犯罪活动而使用的属于他本人所有的钱款和物品，如用于走私的运输工具、赌博用的赌具等。

本案中，涉案的小型轿车确实被被告人用于运送他人偷越国境，符合第一个条件即供犯罪所用，该车虽然是按揭购买，但本案中被告人已经取得所有权，属于被告人所有，只是对车辆设置了抵押，亦符合第二个条件即属于本人财物，故该车可以认定为作案工具。

二、作案工具是否应该一概没收

处于抵押期间分期付款的车辆能否判决没收，实践中存在较大争议。一种观点认为，车辆虽然设置了抵押权，但是本案中被告人已经取得了车辆所有权，仍属于被告人用于作案的犯罪工具，故判决没收。另一种观点认为，车辆已经向银行设置了抵押，尚有大额贷款未偿还，应保障抵押优先受偿权。

以上两种观点均有合理之处，作案车辆是否作为作案工具没收，应综合考虑。首先，抵押物的灭失，但债权债务关系仍受法律保护。依据刑事判决车辆是以作案工具没收的，设立在该车辆上的抵押权因国家的没收行为而消灭。抵押权消灭，但双方的合法有效的债权债务关系仍然受法律保护，抵押权人可以主张偿还欠款，不能仅仅因为害怕导致后续民事纠纷就不执行《中华人民共和国刑法》第六十四条。

---

① 全国人大常委会法制工作委员会刑法室编著：《〈中华人民共和国刑法〉释义及实用指南》，中国民主法制出版社2011年版，第32页。

其次，判处罚没车辆应符合罪刑相适应原则。本案各个被告人刑期在有期徒刑九个月左右，罚金在 5000 元，而违法所得在 2000 元左右，而车辆本身价值数万元，如果车辆被没收，银行必然追究被告人剩余贷款的民事责任，被告人所承担的责任畸重，不符合罪责刑相适应原则。

最后，某些贷款购买的车辆被告人并不具备完全所有权。实践中有些按揭购买的车辆是约定了所有权何时转移的，有些车辆正在还贷，但尚未取得所有权，此外，也有车辆是与夫妻、家人共有的，如果判决没收此车辆，相当于间接侵害了其他权利人的合法权益，尤其是银行的抵押担保权。因此是否没收作为作案工具的车辆应综合考虑、结合案情、实际，既不能导致国家罚没财产损失，也不能损害相关债权人合法权益。

编写人：广西壮族自治区岑溪市人民法院　欧阳豪

34

以牟利为目的帮助他人伪造材料申请“APEC（亚太经合组织）商务旅行卡”并出售的行为构成出售出入境证件罪

——苏某某、朱某出售出入境证件案

【案件基本信息】

1. 裁判书字号

江苏省南京市中级人民法院（2023）苏 01 刑终 472 号刑事裁定书

2. 案由：出售出入境证件罪

【基本案情】

被告人苏某某原系某对外交流公司工作人员，2017 年 2 月借调至某港商协会工作。2018 年 8 月，某港商协会与 A 公司签订协议推广 APEC 商务旅行卡（以下简称 APEC 卡），某港商协会将外办授权的 APEC 卡申报端口的账户密码交给 A 公司操作。2018 年 10 月，苏某某与 A 公司法定代表人邹某（另案处理）成立 B 公司，并取得 APEC 卡申报端口的账户密码。

为招揽购买 APEC 卡的客户，被告人苏某某联系到被告人朱某等人，朱某通过中介路某结识 C 公司总经理王某，并商议通过 C 公司下属的网点及互联网广告等方式寻找购买客源。王某等人以每张卡约 5~9 万元（以下币种均为人民币）不等的价格对外出售 APEC 卡。朱某以每张卡 3~5 万元的价格从王某处收取费用。苏某某以每张卡 2 万元左右的价格从朱某处收取费用。王某等人将所收取的购卡人不合规办卡信息发送给朱某，再由朱某发送给苏某某处。苏某某自己或安排韩某某等人，为购卡人伪造社保证明、无犯罪记录证明、工作履历、工作单位等，并以某港商协会的端口为上述购卡人申请 APEC 卡。办卡成功后，苏某某领取 APEC 卡并逐级快递给购卡人员。

截至案发，被告人苏某某提交申办 APEC 卡人员共计 261 人，有 206 人的申请资料造假，已成功制卡 92 人，已售卡 88 张。其中，被告人朱某与苏某某已提交申办 APEC 卡人员共计 107 人，已成功制卡 50 人，出售 48 张。

经审计，在上述事项中，王某相关账户向 106 名购卡人共计收款约 572.95 万元，其中向已领卡的 47 人共计收款约 350.6 万元；王某相关账户支付给朱某相关账户 257 万元；韩某支付给朱某 5 万元；王某相关账户支付给苏某某相关账户 63.7 万元；朱某支付给苏某某相关账户 59.502 万元。2021 年 10 月 15 日至 11 月 9 日，朱某收到苏某某相关账户退款共计 12.5 万元；2021 年 11 月 29 日至 12 月 2 日，王某相关账户收到朱某退款共计 28 万元。

2021 年 12 月 18 日，被告人朱某被公安机关抓获归案；同年 12 月 28 日，被告人苏某某被公安机关抓获归案。归案后，两被告人均未能如实供述上述事实。

【案件焦点】

1. APEC 商务旅行卡是否属于《中华人民共和国刑法》规定的出入境证件；2. 苏某某、朱某的行为是否属于代办行为，二被告人行为如何定性。

【法院裁判要旨】

江苏省南京市鼓楼区人民法院经审理认为：被告人苏某某、朱某向他人出售出入境证件，情节严重，其行为均已构成出售出入境证件罪，系共同犯罪，依法应予惩处。苏某某提交申办 APEC 卡共有 206 人的申请资料造假，已成功申领 92 张，出售 88 张；朱某通过苏某某提交申办 APEC 卡人员共计 107 人申请资料造假，已成功申领 50 张，出售 48 张。两被告人已经申领未售出 APEC 卡的行为应当认定为未遂，依法可从轻处罚。

江苏省南京市鼓楼区人民法院依据《中华人民共和国刑法》第三百二十条、第二十三条、第二十五条第一款、第二十七条、第六十四条之规定，作出如下判决：

一、被告人苏某某犯出售出入境证件罪，判处有期徒刑六年六个月，并处罚金人民币 40 万元；

被告人朱某犯出售出入境证件罪，判处有期徒刑四年，并处罚金人民币 20 万元。

二、责令被告人苏某某、朱某共同退出违法所得 325. 7 万元，予以没收，上缴国库。扣押在公安机关的 APEC 卡，由扣押机关依法处置。

苏某某不服一审判决，以“APEC 商务旅行卡不属于《中华人民共和国刑法》规定的出入境证件，其行为没有侵害我国出入境秩序，不构成犯罪”为由，向江苏省南京市中级人民法院提出上诉。江苏省南京市中级人民法院经审理后同意一审法院裁判意见。江苏省南京市中级人民法院依照《中华人民共和国刑事诉讼法》第二百三十六条第一款第一项之规定，裁定：

驳回上诉，维持原判。

【法官后语】

本案的争议焦点在于APEC商务旅行卡是否属于《中华人民共和国刑法》规定的出入境证件以及苏某某、朱某的行为是否属于代办行为，二被告人的行为如何定性。

一、APEC商务旅行卡属于《中华人民共和国刑法》规定的出入境证件

根据《最高人民法院、最高人民检察院关于办理妨害国（边）境管理刑事案件应用法律若干问题的解释》第二条、第三条之规定，出入境证件包括护照或者代替护照使用的国际旅行证件，中华人民共和国海员证，中华人民共和国出入境通行证，中华人民共和国旅行证，中国公民往来香港、澳门、台湾地区证件，边境地区出入境通行证，签证、签注，出国（境）证明、名单，以及其他出境时需要查验的资料。

具体到本案中，APEC商务旅行卡虽不属于上述解释明确列举的出入境证件，但判断其是否属于出入境证件应从其实际功能进行分析。首先，《中华人民共和国出境入境管理法》第九条规定，中国公民出境入境，应当依法申请办理护照或者其他旅行证件。中国公民前往其他国家或者地区，还需要取得前往国签证或者其他入境许可证明，即我国公民出境时需持有效护照及签证。其次，旅行卡计划是亚太经合组织为促进本地区贸易投资便利化所作的一项多边签证安排。旅行卡有效期为5年，持卡人在有效期内凭旅行卡和与旅行卡相关联的有效护照，可多次出入相关经济体，并享受快速通关便利，即APEC商务旅行卡是多边签证集合体。最后，公诉机关证明内地居民持APEC旅行卡和因私护照出境时，需经边检站查验其旅行卡与护照无误后加盖验讫章方可放行。由此可见，APEC商务旅行卡与签证具有同样的功能，即入境许可证明，将APEC商务旅行卡认定为出入境证件，没有超出《中华人民共和国刑法》及司法解释关于“出入境证件”的语义范围，也没有超出一般人的认知范围，不属于扩大解释。

二、苏某某、朱某构成出售出入境证件罪

从全案证据来看，被告人苏某某以营利为目的，自行推广或通过朱某等人

招揽客户，约定高额报酬后，为不符合申请条件的人员伪造材料申办APEC卡，不属于提供咨询、协助、递送等服务的代办行为。苏某某、朱某为不符合申领条件的购卡人伪造资料申办APEC商务旅行卡的目的亦不是“为组织他人偷越国（边）境使用”，故其行为也不构成骗取出境证件罪。

本案中，持APEC商务旅行卡的中国公民在旅行卡有效期内凭旅行卡和与旅行卡相关联的有效护照，即可多次自由往来于我国与相关经济体之间。若不对出售APEC商务旅行卡的行为进行刑事处罚，切断出售出入境证件牟利的犯罪通道，可能会让一些不法分子有机可乘，不仅会衍生其他犯罪，不利于社会治理，也会对国家安全产生一定威胁，并有损我国国际形象。

苏某某作为熟悉外事程序的工作人员，明知APEC商务旅行卡的办理要求、流程和功能，为谋取私利，伙同朱某以远超正常申办费用的价格，肆意帮助数十名不符合申领条件的购卡人伪造材料申办取得APEC卡，其行为已经对我国出入境证件的管理秩序产生严重危害，符合出售出入境证件罪的构成要件，苏某某、朱某的行为均构成出售出入境证件罪。

编写人：江苏省南京市中级人民法院　刘庆琼　钟慧钊

35

虚构劳动关系为外国人提供入境居留服务的定性分析

——包某某组织他人偷越国（边）境、出售出入境证件案

【案件基本信息】

1. 裁判书字号

上海市第一中级人民法院（2023）沪01刑终1号刑事裁定书

2. 案由：组织他人偷越国（边）境罪、出售出入境证件罪

【基本案情】

2016年至2019年，被告人包某某或独自招揽或经他人介绍，虚构境外外籍人员与国内公司的劳动关系材料，分别帮助伊某、康某、艾某等多名外籍人员申请外国人工作许可通知，后外籍人员持相关材料申请中华人民共和国Z字签证（职业签证），并持骗领的签证入境后，由包某某安排人员陪同外籍人员至出入境管理部门办理居留申请，获得相关公司工作类居留许可后，均未实际在相关公司工作。

2016年至2019年，被告人包某某为牟取利益，或独自招揽或经他人介绍，为已经在境内的外籍人员虚构与国内公司之间的劳动关系材料，由包某某安排人员陪同外籍人员至出入境管理部门办理居留申请并收取费用，帮助奥某、本某、卡某等多名外籍人员因此获得工作类居留许可后在我国境内居留，并收取费用，外籍人员均未实际在相关公司工作。

2020年1月18日，被告人包某某被公安机关抓获，次日被刑事拘留，同年2月25日被取保候审。

2021年12月24日下午，被告人包某某在取保候审期间与他人意欲偷渡至A国，途经检查点时走山路绕行，先后绕过某检查点。当日19时20分许遇执勤巡逻人员检查，被告人包某某至某加油站对面菜地简易棚躲藏。次日17时许，被告人包某某被公安人员抓获。

【案件焦点】

1. 以代办签证、出入境材料为业务的中介公司，通过帮助外国人虚构劳动关系，骗取工作许可，进而申领工作类签证并入境，是否构成组织他人偷越国（边）境罪；2. 以前述方式，帮助已经在境内旅游或留学的外国人继续在境内居留，是否构成出售出入境证件罪；3. 上述两类行为，是否应数罪并罚。

【法院裁判要旨】

上海市松江区人民法院经审理认为：被告人包某某伙同他人多次组织他人偷越国（边）境且组织人数众多，其行为已构成组织他人偷越国（边）境罪；

又伙同他人出售出入境证件，情节严重，其行为已构成出售出入境证件罪；又违反国（边）境管理法规，偷越国（边）境，情节严重，其行为已构成偷越国（边）境罪。被告人包某某在判决宣告前犯数罪，应依法数罪并罚。现有证据足以认定，被告人包某某在组织他人偷越国（边）境罪及出售出入境证件罪中均起主要作用，系主犯。被告人包某某到案后没有如实供述组织他人偷越国（边）境及出售出入境证件的基本犯罪事实，如实供述了偷越国（边）境的犯罪事实，对该节事实可从轻处罚。被告人包某某偷越国（边）境未遂，可以比照既遂犯从轻处罚。根据被告人犯罪的事实、性质、情节、作用及对社会的危害程度等，依照《中华人民共和国刑法》相关规定，判决：

一、被告人包某某犯组织他人偷越国（边）境罪，判处有期徒刑七年六个月，并处罚金人民币10万元及驱逐出境；犯出售出入境证件罪，判处有期徒刑六年，并处罚金人民币10万元；犯偷越国（边）境罪，判处拘役五个月，并处罚金人民币5000元，决定执行有期徒刑十二年，并处罚金人民币20.5万元及驱逐出境；

二、扣押在案的电脑、手机、伪造的身份证等涉案物品，予以没收；

三、未退出的违法所得，继续予以追缴。

宣判后，包某某向上海市第一中级人民法院提出上诉。上海市第一中级人民法院同意一审法院裁判意见。据此，依照《中华人民共和国刑事诉讼法》作出裁定：

驳回上诉，维持原判。

【法官后语】

最高人民法院、最高人民检察院、公安部、国家移民局于2022年6月联合发布《关于依法惩治妨害国（边）境管理违法犯罪的意见》（以下简称《2022年意见》），以回应当前我国妨害国（边）境管理违法犯罪的发展变化与样态特征。

上海作为我国重要的出入境城市，一方面促进维护国际人员交流往来，另一方面也要加强治理防范破坏国（边）境管理秩序的行为。

本案中，被告人包某某伙同他人分别对尚在境外和已在境内的不同外籍人员实施了上述两类行为，分别符合组织他人偷越国（边）境罪、出售出入境证件罪的构成要件，应当数罪并罚。

一、包某某的部分行为构成组织他人偷越国（边）境罪

首先，包某某的行为不仅具有社会危害性，还具有刑罚处罚的必要性。目前，此类通过骗取入境证件的行为已在很大程度上形成了产业化，具有相当程度的典型性。[①] 2021 年，国家移民局管理机构依法查处“三非”（非法入境、非法居留、非法就业）外国人 7.9 万人，遣返比例与 2020 年相比上升了 21%。[②] 被告人对外籍人员不作选择、不加甄别帮助其骗取相关入境证件，使多名在境外的外籍人员通过不法途径进入我国境内，违反了我国出入境管理的相关规定，侵害了我国边境管理制度，破坏了出入境管理的秩序。而且，这些外籍人员入境后多非法从事外教工作，有的还存在违法犯罪行为，对我国外教体系、社会秩序形成了负面的影响。

其次，包某某帮助外国人骗取的工作许可通知是外国人取得 Z 字签证的关键条件，也是这些外国人得以在境内非法居留的必要条件。根据 2012 年《最高人民法院、最高人民检察院关于办理妨害国（边）境管理刑事案件应用法律若干问题的解释》（以下简称《2012 年解释》），使用以虚假的出入境事由、隐瞒真实身份、冒用他人身份证件等方式骗取的出入境证件出入国（边）境的应当认定为偷越国（边）境行为。本案中，外籍人员持骗取入境证件，以表面合法的形式掩盖非法越境目的的行为，属于偷越国（边）境行为。

最后，包某某在本案中有领导、策划、指挥行为，具有“组织性”。根据《2022 年意见》第二条的规定，组织他人通过虚构事实、隐瞒真相等方式掩盖非法出入境目的，骗取出入境边防检查机关核准出入境的行为，应当认定为《中华

---

① 许浩：《以提供虚假证明、邀请函件等方式骗取入境证件行为的定性问题》，载《人民法院报》2022 年 9 月 15 日，第 6 版。

② 喻海松：《偷渡犯罪刑法规制的理念调适与实务展开——以〈关于依法惩治妨害国（边）境管理违法犯罪的意见〉为中心》，载《政治与法律》2023 年第 3 期。

人民共和国刑法》第三百一十八条规定的“组织他人偷越国（边）境”行为。本案中，是否具有“组织性”是判断行为人是否构成组织他人偷越国（边）境罪的关键。非法入境外籍人员的大量证言证实，包某某实际经营的沃风公司主要业务是“给外国人办理签证服务”，即通过给外国人挂靠公司、虚构劳动关系或者帮助外国人在中国注册公司的方式，使外国人取得行政部门签发的工作许可通知，凭此通知在境外申请获得Z字签证和工作类居留许可。包括对外招揽客户，与他人合作；安排员工分工配合；为外国人编写劳动合同；代为向行政管理部门申办工作许可通知并寄送；帮助外国人办理注册公司的所有事宜；准备申签材料；安排接机、陪同递交材料；代缴虚构岗位的社保款、税款；安排工作人员陪同出入境管理部门办理工作类居留许可等。包某某直接全程参与、策划外国人入境或居留事宜，为牟取利益以公司的名义提供一系列中介服务，在较长时间内为“三非人员”代办入境、居留，对外招揽生意，对内领导员工，形成密切配合有组织的完整犯罪链条，全程策划、帮助外籍人员完成偷越国（边）境行为，牟取非法利益，这一系列行为已具备专业化、全链条、一站式的特征，这种有架构的产业化经营模式，符合组织性犯罪的本质特征。

综上，包某某明知外籍人员不具备申请工作签证入境的条件，仍实施上述行为帮助外籍人员入境，根据主客观相一致的原则，其行为符合组织他人偷越国（边）境罪的构成要件。

二、包某某的部分行为构成出售出入境证件罪

上述行为针对的是在境外的意欲入境的外籍人员，对于因旅游、留学等合法入境后签证即将到期无法通过正常途径获得工作类居留证件的外国人，包某某实施的帮助外国人骗取工作许可、工作类居留证件从中非法牟利的行为如何定性，争议较大。

首先，工作类居留许可属于出入境证件。结合相关规定，出入境证件是指护照、代替护照使用的国际旅游证件、中华人民共和国海员证、中华人民共和国出入境通行证、中华人民共和国旅行证、中国公民往来香港、澳门、台湾地区证件、边境地区出入境通行证、签证、签注、出国（境）证明、名单，其他

出入境时需查验的资料。外籍人员应当在签证注明的期限申请居留证件，工作许可是申请工作类居留许可的必要条件，而持有工作类居留许可的外国人在居留许可的有效期限内不限次数的出入境。因此，工作类居留许可属于出入境时需要查验的资料，应当认定为出入境证件。根据出境入境管理法的规定，非法居留、非法就业的外国人，公安机关或边防检查机关可以将其遣送出境，而骗领的工作类居留证件使这些外国人保持非法留在境内状态，因此该行为也具有相应的社会危害性和应受刑法处罚的必要性。

其次，包某某全链条参与、全程协助他人骗取入境证件并收取费用的行为可以认定“出售”出入境证件罪。司法要运用稳定的法律调整不断变化发展的社会，需要对法律进行一定解释。对于“出售”的理解，其文义解释是商品与货币的交换形式。行为人通过代为设立公司、伪造劳动合同、代理记账等方式完成相应的手续帮助外籍人员获取居留许可，将本属于行政审批事项的证件通过虚假手续骗取后交付外籍人员获取利益。该行为虽与传统意义上的出售行为形式上存在不同，但究其本质，是将居留许可等证件作为一种物品转售给不具备办理资格的申请人从中获利，仍是一种有偿转让的出售行为，符合出售的客观表现形式。将采用伪造劳动关系，虚构工作许可的方式为已经入境的外国人骗领工作居留证件并收取费用的行为解释为出售出入境证件，符合立法目的和现有规制体系内容，且行为对出入境证件管理秩序的侵犯程度与出售出入境证件罪相当。需要注意的是，对于单纯出售虚假证明、邀请函件，并不参与后续骗取入境证件环节的行为，因虚假证明、邀请函件并不属于出入境证件，故不宜认定为出售出入境证件罪。

三、包某某分别实施组织他人偷越国（边）境和出售出入境证件行为，应当数罪并罚

一种观点认为，对包某某应当以组织他人偷越国（边）境罪或者出售出入境证件罪择一重罪论处。另一种观点认为，包某某实施了针对不同的对象，实施了数个行为，侵犯了不同的法益，分别符合组织他人偷越国（边）境及出售出入境证件的构成要件，应分别定罪。

本案生效裁判采纳第二种观点。从表面上看，包某某为每个外国客户提供的服务内容具有类似性，但根据行为的对象不同，可以分为：针对需要非法入境的外国人和针对已经在境内需要非法居留的外国人两种类型。对象不同导致行为的手段、需要提供的证件、办理的手续上均存在差异，在是否有偷渡入境情节上也有着关键的区分。从法益保护的角度来看，组织他人偷越国（边）境罪侵犯的是国家对进出国（边）境的管理制度，而出售出入境证件罪侵犯的是国家对出入境证件的管理秩序，两者侵犯了不同法益。本案中，根据是为境外外籍人员提供非法入境服务还是为境内外籍人员提供非法居留服务等情况，将包某某的行为区分为组织他人偷越国（边）境行为和出售出入境证件行为，在行为对象上不存在重叠交叉，也不存在重复评价需要择一重罪论处的问题，故依法应数罪并罚。但考虑两者在行为手段上存在一定的相似性，在量刑时可酌情从轻考虑。

编写人：上海市松江区人民法院　胡晓晖　钱莹　韩玲

（四）危害公共卫生罪

36

刑满释放后再次非法行医且未造成实害后果和危险的亦应适用“其他情节严重情形”

——陈某某非法行医案

【案件基本信息】

1. 裁判书字号

江苏省宿迁市中级人民法院（2022）苏 13 刑终 117 号刑事裁定书

2. 案由：非法行医罪

【基本案情】

被告人陈某某曾在2013年8月7日、2014年9月16日因在未取得《医师资格证书》《医师执业证书》《医疗机构执业许可证》的情况下擅自开展诊疗活动，两次被给予行政处罚。后因再次非法行医，于2018年1月11日被江苏省宿迁市宿豫区人民法院判处有期徒刑六个月，并处罚金人民币5000元。2018年7月24日，被告人陈某某刑满释放。2020年9月1日，被告人陈某某又在未取得《医师资格证书》《医师执业证书》《医疗机构执业许可证》的情况下，明知自己不具备行医资格，仍在某地擅自非法开展针灸诊疗活动，被宿迁市卫生健康委员会当场查获。宿迁市卫生健康委员会以陈某某涉嫌非法行医犯罪而移送公安机关。

【案件焦点】

1. 仅查到一次诊治行为能否认定被告人陈某某实施非法行医行为；2. 被告人的行为是否应适用非法行医罪司法解释规定的“其他情节严重情形”。

【法院裁判要旨】

江苏省宿迁市宿豫区人民法院经审理认为：被告人陈某某在未取得医生执业资格的情况下，非法从事医疗活动，情节严重，其行为构成非法行医罪。被告人陈某某自动投案，在归案后如实供述自己的罪行，系自首，可以从轻或者减轻处罚。被告人陈某某曾因故意犯罪被判处有期徒刑以上刑罚，在刑罚执行完毕五年内再犯应当判处有期徒刑以上刑罚之罪，系累犯，应当从重处罚。据此，依照《中华人民共和国刑法》第三百三十六条第一款、第六十七条第一款、第六十五条以及《最高人民法院〈关于审理非法行医刑事案件具体应用法律若干问题的解释〉》第一条、第二条之规定，判决：

一、被告人陈某某犯非法行医罪，判处有期徒刑七个月，并处罚金人民币5000元；

二、将扣押的针12支，予以没收，由扣押机关依法处理。

宣判后，被告人陈某某提出上诉。

江苏省宿迁市中级人民法院经审理认为：上诉人陈某某在未取得医生执业资格的情况下，非法从事医疗活动，情节严重，其行为已构成非法行医罪。上诉人陈某某自动投案并如实供述自己的罪行，系自首，可以从轻或者减轻处罚。上诉人陈某某曾因故意犯罪被判处有期徒刑以上刑罚，在刑罚执行完毕五年内再犯应当判处有期徒刑以上刑罚之罪，系累犯，应当从重处罚。原审法院认定上诉人陈某某犯非法行医罪的事实清楚，证据确实、充分，定罪准确，量刑适当，审判程序合法。江苏省宿迁市人民检察院建议驳回上诉，维持原判的意见正确，予以采纳。据此，依照《中华人民共和国刑事诉讼法》第二百三十六条第一款第一项之规定，裁定如下：

驳回上诉，维持原判。

【法官后语】

利益驱使或是谋生需要，部分行为人在因非法行医被刑事处罚后仍会继续非法行医，且方法会更加隐蔽，如未有门头、在雇用有执业资格的医生坐诊时穿插问诊、开处方不标注姓名、当日单据当日销毁等，加大了非法行医的查处难度。当未出现实害后果时，卫生监督部门可能仅能查实当日或当时的行为，也就是说查实行为人诊治次数较少，甚至只有一次，我们首要界定行为人的行为是否为非法行医，再评判行为是否达到“情节严重”及适用情形，从而准确入罪追责。

一、被告人陈某某实施的针灸行为系诊疗活动，属于法律规定的非法行医

根据《最高人民法院关于审理非法行医刑事案件具体应用法律若干问题的解释》的规定，非法行医主要指未取得、非法取得、已取得被吊销或超范围从事医疗活动或医疗行为。因此，准确界定医疗活动或者医疗行为的内涵是认定非法行医的关键。本罪司法解释并未对“医疗活动”“医疗行为”的内涵作出解释，而是参照《医疗机构管理条例实施细则》中对“诊疗活动”“医疗美容”的认定。《医疗机构管理条例实施细则》第八十八条规定，诊疗活动，是

指通过各种检查，使用药物、器械及手术等方法，对疾病作出判断和消除疾病、缓解病情、减轻痛苦、改善功能、延长生命、帮助患者恢复健康的活动。从条款字面意思角度分析，诊疗活动是执业医生运用有效方法对病人所患疾病作出诊断并以此给予诊疗方案，达到帮助病人消除疾病、缓解病情、恢复健康等活动，并未要求以对多人或多次实施行医行为作为认定诊疗活动的限制条件。简言之，只要行为人对病人进行诊断，给出治疗方案，利于病人减缓病痛或恢复健康的行为，就是诊疗活动。当非法医疗行为未造成实害后果时，非法行医行为一般以行政处罚方式予以监督管理，且《医疗机构管理条例实施细则》关于非法行医被行政处罚内容，也未以人数、次数为限制条件，如发现未取得资格证擅自执业的即被行政处罚等。此种理解不会出现刑事手段打击范围过宽的情形。因立法者在立法时已考虑实践情况，增加了“情节严重”的限制条件，为行政处罚留有相应空间。

就本案而言，2020 年 9 月 1 日，被告人陈某某知道自己不具备行医资格，仍在某地家中为侍某诊断病情，并进行针灸治疗，缓解侍某的病痛，符合医疗活动特征，属于非法行医行为。

二、被告人陈某某在刑满释放后再次实施非法行医行为，属于该罪的“其他情节严重”情形

非法行医罪的入罪条件之一情节严重，立法者采取“列举+兜底条款”的方式，从实害后果、对公共卫生的危害程度、行为人的主观恶性等方面对“情节严重”情形予以例举，并以兜底条款来应对情势变化和法律疏漏。一般而言，我们都以同质解释方法对兜底条款作出合理解释，达到恰当适用刑法惩治手段的目的。也就是说，对于列举情节严重之外的非法行医行为是否属于其他情节严重，我们应从行为违法性和社会危害性上予以评判，只有与明确列举的情节严重情形的社会危害性相当，才具有刑事可罚性。非法行医罪的“其他严重情节情形”亦在此范畴。同时，非法行医罪的“其他严重情节情形”没有明确具体内容，我们亦可用“举轻以明重”的原则比较相应行为的社会危害性，若重行为的危害性大于轻行为，则可入罪，反之出罪。

本案中，被告人陈某某曾在2013年8月7日、2014年9月16日因非法行医，先后两次被给予行政处罚。后因再次非法行医，于2018年1月11日被宿迁市宿豫区人民法院判处刑罚，刑满释放后，于2020年9月1日因非法行医被查处。上述情形与非法行医罪的情节严重情形之一的“非法行医被卫生行政部门行政处罚两次以后，再次非法行医的”相似，二者是在未出现实害后果、对公共卫生、人身造成危险的前提下相比较，具有合理性。从主观上看，因非法行医两次行政处罚后再次行政处罚的主观恶性，与因非法行医受到刑事处罚后又实施非法行医行为的主观恶性相比，后者明显重于前者；从行为情节上看，因非法行医被两次行政处罚，在第三次非法行医被查处，予以刑事追责，较犯非法行医罪刑满释放后又因非法行医被查处，刑事处罚明显重于两次行政处罚，后者的刑事处罚相当于有三次行政处罚，从处罚次数上也比前者重，行为的危害性更大，被告人的人身危险性更大，具有刑罚处罚性。从现场勘查笔录、现场照片看，上诉人陈某某在其居住处为他人从事非法医疗活动，场所内无任何医疗设备、药品用于应对突发情况，也不具备从事医疗活动条件，给患者带来隐患。因此，本案认定被告人陈某某的行为属于非法行医罪的“其他情节严重”情形，予以入罪追责，符合法律规定。

总之，刑法的谦抑性和严厉性，要求我们适用刑法时要慎重。在法律无明确规定，质疑相关行为能否入罪时，我们应从本罪构成要件出发，提炼法律明确列举情形的关键特征，准确运用法律方法解释法律条文含义，甄别行为性质，达到准确适用法律的目的。

编写人：江苏省宿迁市中级人民法院　白金

（五）破坏环境资源保护罪

37

不当贮存、运输“副产盐”行为的性质认定

——戴某等污染环境案

【案件基本信息】

1. 裁判书字号

江西省南昌市中级人民法院（2022）赣 01 刑终 359 号刑事裁定书

2. 案由：污染环境罪

【基本案情】

2016 年以来，被告人戴某在未取得经营处置危险废物许可证的情况下，为获取企业高额“副产盐处置补贴款”，长期违法违规从事危废、固废等“副产盐”的收集、运输、处置工作。2017 年下半年，戴某在网上发帖找人处理“副产盐”。2017 年 10 月，被告人肖某通过百度贴吧联系戴某帮其处理“副产盐”。之后二人约定，由肖某负责租赁场地，戴某负责运输，每处理 1 吨“副产盐”给肖某 45~55 元不等的补贴。2017 年 11 月至 2018 年 1 月，戴某委托被告人钟某负责运输，将 1200 余吨不同企业生产的“副产盐”拆包混合后堆放在肖某租赁的某场地。肖某在未做任何保护措施下将“副产盐”露天堆放，造成“副产盐”流失上百吨、周边土壤被污染的严重后果。该批“副产盐”经抽样检测为具有 2，4，6-三氯苯酚浸出毒性危险特性的危险废物。2018 年 1 月底，戴某委托钟某代为处理“副产盐”。钟某与肖某签订每月处置 1000 吨“副产盐”的

处置协议，并约定补贴费用等。2018 年 2 月，钟某从戴某的某仓库将 211 吨混合后的“副产盐”运输到肖某租用的场地露天堆放，导致该批“副产盐”流失 70 余吨，造成周边土壤、水体被污染的严重后果。案发后经检测，该批“副产盐”为具有 2，4，6-三氯苯酚浸出毒性危险特性的危险废物。该批“副产盐”被雨水冲刷后剩余 130 吨，新建区环保局依法进行了无害化处理，处理费用 667550 元。2018 年 2 月以来，在明知发生“副产盐”毒死鱼事件后，钟某多次请货车、叉车帮助戴某转移、装卸剩余“副产盐”，并帮助戴某租赁场地继续露天违法违规贮存“副产盐”。

2016 年 12 月至 2020 年 6 月，戴某帮助江西某药业公司处理“副产盐” 11671. 94 吨，获得“补贴款” 3017903. 8 元。经鉴定，上述“副产盐”为工业固体废物，在未进行危险废物鉴别前应当按照危险废物进行管理。

2016 年 5 月至 2017 年 3 月，戴某帮助江西某化工公司处理“副产盐” 5096. 57 吨，获得“补贴款” 787450. 9 元。经鉴定，上述“副产盐”为危险固体废物。

【案件焦点】

行为人在未取得危险废物经营许可证的情况下从事“副产盐”的收集、贮存、运输等行为的性质认定。

【法院裁判要旨】

江西省南昌市新建区人民法院经审理认为：根据《中华人民共和国固体废物污染环境防治法》第一百二十四条的规定，对于涉案废物是否属于危险废物的认定，不能仅依据危险废物是否包含在《国家危险废物名录》内，对于经鉴定具有危险性质的固体废物，也应当认定为污染环境罪中的危险废物。根据环境司法鉴定中心的鉴定结论，涉案“副产盐”属于具有危险性质的固体废物。依照《中华人民共和国刑法》第三百三十八条的规定，污染环境罪的行为特征为违反国家规定“排放、倾倒或者处置”有害物质。根据《最高人民法院、最高人民检察院关于办理环境污染刑事案件适用法律若干问题的解释》第七条第一款的规定，无危险废物经营许可证从事收集、贮存、利用、处置危险废物经营活动，严重污染环境的，按照污染环境罪定罪处罚。法律与司法解释在不同意义上使用处置一词，考虑到不当贮存和运输同样会造成危险废物的减损并污染环境，应当将不当贮存和运输危险废物、最终会导致固体废物数量的减少并造成环境污染的行为，解释为刑法上的处置行为。被告人戴某无危险废物经营许可证，被告人肖某、钟某明知他人无危险废物经营许可证，不当贮存和运输危险废物，造成危险废物数量减少并严重污染环境，故应认定均构成污染环境罪。

江西省南昌市新建区人民法院判决如下：

一、被告人戴某犯污染环境罪，判处有期徒刑五年六个月，并处罚金人民币 600000 元，犯伪造公司印章罪，判处拘役六个月，并处罚金人民币 10000 元，决定执行有期徒刑五年六个月，并处罚金人民币 610000 元；

二、被告人肖某犯污染环境罪，判处有期徒刑四年六个月，并处罚金人民币 200000 元。

三、被告人钟某犯污染环境罪，判处有期徒刑一年三个月，并处罚金人民币 10000 元；

四、对公安机关在被告人戴某处暂扣款人民币 410000 元，由扣押机关依法处理。

一审判决后，被告人戴某提出上诉。江西省南昌市中级人民法院同意一审法院裁判意见，依照《中华人民共和国民事诉讼法》第一百七十条第一款第一项之规定，裁定：

驳回上诉，维持原判。

【法官后语】

1. 行为人在未取得危险废物经营许可证的情况下从事“副产盐”的收集、运输、不当堆放等处置行为，造成“副产盐”堆放周边土壤、水体污染等严重后果，经专业鉴定机构鉴定，能够认定案涉“副产盐”危险废物属性的，构成污染环境罪。

（1）“副产盐”应当评价为“危险物质”。根据《最高人民法院、最高人民检察院关于办理环境污染刑事案件适用法律若干问题的解释》（以下简称《环境污染刑事解释》）第十七条第一项的规定，危险废物是指列入国家危险废物名录，或者根据国家规定的危险废物鉴别标准和鉴别方法认定的，具有危险特性的废物。涉案“副产盐”未被列入《国家危险废物名录》。对于未列入国家危险废物名录及虽被列入国家危险废物名录，但来源和相应特征不明确的物质，由生态环境部门、公安机关等出具书面认定意见的，进行区分处理。具体到本案，在对涉案“副产盐”的属性无法确定的情况下，由专业鉴定机构抽取典型样品进行检测，最终得出危险废物的鉴定结论，由此“副产盐”具有现实的危险特性，应当评价为“危险废物”。

（2）收集、运输、不当堆放等行为应当被评价为处置行为。首先，从语词含义分析。相较于《中华人民共和国刑法》污染环境罪“排放、倾倒或者处置”并列表述的具体描述，“处置”语义具有一定的不明确性，具有较大的解释空间，可以认为“处置行为”本身涵盖了更多的行为模式。其次，从体系解释考虑。处置应为在排放、倾倒方式以外以其他方式处理的行为，且与“排放”“倾倒”具有危害结果的相当性，即严重污染环境的行为。最后，从司法解释具体规定来看，《环境污染刑事解释》规定，无危险废物经营许可证从事收集、贮存、利用、处置危险废物经营活动，严重污染环境的，按照污染环境罪定罪处罚。可见，相关司法解释强调从实质角度分析“从事处置危险废物经营活动”，注重研判行为人的处置行为是否对环境造成严重污染。虽然《中华人民共和国固体废物污染环境防治法》第一百二十四条规定的处置行为并不包含贮存和运输行为，但综合运用法律解释方法，将以环境保护相关法律、司法解释禁止的方式来处理危险物质“副产盐”认定为处置行为，包括非法购买、收集、运输、不当堆放等，这样既不超出处置一词的含义边界，也能最大限度地保护环境法益，符合立法目的。

2. 生态修复作为恢复性司法理念的主要载体，应将被告人主动履行生态修复责任作为从宽处罚的量刑情节。生态修复是生态系统被犯罪行为破坏后对其进行恢复的一种补救措施，是保护生态环境最为有效的司法救济方式，是恢复性司法的重要体现。在生态利益遭受犯罪行为侵犯的情况下，让被告人承担修复之责，既符合“谁破坏谁修复”的环境司法一般原则，也救济、修复了被犯罪行为破坏了的法益，同时也实现了惩罚与教育相结合的刑罚目的，也能获得良好的社会效果，满足生态文明建设和绿色发展的需要。本案判决根据宽严相济刑事政策的要求，遵循恢复性司法理念，坚持惩罚犯罪与修复生态并重，对被告人主动缴纳生态修复赔偿金的情节予以酌情从轻处罚，亦符合《环境污染刑事解释》第六条的要求。

编写人：江西省南昌市中级人民法院　张燕
江西省南昌市新建区人民法院　张凤　卢芬

38

破坏野生动物资源案件中野化放归恢复性措施的法律适用

——王某某等危害珍贵、濒危野生动物案

【案件基本信息】

1. 裁判书字号

四川省高级人民法院（2022）川刑终 356 号刑事附带民事裁定书

2. 案由：危害珍贵、濒危野生动物罪

【基本案情】

四川省人民检察院成都铁路运输分院指控被告人王某某等 13 人犯危害珍贵、濒危野生动物罪向成都铁路运输中级法院提起公诉。在诉讼过程中，四川省人民检察院成都铁路运输分院以社会公共利益受到损害为由，又向成都铁路运输中级法院提起附带民事公益诉讼。

2020 年 12 月，被告人王某某与被告人陈某约定，由陈某负责收购野生猕猴，王某某安排被告人江某接收。陈某先后找到被告人贺某、陈某 1 帮其收购、运输野生猕猴。2020 年 12 月至 2021 年 1 月，被告人次某、杨某、方某、杨某、蔡某、吴某、华某、王某将非法猎捕的野生猕猴以每只 1400 元至 2000 元不等的价格分别卖给陈某、贺某等人。陈某、贺某分三次将收购的 112 只野生猕猴运至宜宾市交给江某，江某根据王某某的安排将猕猴运至某公司。其间，王某某派人将 34 万元现金交付给陈某。2021 年 1 月 31 日，陈某、贺某、陈某 1 欲将收购的 46 只野生猕猴运至宜宾市交给被告人江某，行驶至雅康高速公路某出站口时被公安机关抓获。现场查获的 46 只猕猴被送到某生物科技公司寄养，其间死亡 14 只。经某林业司法鉴定中心鉴定，案涉物种为：猕猴，隶属于灵长目、猴科、猕猴属，为国家二级重点保护野生动物，其物种整体价值为人民币 10000 元/只。鉴定意见载明："将涉案猕猴分为三个部分：下落不明（难以分辨和追回，即第 1 批、第 2 批和第 3 批，共 112 只猕猴）；死亡部分共 14 只；存活部分：共 32 只……下落不明和死亡部分的猕猴，永久灭失了生态价值，应计算寄养期间的饲养和救助救治费用、死体保存费用及动物无害化处置的费用……存活的猕猴，建议通过合理饲养、创伤心理恢复、健康评估、检验检疫、种群结构评估以及野化训练，选择合适的放生地点放归自然……下落不明 112 只的生态服务和生物多样性损失为 1120000 元；死亡 14 只的生态服务和生物多样性损失为 140000 元、饲养救治费为 49434.75 元、死体保存费为 49434.75 元、无害化处置费 2100 元；存活 32 只的放归实施费 992000 元、饲养救治费 402744 元、放归恢复方案费 35000 元，以上合计 2750180.75 元……"

人民法院审理期间，某林业司法鉴定中心出具了《涉案猕猴存活部分的放归恢复方案》，对存活猕猴的野化放归提出了具体建议和专业要求，有专门知识的人出庭发表专家意见，四川省林业和草原局对放归恢复方案的合法性、合理性和可行性进行了评估。

【案件焦点】

1. 王某某等 13 人非法猎捕、收购、运输、出售国家重点保护的珍贵、濒危野生动物如何定罪；2. 破坏野生动物资源案件中野化放归恢复性措施如何适用法律规定。

【法院裁判要旨】

成都铁路运输中级法院经审理认为：被告人王某某等 13 人的行为侵犯国家对野生动物资源的保护与管理制度，触犯刑律，构成危害珍贵、濒危野生动物罪；附带民事公益诉讼被告王某某等 13 人危害珍贵、濒危野生动物的行为，不仅破坏了国家野生动物资源，造成野生动物种群数量减少，还破坏生态链条，对生态系统造成难以恢复的破坏，除应负相应刑事责任外，还应对因野生动物减少造成的生态破坏承担修复责任，对野生动物资源损失承担民事赔偿责任。

成都铁路运输中级法院判决如下：

一、被告人王某某等 13 人犯危害珍贵、濒危野生动物罪，判处有期徒刑八年至一年六个月不等，并处罚金人民币 101.5 万元；

二、扣押在案的 46 只野生动物按照司法鉴定意见予以处理；扣押财物、追缴违法所得；

三、被告人王某某、江某自刑罚执行完毕之日或者假释之日起五年内不得从事与野生动物相关的一切利用性活动；

四、公益诉讼被告王某某、江某、贺某、陈某于本判决生效之日起十日内连带赔偿生态服务和生物多样性损失 1260000 元、饲养救治费 452178.75 元、死体保存费 8902 元、无害化处理费 2100 元、对 32 只存活的猕猴进行放归实施方案产生的放归实施费 992000 元、放归恢复方案费 35000 元、惩罚性赔偿 630000 元、鉴定费 15000 元，共计 3395180.75 元；

五、公益诉讼被告杨某和次某在 1395000 元范围内、公益诉讼被告方某在 1015000 元范围内、公益诉讼被告杨某在 1025000 元范围内、公益诉讼被告王某在 2475180.75 元范围内、公益诉讼被告蔡某在 2445180.75 元范围内、公益诉讼被告陈某 1、吴某和华某在 2275180.75 元范围内对公益诉讼被告王某某、江某、贺某、陈某的上述赔偿义务承担连带赔偿责任。

一审宣判后，被告人陈某、王某某、江某、方某、陈某 1 提出上诉。

四川省高级人民法院经审理认为：上诉人（一审被告人）陈某、王某某、江某、方某、陈某1，一审被告人贺某、次某、杨某、杨某1、蔡某、王某、吴某、华某非法猎捕、收购、运输、出售国家重点保护的珍贵、濒危野生动物，其行为均已构成危害珍贵、濒危野生动物罪。本案系共同犯罪，在王某某、江某的犯罪行为中，王某某系主犯，江某系从犯；在陈某、贺某、陈某1的犯罪行为中，陈某、贺某系主犯，陈某1系从犯；在次某、杨某、杨某1的犯罪行为中，次某、杨某系主犯，杨某1系从犯；对江某、陈某1、杨某应从轻或减轻处罚。陈某、陈某1曾被判处有期徒刑以上刑罚，刑罚执行完毕后，五年以内再犯应当判处有期徒刑以上刑罚的故意犯罪，系累犯，应从重处罚。王某某、蔡某、王某、吴某、华某经侦查机关传唤到案后如实供述自己的主要犯罪事实，是自首，可以从轻或减轻处罚。王某某、陈某、贺某、次某、杨某、杨某1、王某、蔡某、吴某、华某自愿如实供述自己的主要犯罪事实，并签订认罪认罚具结书，可以从宽处理。王某某、江某利用职业便利实施犯罪，依法可以根据犯罪情况和预防再犯罪的需要，禁止其自刑罚执行完毕之日或者假释之日起从事相关职业。原判认定事实和适用法律正确，审判程序合法，量刑适当。江某对附带民事公益诉讼部分的上诉请求不能成立，不予支持。依照《中华人民共和国刑事诉讼法》第二百三十六条第一款第一项之规定，裁定：

驳回上诉，维持原判。

【法官后语】

本案有效解决了涉案陆生野生动物的处置问题，丰富了破坏野生动物资源案件中被告的责任承担方式，探索形成了根据涉案野生动物的不同情况判令被告承担不同修复责任的裁判规则，将存活的野生动物野化训练后放归自然，贯彻“还自然以自在、还生命以生机”理念，将死亡和不能追回的野生动物认定造成永久性生态功能损失，明确野生动物保护案件中“从业禁止”的适用条件，对法院审理类似案件具有一定的指导价值。

一、涉案野生动物不同处置方式的正当性

涉案野生动物的处置方式尚无明确的法律规定，一般裁判规则是将涉案野生动物视为涉案财物，判令办案机关处置，但《中华人民共和国野生动物保护法》《公安机关涉案财物管理若干规定》等并未规定人民法院判决后的野生动物处置方式，导致实践操作方式不一，生态环境得不到有效保障，更是容易产生司法治理困境。且野生动物不同于一般的涉案财物，存在活体、死体或者并未扣押在案等不同现状情况，根据环境要素的不同修复需求，处置方式也应体现合理的差异化，为推进建设人与自然和谐共生的现代化提供司法智慧和力量。

二、野化放归生态修复模式的内涵及具体适用

野生动物由于原生环境、基因序列、血缘关系以及健康状况、生存能力等因素，若未对其健康状况、生存能力、放生地物种情况进行评估直接放生野外，可能导致放归地野生动物群落和生态平衡受到破坏，或是将野生动物直接移交动物收容救助中心后未对其健康状况等予以跟踪监测等不利于野生动物保护的问题。野化放归，通过科学的方式将人工繁育、受伤后救护的野生动物放到适合其生存的野外状态，旨在保护、拯救野生动物，是现有涉案野生动物生态修复模式下判决履行方式的创新。

野化放归是一项复杂且专业的过程，在司法适用上，首先，要确保野化放归方案的科学性，充分听取专家和林草局等有关行政主管部门意见，结合涉案野生猕猴的生存现状，确定可操作的科学的野化放归方案。其次，要在判决中明确放归方案及其费用夯实野化放归方案的执行依据，确保生态恢复“看得见、能实现”，并通过专款专用、多重监管、行刑衔接等方式确保野化放归方案的有效性。要结合放归猕猴种群的特点和生活习性，选择合适的野化驯养基地，有针对性地进行野化训练，通过多种项目评估确保猕猴具备较强的野外生存能力后才能放归。放归后还要长期跟踪监测，人民法院为确保野化放归方案的有效实施，可邀请行政部门参与指导执行，共同验收涉案猕猴野化放归结果，为恢复执行效果提供监管保障。

三、死亡和因混同而不能追回的野生动物具体生态损失认定

对于因与人工繁育猕猴混同而难以鉴定的猕猴，因已经脱离了自然生态环境和系统，不能回归原生环境，破坏了自然生态系统的完整性、原真性，判决

结合鉴定意见将已经确定死亡和不能追回的野生动物均认定为生态环境的永久性损害，全额计算生态环境功能损失。对于死亡的野生动物，为防止病菌扩散引发生态污染、危害人类健康的二次风险，基于积极救助和弥补损失的原则，人民法院可认定进行无害化处理，承担死体保存费用及动物无害化处置的费用。

编写人：四川省高级人民法院　汪莹

成都铁路运输中级法院　徐晓双

39

专门用于非法采砂的船舶应整体予以没收

——严某某等非法采矿案

【案件基本信息】

1. 裁判书字号

福建省宁德市中级人民法院（2022）闽 09 刑终 134 号刑事裁定书

2. 案由：非法采矿罪

【基本案情】

2020 年 5 月 21 日，被告人严某某、曾某某经被告人严某某提议共谋盗采海砂牟利，并分别出资 200 万元、120 万元购置配备有抽砂机组的“兴达××××”内河散货船，被告人严某某自任船长，以月工资 19000 元雇用被告人曾某 1 操作轮机，被告人曾某某负责岸上船用物资采购及船员工资发放。2020 年 8 月 9 日至 17 日，被告人严某某在未取得海域使用权证和采矿许可证的情况下，带领被告人曾某 1 等船员先后四次驾驶“兴达××××”内河散货船至东海某海域利用抽砂机组盗采海砂，并将盗采得的海砂予以出售，共得款 95000 元。2020 年 8 月 21 日 11 时许，被告人严某某再次带领被告人曾某 1 等船员驾驶“兴达×

×××”内河散货船在东海海域盗采海砂后返航至福鼎市上黄岐附近海域被某工作站查获。案发后，经检测、鉴定和价格认定：上述查获的海砂为区外细砂，体积 2032.75 立方米、重量 2784.868 吨、价值 71146.25 元，某工作站依法以价款 266500 元对该批次海砂进行拍卖。经评估，被告人严某某、曾某某先后五次组织实施的非法采砂行为造成海域生态损失整体影响价值 501492.12 元，其中，海域生态损失价值 22292.13 元、海滩修复成本 462700 元、海滩修复后监测管理成本 16500 元。

2021 年 8 月 28 日，被告人严某某、曾某某主动退缴海砂销售得款 95000 元。在本案一审审理过程中，被告人严某某、曾某某于 2021 年 12 月 15 日向福鼎市人民法院提存海洋生态资源环境损害、修复赔偿金 501492.12 元。

另查明，案涉内河散货船系被告人严某某、曾某某于 2020 年 5 月 21 日向案外人购买所得。同年 6 月 8 日，为办理船舶所有权登记需要，该船舶以共有名义变更登记至被告人严某某和游艇公司名下，船名变更为“兴达××××”。

【案件焦点】

案涉非法采砂的船舶应否作为犯罪工具予以没收的问题。

【法院裁判要旨】

福建省福鼎市人民法院经审理认为：被告人严某某、曾某某违反国家矿产资源法的规定，未取得采矿许可证和海域使用权证先后五次擅自开采海砂，价值共达 166146.25 元，造成海洋生态资源环境损害整体影响价值 501492.12 元，情节严重，其行为均已构成非法采矿罪。被告人曾某 1 曾因非法采矿行为被行政处罚，现明知严某某、曾某某从事非法采砂活动，仍受雇并领取固定高额报酬，与严某某、曾某某构成非法采矿罪的共同犯罪。严某某、曾某某为长期进行盗采海砂牟利犯罪活动而共同出资购置“兴达××××”内河散货船，且于被查获前的短期内先后五次盗采海砂，“兴达××××”内河散货船属供被告人严某某、曾某某犯罪所用的本人财物，依法应予以没收。综合考虑各被告人在共同犯罪中的情节、地位，判决：

一、被告人严某某犯非法采矿罪，判处有期徒刑六个月，并处罚金人民币60000元，罚金上缴国库；

二、被告人曾某某犯非法采矿罪，判处拘役五个月，并处罚金人民币60000元，罚金上缴国库；

三、被告人曾某1犯非法采矿罪，判处拘役四个月，缓刑六个月，并处罚金人民币20000元，罚金上缴国库；

四、禁止被告人曾某1在缓刑考验期限内从事海上作业；

五、扣押在案的被告人严某某、曾某某退出的违法所得人民币95000元，海砂拍卖款人民币266500元，予以没收，由扣押机关某工作站上缴国库；

六、扣押在案的“兴达××××”内河散货船，予以没收；

七、扣押在案的两部手机发还被告人严某某、曾某1；

八、刑事附带民事公益诉讼被告人严某某、曾某某应于本判决生效之日起三日内支付赔偿金人民币501492.12元（已提存）；

九、上述赔偿金、没收的“兴达××××”内河散货船的处置收入，均上缴国库，用于宁德市域内生态环境、自然资源的修复、保护。

一审宣判后，被告人严某某、曾某某提出上诉。

福建省宁德市中级人民法院经审理认为：原判认定事实清楚，证据确实、充分，定罪准确，量刑适当，审判程序合法。依照《中华人民共和国刑事诉讼法》第二百三十六条第一款第一项之规定，裁定：

驳回上诉，维持原判。

【法官后语】

本案的争议焦点在于涉及非法采砂的船舶应否作为犯罪工具予以没收的问题。司法实践中，各地法院对船舶是否认定为犯罪工具及应否予以没收，在尺度把握上存在差异，本案被告人亦以一审法院存在类案不同判为由提起上诉。

一、犯罪工具的认定及其没收标准

学术界和实务界均将《中华人民共和国刑法》第六十四条作为处理犯罪工具的依据。《中华人民共和国刑法》第六十四条规定，违禁品和供犯罪所用的本人财物，应当予以没收。上述条文，并未界定犯罪工具的内涵，也未明晰没收标准，实践中容易出现对犯罪工具处理的无所适从和宽严失衡。根据《中华人民共和国刑法》第六十四条的规定，可以分解出“犯罪工具”具有的特性，而这些特性正是判断犯罪所涉及的物品中哪些是符合刑法规定，应予没收的犯罪工具。一般来说，犯罪工具应当是专门用于犯罪或经常用于犯罪的物品，与犯罪行为密不可分，且犯罪人具有将该物用于犯罪的故意。在犯罪工具是否予以没收的问题上，为免过于严苛，应适当考虑到罪行造成的危害程度与犯罪工具价值之间的比例关系。

二、非法采砂案件所涉船舶的处置标准

《最高人民法院、最高人民检察院关于办理非法采矿、破坏性采矿刑事案件适用法律若干问题的解释》第十二条第二款规定，对用于非法采矿、破坏性采矿犯罪的专门工具和供犯罪所用的本人财物，应当依法没收。考虑到海上非法采砂行为的特性，船舶一般是从事该类行为中通常需要使用的工具，办理该类案件也就无可避免涉及船舶是否作为犯罪工具的认定问题。如本案中，涉案船舶系被告人为了盗挖海砂而购买，购买时船舶上原就安装有吸砂设备，购买后经维修即多次驾驶船舶出海盗采海砂，该船舶除采砂外未作其他用途。这些事实表明涉案船舶符合法律规定的犯罪专门工具的特征，因此判决对船舶予以整体没收。

海砂是仅次于石油和天然气的第二大海洋矿产资源。办理非法采砂案件中，若涉案船舶符合《最高人民法院、最高人民检察院关于办理非法采矿、破坏性采矿刑事案件适用法律若干问题的解释》第十二条第二款所指的专门工具，则一般应予以没收。但鉴于上述规定中的专门工具未进行细化，不考虑是否为被告人所有、是否专门为采砂而购买、是否经常性用于采砂以及船舶具体价值等因素。因此，实践中亦应适当考虑第三人利益保护原则和比例原则。在认定案涉船舶属于犯罪专门工具的情况下，若涉案船舶并非被告人所有，应当考虑到案外人是否尽到合理的注意义务；若涉案船舶价值远大于违法犯罪所得，应适当衡量船舶价值与违法犯罪的相当性，结合个案具体判断。本案对类案采砂船舶是否认定为犯罪工具及应否予以没收，具有一定的指导意义。

编写人：福建省宁德市中级人民法院　罗文君　叶婷婷

40

以工程施工为名，在工程施工范围之外采挖砂石行为的定性

——张某非法采矿案

【案件基本信息】

1. 裁判书字号

福建省宁德市中级人民法院（2023）闽09刑终25号刑事裁定书

2. 案由：非法采矿罪

【基本案情】

2017年年初，某镇人民政府同意某街村自筹资金对某公路闸门至码头800米路段进行路胚拓宽等前期工作，后被告人张某以某建设工程公司的名义向某街村民委员会承建上述路段的道路拓宽工程，并按照2008年某湾疏港公路（包含上述路段）施工审批材料施工。2017年5月至2019年下半年，被告人张某先后通过火工品、挖掘设备对上述路段旁的山体进行爆破、采挖作业，并于2019年年初至同年10月，将部分采挖的土石出售至浙江等地，通过颜某1（另案处理）、颜某2、颜某3银行账户收取土石款共计人民币1139169元。其间，因未经批准擅自采石，分别于2017年7月、2018年8月、2019年7月被某县自然资源局责令停止。经鉴定，涉案山场开采的矿石为建筑用花岗岩（毛角石）。

为恢复涉案地块的原生态环境，需开展相应的修复工作。在案司法鉴定意

见书证实，被挖取的涉案土石方数量105975立方米；价格评估报告书证实涉案矿产品建筑用的毛料（不规则块石）2019年3月至10月坑口平均价格为56元/立方米；涉案销售的土石中花岗岩（毛角石）占70%。故，涉案工程全部开采的矿产品价格计算为105975立方米×56元/立方米×70%＝4154220元。本案非法采矿的数额为1139169元，结合工程全部开采的矿产品价格、认定非法采矿的数额及在案司法鉴定意见书认定的生态修复费用（360440元），确定本案生态修复费用为98840元（1139169元÷4154220元×360440元）。涉案生态环境损害鉴定评估费用12000元。

【案件焦点】

以工程施工为名，在道路施工范围之外采挖砂石予以销售是否构成非法采矿罪。

【法院裁判要旨】

福建省宁德市霞浦县人民法院经审理认为：建设单位因工程施工采挖砂、石、土进行销售，必须依法办理采矿登记手续并缴纳矿产资源补偿费。而被告人张某承包涉案工程后，将开采的土石用于销售，却未办理采矿登记手续，也未缴纳矿产资源补偿费，且其销售数量已达情节特别严重，已构成非法采矿罪。被告人张某承包的涉案工程系经某镇人民政府同意施工，施工初期具备合法审批手续，且部分开采的土、石用于涉案工程建设，该部分数量依法不应纳入非法采矿数量范围，而根据在案证据无法查清已用于涉案工程建设的土、石数量，所以无法按矿产品价格、数量来认定犯罪数额。据此，判决：

一、被告人张某犯非法采矿罪，判处有期徒刑三年三个月，并处罚金人民币100000元；

二、附带民事公益诉讼被告张某应于判决生效之日起十日内赔偿生态环境修复费用、环境损害鉴定费用各人民币98840元、12000元，其中12000元返还某县自然资源局，98840元用于本县域内生态环境损害修复；

三、继续追缴被告人张某的违法所得人民币1139169元，予以没收，上缴国库。

一审宣判后，被告人张某提出上诉。

福建省宁德市中级人民法院经审理认为：张某明知工程建设成本高于合同约定的工程价款，仍要求承包建设，并在合同签订之前磋商约定以出售爆破石渣所得弥补工程款。且张某采矿点明显偏离道路施工范围，向垂直道路的山体方向延伸。上述事实表明张某非法开采砂石的主观故意明显。张某采挖砂石并非基于工程建设需要，其存在借用工程名义进行违法采矿，该行为不同于建设单位在工程建设项目批准占地范围内采挖砂石，已经违反了矿产资源法的规定，构成非法采矿。根据《最高人民法院、最高人民检察院关于办理非法采矿、破坏性采矿刑事案件适用法律若干问题的解释》第十三条的规定，非法开采的矿产品价值，根据销赃数额认定；无销赃数额，销赃数额难以查证，或者根据销赃数额认定明显不合理的，根据矿产品价格和数量认定。涉案银行流水、证人证言等证据能够相互印证，证明涉案砂石销赃数额为1139169元。综上，裁定：

驳回上诉，维持原判。

【法官后语】

本案的争议焦点在于行为人以工程施工为名，在道路施工范围之外采挖砂石予以销售是否构成非法采矿罪。

矿产资源属于不可再生资源，我国对矿产资源的开发利用实行严格许可制度。根据《中华人民共和国宪法》第九条第二款的规定，禁止任何组织或者个人用任何手段侵占或者破坏自然资源。同时结合《中华人民共和国矿产资源法》第四条，矿产资源属于国家所有，由国务院代表国家行使矿产资源的所有权。地表或者地下的矿产资源的国家所有权，不因其所依附的土地的所有权或者使用权的不同而改变。非法采矿罪是为了保护国家对矿产资源的管理制度及国家对矿产资源的所有权。为了防止一些不法分子趁机以工程项目为名，非法采矿用以牟利，对于以工程建设为名盗取国家矿产资源的行为进行严厉打击。

具体到本案，张某的行为构成非法采矿罪。首先，张某具有非法采矿的主观故意。张某系某建设工程公司实际负责人，该公司的经营范围包括砂石加工、矿产品批发及代购代销等，张某应当知晓矿产资源开发保护的相关法律规定。张某明知工程建设成本高于合同约定的工程价款，仍要求承包建设，并在承包之前就已经进行磋商约定以出售爆破石渣所得弥补工程款；其次，张某客观上有非法采矿的行为。案涉公路施工图设计文件关于建设标准有明确规定：路基宽度6.5米、路面宽度5米，张某签订爆破合同约定路基宽50米，后以路基宽50米为标准设计爆破方案进行爆破。在案证据显示，张某采矿点明显偏离道路施工范围，向垂直道路的山体方向延伸。即张某非法开采砂石的主观故意明显，其采挖土石并非单纯为了排除工程障碍或基于工程建设需要。换言之，该采挖山场砂石的行为并非道路工程建设项目施工的必要环节，与工程施工附随开采行为显然不同，不论涉案工程是否合法，张某擅自开采的行为已构成非法采矿。至于其销售砂石所得是否用于支付工程建设费用，并不影响对其非法采矿行为性质的认定。因此，本案张某构成非法采矿罪。

编写人：福建省宁德市中级人民法院　罗文君　叶婷婷

41

积极修复生态环境的，应作为量刑的重要考量因素

——张某某危害国家重点保护植物案

【案件基本信息】

1. 裁判书字号

云南省昆明市东川区人民法院（2023）云0113刑初200号刑事判决书

2. 案由：危害国家重点保护植物罪

【基本案情】

2021年上半年，被告人张某某为非法牟利，未经林业主管部门批准，带着

同案人李某某多次到某林场周边山上非法采挖国家二级保护野生植物尾叶杜鹃（俗名：马缨花）。后二人注册网络店铺将非法采挖的尾叶杜鹃在网上销售，获利280元。2022年6月26日，公安机关在二人家中查获尾叶杜鹃221株。经鉴定：查获的尾叶杜鹃系国家二级保护野生植物。

【案件焦点】

1. 被告人张某某以牟利为目的非法采挖国家二级保护野生植物尾叶杜鹃221株，犯罪行为发生于最新司法解释施行之前，能否适用新解释认定为情节加重犯；2. 犯罪后积极修复生态环境，是否适用缓刑。

【法院裁判要旨】

云南省昆明市东川区人民法院经审理认为：被告人张某某为谋取利益，非法采挖国家二级保护野生植物尾叶杜鹃221株，其行为构成危害国家重点保护植物罪，属情节严重。鉴于被告人张某某具有坦白情节、自愿认罪认罚、主动退缴违法所得，并通过补种树木、恢复植被的方式对其采挖野生植物的地方进行生态修复，依法对其从轻处罚并宣告缓刑。依照《中华人民共和国刑法》第三百四十四条、第六十七条第三款、第七十二条第一款和第三款、第七十三条第二款和第三款、第六十四条，《中华人民共和国刑事诉讼法》第十五条、第二百零一条之规定，作出如下判决：

一、被告人张某某犯危害国家重点保护植物罪，判处有期徒刑三年，缓刑四年，并处罚金3000元；

二、被告人张某某已退缴至公安机关的违法所得280元，依法予以没收，上缴国库，多退缴的2720元发还被告人张某某；

三、作案工具锄头一把、物证手机一部，予以没收。

案件宣判后，判决已生效。

【法官后语】

《最高人民法院关于审理破坏森林资源刑事案件适用法律若干问题的解释》

于2023年8月15日施行，本案恰逢最新司法解释发布两个月进入审理阶段，最新司法解释对于犯罪对象以及“情节严重”都有了新的规定，本案犯罪事实发生于2021年，最新司法解释对本案犯罪是否具有溯及力是本案审理的难点。

一、“从旧兼从轻”原则的适用

“从旧兼从轻”原则的适用应基于对新旧司法解释改动部分的充分理解。最新司法解释规定情节严重的情形之一为：“危害国家二级保护野生植物十株以上或者立木蓄积十立方米以上”，对比2020年12月11日施行的《最高人民法院关于审理破坏森林资源刑事案件具体应用法律若干问题的解释》，相应的表述是“非法采伐、毁坏列入国家重点保护野生植物名录的树木二株以上、非法采伐立木蓄积二立方米以上”，最新司法解释对于情节严重的改动，其一是犯罪数额和采伐的立木蓄积均有所放宽，其二是对象由“树木”变更为“植物”，范围更加广泛。

野生植物的分类繁杂且系统，“树木”显然不能涵盖所有植物，本案涉案植物尾叶杜鹃（俗名：马缨花），属于低矮灌木，能否认定为“树木”尚有争议，对于司法解释的改动，应充分理解其目的在于扩大国家重点保护野生植物的保护范围，并贯彻“治罪”与“治理”并重的理念，旧的司法解释对于损害“树木”以外植物的情节严重情形未予明确，新的司法解释对珍稀植物的保护范围更为宽泛，且对情节严重要求的数额也有所放宽。不论是2000年司法解释还是2023年司法解释，其中对于株数的规定基本和立木方量具有对等性，即一株的社会危害性略等同于一立木方量。本案犯罪数量虽达到221株，但系栽于花盆中的较小苗木，总体立木方量不大，与成才树木有较大的差异性，但考虑到尾叶杜鹃的濒危性且数量达新解释情节严重认定标准二十余倍，此数量不在司法解释对于情节严重数量的变动范围之内，不管是依照2000年司法解释还是2023年司法解释均应认定达到“情节严重”，故本案不存在“从旧兼从轻”原则的适用问题，应以最新司法解释认定为情节严重。

二、缓刑的适用

《中华人民共和国刑法》第七十二条规定了可以适用缓刑需同时符合犯罪

情节较轻、有悔罪表现、没有再犯危险、没有重大不良影响四个条件，本案被告人已经被认定为情节加重犯的情况下，能否适用缓刑。笔者认为，认定缓刑适用条件的“犯罪情节较轻”所考虑的因素通常比认定情节加重犯所考虑的因素更为广泛，情节加重犯不必然具有严重社会危害性，不能简单地将情节加重犯排除在缓刑适用条件之外。

同时，应准确理解2023年发布的《最高人民法院关于审理破坏森林资源刑事案件适用法律若干问题的解释》的立法本意在于，依法惩治破坏森林资源犯罪，强化对生态环境和生物多样性的保护，本案的审理恰逢最新司法解释的施行，对于其立法本意应在案件办理中重点予以考量。综合本案危害国家重点保护植物的数量、大小、价值以及对生态环境的损害程度，考虑到被告人到案时植物仍处于存续状态，其已采取补种树木、恢复植被等方式对生态环境进行修复，认罪认罚并主动退缴违法所得等因素，综合认定其符合缓刑适用条件。

总之，涉环境资源刑事犯罪的审理，既要以严格的标准惩治犯罪和保护生态环境，同时也应通过合理的裁判教育和引导行为人采取补救措施，促使“森林资源破坏者”转变为“森林生态修复者”。

编写人：云南省昆明市东川区人民法院　张静　符睿智

42

危害国家重点保护植物罪中“主观明知”和量刑情节的认定问题

——张某某危害国家重点保护植物案

【案件基本信息】

1. 裁判书字号

福建省福鼎市人民法院（2023）闽0982刑初313号刑事判决书

2. 案由：危害国家重点保护植物罪

【基本案情】

2021年9月7日，野生金豆（俗称“山橘、山金豆、金柑”）被列入《国家重点保护野生植物目录》，实行国家二级保护野生植物管理。2021年12月，张某某为牟利目的，未经野生植物行政主管部门批准，先后三次单独或伙同雷太称（另案处理）等人携带小洋镐、锯子、剪刀等工具至某1村月片山、某2村山场和某3村桥头边山场采挖野生金豆共16株，并通过直播平台出售，获利1870元。2022年5月5日，张某某自动向森林警察大队投案，并退出违法所得1870元。案发后，侦查机关在某4村×号民房四层平台提取到张某某于2021年9月7日之前于野外采挖的用于观赏的金豆24株，并扣押采挖工具小洋镐1支。提取的24株金豆经鉴定，均为野生起源，属国家二级保护野生植物。

本案在审理过程中，因案涉金豆物种的生态修复需要运用专业技术措施予以完成，张某某客观上确无能力和条件开展相关修复工作。经本院准许，张某某自愿缴纳生态修复费用5000元代替履行修复义务。同时，张某某还自愿向资源环境交易中心公司认购并核销核证的林业碳汇90吨，用于赔偿林业碳汇损失。经某区矫正管理局调查评估，张某某可适用社区矫正。

【案件焦点】

张某某采挖涉案金豆在主观方面是否缺乏犯罪故意。

【法院裁判要旨】

福建省福鼎市人民法院经审理认为：张某某为牟利目的，违反野生植物保护法规，未经批准非法采挖国家二级保护野生植物金豆，利用野生金豆天然的观赏价值，出售获利，其行为损害了社会公共利益，有悖于人与自然和谐共生的生态文明理念。同时，张某某实施的该行为符合刑法规定的危害国家重点保护植物罪的构成要件，被刑法及相关法规所禁止，具有刑法违法性。张某某作为心智正常的成年人，且经常从事野生植物培育，应当了解国家重点保护野生植物目录的公告。张某某的行为构成危害国家重点保护植物罪。因张某某多次采挖野生金豆数量达16株，并出售获利，危害国家重点保护植物犯罪情节严重，但其具有自首、认罪认罚、主动退出违法所得、自愿履行生态修复义务并赔偿林业碳汇功能损害等情节，悔罪表现深刻，可从轻、减轻处罚。综合张某某的犯罪事实、性质、情节、悔罪表现并参考所在社区意见，故决定予以减轻处罚并宣告缓刑。侦查机关扣押在案的采挖工具小洋镐及张某某出售案涉野生金豆的获利款1870元，属犯罪工具或违法所得，依法应予以没收。侦查机关提取在案的野生金豆24株，在本案中作为证据功能使用，故对该财物不作实质性处理，由有关部门根据野生金豆物种国家实行二级保护管理的特殊属性和张某某曾存在出售野生金豆获利之情形，依法处理。据此，判决如下：

一、张某某犯危害国家重点保护植物罪，判处有期徒刑一年四个月，缓刑一年六个月，并处罚金1870元；

二、扣押在案的张某某退出的违法所得1870元、作案工具小洋镐1支，予以没收，由扣押机关上缴国库；

三、扣押在案的野生金豆24株，由扣押机关依法处理；

四、张某某自愿缴纳的生态修复金5000元，用于福鼎市域内碳汇林项目建设。

案件宣判后，判决已生效。

【法官后语】

本案的争议焦点在于危害国家重点保护植物罪中“主观明知”和量刑情节的认定问题。

一、危害国家重点保护植物罪中行为人“主观明知”的理解与认定问题

根据危害国家重点保护植物罪的现行法律规定，该罪名的犯罪构成要件包含行为人的主观故意，即行为人在主观上需明知其所采挖、出售等行为的对象系国家重点保护植物。因此，正确认识“主观明知”问题通常成为此类案件的争点所在，亦是认定是否构罪的关键。

司法实践对于前述问题的认定主要存在两种观点。一种观点认为，根据“不知法不免责”的基础法理，行为人不能因自己不知悉法律规定而免除责任。因此，在审查行为人是否构成危害国家重点保护植物罪时，无须审查行为人是否在行为时知悉涉案物种已被列管为国家重点保护植物，只要查清其实施行为时该物种已属于国家重点保护植物，便可以直接入罪。另一种观点则认为，根据《中华人民共和国刑法》对故意犯罪的规定可知，刑事犯罪中的“主观明知”应当包括行为人知道或者应当知道两种情形，因此只要行为人“应当知道”其行为对象可能是国家重点保护植物，则可以直接推定该行为人明知自己的行为可能造成破坏环境资源的危害后果；若行为人对此放任自流，最终查明其危害的物种属于国家重点保护植物的，在具备其他构罪要素情况下，应当以危害国家重点保护植物罪定罪处罚。

笔者认为，以上两种观点均失之偏颇，可能导致客观归罪或造成对刑事推定规则的曲解。故意犯罪中“主观明知”的认定系根据各种主客观条件推定行为人对自己行为可能造成的危害后果是明知的，这并非属于法定的行为人的知晓义务。基于此，在认定危害国家重点保护植物罪时，应当根据各种主客观条件推定行为人对自己行为所可能造成的危害后果是明知的。即只有在行为人明知自己危害的物种为国家重点保护植物时，才能明知其行为的社会危害性；若

行为人并不知悉其行为对象为国家重点保护植物，则不可能知晓该行为的社会危害性，其主观层面的“明知”认定便无从谈起。因此，就行为人“主观明知”的司法判断问题，需结合行为当时的主客观条件展开判断，即便推定行为人“应当知道”其行为时涉案物种已被列管，也应当允许其在有相反证据证明的情况下推翻前述推定。具体而言，该罪的“主观明知”认定问题，需从行为人实施行为时所具有的客观认识条件及相当认识能力两个维度展开。

司法实践中，危害国家重点保护植物犯罪通常具备行政犯的双重违法性，即行为人实施的采挖、出售特定植物的行为本身即具有行政违法性，后因数量、价值达到刑事犯罪的客观构罪标准，导致该行为从行政违法“变质”为刑事犯罪。就行政犯而言，行为人因从事特定业务对经济利益更为关心，对国家是否可能列管相应物种或允许特殊经营活动的法规规定也应更加关心，因此，行为人一旦认识到犯罪事实，则可推定其认识到行为具有违法性。本案中，根据罪刑法定原则及常识、常情、常理考量，张某某作为具有正常辨识能力且心智成熟的一般社会公众，其就肆意采挖、出售相关野生植物可能致使国家重点保护植物被破坏的结果应当具备可预见性，即张某某在采挖、出售野生金豆时已经具备了相应的认识能力。另外，结合被告人张某某长期从事植物培植的喜好、经历，其相较于一般社会公众，对国家重点保护野生植物具备更多知识储备，且其在网络销售野生金豆时亦有网友提示该物种已被列管，故在缺乏其他客观证据证明其确实存在行为违法性认识阻却事由的情况下，应当认定其在行为时具有客观认识的条件。综合以上要素，即可认定涉案被告人在实施采挖、出售野生金豆时，具有主观明知的故意。

综上，在认定危害国家重点保护植物罪时，行为人为牟利目的采挖、出售国家重点保护植物，涉案物种被列入国家重点保护植物名录时间较短，但在案证据无法直接明确证明行为人采挖物种具有主观故意时，应结合行为人的从业经历、培育植物的有关经验等客观情况进行盖然性判断，综合评价其行为的主观方面。行为人以其主观方面不存在违法性认识为由主张存在认识错误的抗辩意见，在缺乏客观证据补强的情况下，人民法院应当不予采纳。

二、林业碳汇功能损失赔偿的司法适用问题

因野生物种的生态修复需要运用专业技术措施予以完成，被告人客观上没有能力及条件开展相关修复工作，可采取替代性修复措施，用于国家重点保护野生植物种群资源保护。林业碳汇功能损失系指行为人肆意破坏绿色植物从而影响该物种的固碳释氧功能。行为人履行生态修复责任，需以恢复性司法理念为遵循，综合考虑该物种原址修复的难易程度、修复成本及修复效果等因素，探索适用更具可行性的生态修复举措。本案中，因案涉野生金豆多生长于悬崖峭壁之上，对其开展生态修复需要较为繁复的专业技术手段支持，修复技术难度大、投入成本高、直接修复效果不佳。为此，对被告人案发后自愿缴纳生态修复费用之替代性修复措施履行受损的生态环境修复义务、自愿购买林业碳汇赔偿林业碳汇功能损害，人民法院可将其作为修复生态环境以及悔罪的表现，可以对其予以从轻处罚。

编写人：福建省福鼎市人民法院　毛璟凌

（六）走私、贩卖、运输、制造毒品罪

43

如何认定提供场地人对制造毒品的主观明知

——凌某某制造毒品案

【案件基本信息】

1. 裁判书字号

广西壮族自治区来宾市中级人民法院（2022）桂13刑终185号民事裁定书

2. 案由：制造毒品罪

【基本案情】

韦某某与凌某某系朋友关系，韦某某获悉制造氯胺酮（通常称K粉）的方法后，为了获取高额非法利益，于2016年年初以1000元/月的租金租用凌某某的房屋作为制毒窝点，并预付了2500元的房租及水电费。租房期间，韦某某在此处制造毒品二次。在租房后韦某某即着手准备制毒原料及制毒工具，于2016年2月上旬开始第一次制造毒品。因人手不够，韦某某遂邀约韦某1前来帮忙。2016年2月24日下午，韦某某与凌某某驾驶轿车从县城回市区到里某镇时，韦某某下车驾驶他人为其提前准备好的装满制毒原料的汽车，与凌某某（驾驶轿车）一起前往某乡接韦某1到制毒窝点。当晚韦某某、韦某1开始着手第二次毒品制造。在制毒过程中，韦某某负责制毒原料的调配、甩干等主要工序，韦某1负责烧水、打扫卫生等辅助性工作。2月25日中午，被告人凌某某应韦某某的要求，帮助韦某某购买三罐煤气和一台脱水机。2月26日早上，被告人凌某某及韦某某、韦某1在制毒窝点被抓获，当场查获毒品氯胺酮106.35千克、结晶液体和黑色液体净重178千克及制毒原料、配剂、用具一批。

【案件焦点】

被告人凌某某对韦某某制造毒品主观上是否明知。

【法院裁判要旨】

广西壮族自治区合山市人民法院经审理认为：被告人凌某某明知韦某某、韦某1制造毒品，仍为其二人提供场所、购买煤气和脱水机等，为二人制造毒品氯胺酮106.35千克提供帮助，其行为已触犯刑律，构成制造毒品罪。公诉机关指控被告人凌某某犯制造毒品罪成立。凌某某明知韦某某、韦某1在制造毒品仍提供帮助，其行为和韦某某、韦某1构成共同犯罪，应当以制造毒品罪共犯论处。凌某某在韦某某制毒过程中提供重要帮助，系从犯，应当从轻或者减轻处罚。本院决定对被告人凌某某从轻处罚。依照《中华人民共和国刑法》第三百四十七条第一款和第二款第一项、第二十五条第一款、第二十七条、第五十六条、第五十二条、第五十三条、第六十一条之规定，判决：

被告人凌某某犯制造毒品罪，判处有期徒刑十一年，剥夺政治权利四年，并处罚金6万元。

一审宣判后，被告人凌某某提起上诉。广西壮族自治区来宾市中级人民法院经审理认为：原判认定事实清楚，证据确实、充分，定罪准确，适用法律正确，量刑适当，审判程序合法，裁定：

驳回上诉，维持原判。

【法官后语】

司法实践中，为证明被告人主观上明知，往往需要收集以下证据：一是被告人供述自己“明知”；二是如证人证言、被害人陈述等其他证据可以证明被告人明知；三是根据被告人的客观行为表现，结合社会大众一般经验可以推定被告人明知。实践中，认定毒品犯罪案件主观明知主要有以下几个方面：第一，其他证据充分的，根据在案证据直接综合认定；第二，缺乏其他证据的，运用经验法则进行综合认定；第三，有基础事实证据的，运用推定原则进行综合认定。

具体到本案，在主观方面，关于凌某某是否明知的问题：(1) 韦某某在租房的时候虽没有告知凌某某其租房用来作为制造毒品的场所，根据某街的多名证人证言表示春节期间均闻到了刺鼻的味道；凌某某在侦查阶段供述韦某某、韦某1第一次制造毒品的时候就看到在其家中一楼的杂物间堆放的纸箱上写有“酒精”字样，同时也闻到了刺鼻的味道，结合其在某街上接韦某1时看到其带来的玻璃瓶，便开始怀疑韦某某、韦某1在其家中制造毒品。(2) 在韦某某、韦某1第一次制造毒品的时候，因在半夜制毒时发出响声影响到凌某某休息，凌某某便上楼警告韦某某、韦某1，不让他们继续在家中干活，凌某某上楼看到韦某某在吸毒、韦某1在烧水，还在制毒现场看到煤气炉、电子秤、壶、取暖器等东西。(3) 凌某某在被讯问的过程中供述其在楼梯口听到韦某某、韦某1在讨论制造毒品的事情，就已经明确知道其二人在制造毒品，且知道其二人讨论的“沙子”就是毒品氯胺酮的俗称。例如，在讯问时侦查员问“韦某某、韦某1是做什么毒品”，凌某某回答“他们讲是沙子，沙子是K粉的俗称，就像冰毒一般叫猪肉”；问“韦某某、韦某1是否有跟其讲过他们在制毒”，凌某某回答“他们没有讲过，但是大家心里都懂的”等。(4) 在侦查员反复确认其是否明确知道韦某某、韦某1在制毒时，其均表示其在韦某某、韦某1第一次制造毒品期间就已经明确知道其二人在制毒。侦查人员问凌某某“韦某某、韦某1在做什么”，被告人回答“制毒”；问被告人凌某某是何时明确知道韦某某、韦某1制造毒品时，凌某某回答“应该是初三、初四”。另，凌某某供述其之前通过观看禁毒宣传片内容结合韦某某、韦某1制造毒品用到的酒精等制毒原料以及制毒发出的味道等就确定韦某某、韦某1在制造毒品，但碍于和韦某某的朋友关系，并且韦某某告诉其这两天就把东西清理好，并且已经收取了租金，就不好阻止他们继续制毒。(5) 公安机关在抓捕时扣押了凌某某的一部白色手机，其表示该手机是其本人使用，应该没有人用过，韦某1、韦某某的供述中也表示没有用过别人的手机。该手机在2016年2月24日14时45分至15时25分之间使用浏览器多次（29次）搜索“药物如何结晶”“氯胺酮胺化要多少温度好”等涉及毒品制造的内容，本院对被告人辩解该内容不是其搜索的辩解意见不予采纳。(6) 被告人被抓获后，侦查人员对制毒窝点进行现场勘查，在制毒窝点的一楼楼梯口旁的地面、一楼杂物间，三楼楼梯过道地面、四楼均堆放了“无水乙醇”“苯甲酸乙酯”制毒原料，四楼及五楼（楼顶天台）系制毒的中心现场，在此处查获了大量制毒物品，制毒期间凌某某在制毒窝点三楼居住。综上，法院认定凌某某对韦某某、韦某1二人在其某街××号的房屋中制造毒品的事实明知。

在客观行为方面，(1) 凌某某在明知韦某某租房用于制造毒品时没有采取措施进行阻止，碍于朋友情面允许韦某某继续租用，为韦某某和韦某1制造毒品提供场所。(2) 对于凌某某在2016年2月25日上午帮忙换三罐煤气和购买脱水机，该事实有莫某的证言、韦某某的供述、购买脱水机的票据予以证实，法院予以认定。煤气和脱水机均被韦某某、韦某1用于此次的毒品制造。

综上，原审法院认定被告人凌某某明知韦某某、韦某1制造毒品，仍为其提供制毒场所，并实施购买煤气和脱水机等帮助行为，构成制造毒品罪，是正确的。

编写人：广西壮族自治区合山市人民法院　杨飞

44

为贩卖而制造非药用类麻精药品的司法认定

——叶某等制造毒品案

【案件基本信息】

1. 裁判书字号

上海市第一中级人民法院（2022）沪01刑终167号刑事判决书

2. 案由：制造毒品罪

【基本案情】

2020年3月，被告人龚某经营的杭州甲公司接到境外订单后，委托被告人叶某经营的杭州乙公司生产5公斤2-氨基茚满盐酸盐。同年4月初，叶某先后将其制作的试验品0.16克、0.39克（均检出2-氨基茚满成分）邮寄至位于上海某公司用于结构鉴定。同年4月20日，叶某至被告人秦某的杭州丙公司实验室内进行2-氨基茚满的生产试验。至案发，叶某共制造2-氨基茚满含量为0.69%的液体12225.08克、2-氨基茚满含量为10.06%的液体12282.87克。

2020年4月23日，被告人叶某、秦某、龚某先后被公安机关抓获。被告人到案后均如实供述了基本犯罪事实。

【案件焦点】

1. 涉案 2-氨基茚满及其盐酸盐是否属于刑法意义上的毒品；2. 叶某三人为出售而生产 2-氨基茚满盐酸盐仅制出 2-氨基茚满便被查获，如何认定罪名；3. 在认定三名被告人构成毒品犯罪的情况下，如何精准量刑。

【法院裁判要旨】

上海市松江区人民法院经审理认为：被告人叶某、龚某贩卖、制造毒品，其行为均已构成贩卖、制造毒品罪；被告人秦某制造毒品，其行为已构成制造毒品罪。被告人叶某、龚某在共同犯罪中起主要作用，系主犯；被告人秦某在共同犯罪中起次要作用，系从犯，依法应当减轻处罚。被告人叶某、龚某、秦某到案后能如实供述自己的罪行，依法可以从轻处罚。综上，根据各被告人犯罪的事实、性质、情节和对于社会的危害程度等，依照《中华人民共和国刑法》第三百四十七条第一款、第二款第一项，第二十五条第一款，第五十五条第一款，第五十六条第一款，第二十六条第一款、第四款，第二十七条，第六十七条第三款，第六十四条的规定，判决如下：

一、被告人叶某犯贩卖、制造毒品罪，判处有期徒刑十五年，剥夺政治权利二年，并处没收财产人民币 2 万元；

二、被告人龚某犯贩卖、制造毒品罪，判处有期徒刑十五年，剥夺政治权利二年，并处没收财产人民币 2 万元；

三、被告人秦某犯制造毒品罪，判处有期徒刑七年六个月，并处没收财产人民币 2 万元；

四、扣押在案的毒品、制毒工具及原料等，予以没收。

一审宣判后，被告人叶某、龚某、秦某提出上诉。

上海市第一中级人民法院经审理认为：涉案 2-氨基茚满溶液及 2-氨基茚满盐酸盐均已被《非药用类麻醉药品和精神药品管制品种增补目录》所列管，可以作为认定毒品的依据。叶某、龚某以贩卖 2-氨基茚满盐酸盐为目的制造 2-氨基茚满溶液的行为同时构成贩卖、制造毒品罪及制造毒品罪，鉴于 2-氨基茚满数量显著高于 2-氨基茚满盐酸盐，且属犯罪既遂，系重罪，应当优先予以适用。秦某明知叶某制造毒品2-氨基茚满而提供实验室予以帮助，其行为已构成制造毒品罪，属从犯。鉴于涉案2-氨基茚满系新类型毒品，毒品成分含量极低，相关毒性研究尚不充分，量刑时应综合其致瘾癖性、社会危害性、数量、纯度等因素，并考虑对化工行业的规制与影响，合理确定刑罚，充分体现罪刑相适应原则。秦某主观恶性不大，并未获取任何利益，属犯罪情节轻微，可免予刑事处罚。

上海市第一中级人民法院依照《中华人民共和国刑事诉讼法》第二百三十六第一款第一项、第二项及《中华人民共和国刑法》第三百四十七条，第二十五条第一款，第二十六条第一款、第四款，第二十七条，第三十七条，第六十七条第三款之规定，判决如下：

一、维持上海市松江区人民法院（2021）沪0117刑初556号刑事判决主文第四项，即“扣押在案的毒品、制毒工具及原料等，予以没收”；

二、撤销上海市松江区人民法院（2021）沪0117刑初556号刑事判决主文第一项、第二项、第三项，即“一、被告人叶某犯贩卖、制造毒品罪，判处有期徒刑十五年，剥夺政治权利二年，并处没收财产人民币2万元；二、被告人龚某犯贩卖、制造毒品罪，判处有期徒刑十五年，剥夺政治权利二年，并处没收财产人民币2万元；三、被告人秦某犯制造毒品罪，判处有期徒刑七年六个月，并处没收财产人民币2万元”；

三、上诉人叶某犯制造毒品罪，判处有期徒刑三年六个月，并处罚金人民币2万元；

四、上诉人龚某犯制造毒品罪，判处有期徒刑三年六个月，并处罚金人民币2万元；

五、上诉人秦某犯制造毒品罪，免予刑事处罚。

【法官后语】

本案处理重点在于新型毒品的数量认定和刑罚裁量。

一、麻精药品的性质认定

有医疗等合法用途的药用类麻精药品，通常具有双重属性，确有证据证明出于治疗疾病等相关目的时属于药品，被滥用则成为毒品。对未作为药品生产和使用，具有成瘾性或者成瘾潜力且易被滥用的非药用类麻精药品不具备药品属性和医疗用途，一般可以直接认定为毒品。

本案中，2-氨基茚满溶液及其盐类均被《非药用类麻醉药品和精神药品管制品种增补目录》列管，无论形态、含量如何，均应当认定为毒品，未经许可非法生产、经营、运输、使用的均涉嫌毒品犯罪。

二、为贩卖而制造毒品过程中产生中间体的处理

行为人为贩卖而制造毒品，尚未制出便被查获，以贩卖、制造毒品罪未遂论处并无异议，但不能排除现场查获的中间体同样属于毒品的特殊情况，此时应根据犯罪主客观方面合理确定罪名。

无论贩卖、制造毒品的委托人还是受托人，如仅知道目标物品为毒品，以贩卖、制造毒品罪未遂论处更为妥当；如其对于中间体为毒品同样明知，对于制造该中间体行为以制造毒品罪既遂论处符合主客观相一致原则，此时属一行为同时构成贩卖、制造毒品罪未遂与制造毒品罪既遂，属想象竞合，从一重处罚。

本案中，叶某、龚某以贩卖2-氨基茚满盐酸盐为目的，但在中间环节制造出2-氨基茚满溶液的行为同时构成贩卖、制造毒品罪及制造毒品罪。叶某、龚某贩卖、制造2-氨基茚满盐酸盐未来得及制造出来便被查获，属犯罪未遂；制造2-氨基茚满的行为构成制造毒品罪，属犯罪既遂。鉴于2-氨基茚满溶液的数量显著高于2-氨基茚满盐酸盐，且已既遂，属重罪，依想象竞合择一重罪处断原则，应以制造毒品罪论处。

三、新型毒品案件的量刑处理

实践中，对于具有折算标准的毒品，综合考虑毒害性、滥用情况、受管制程度、纯度及毒品犯罪形势、交易价格等因素，依法定罪量刑。可见，折算标准并不必然是新型毒品定罪量刑的主要依据，关键在于能否在个案中罚当其罪。

根据实践经验，本案中查获的2-氨基茚满溶液相当于20余千克海洛因，法定刑为十五年有期徒刑、无期徒刑或者死刑。从案件具体情况来看，如简单以此进行量刑，显然罪刑不相适应：

（1）从非法获利来看，叶某三人制造2-氨基茚满盐酸盐是按照与德国公司

的合同进行，所获利润也未超出正当商业经营范围。

（2）从毒品含量来看，查获的两桶2-氨基茚满溶液，一桶纯度仅有0.69%，另一桶纯度为10.69%，均属纯度较低。

（3）从主观恶性来看，叶某等人制造2-氨基茚满盐酸盐是为了完成国外化工公司订单，主观恶性相对不深。

（4）从社会危害性来看，目前尚未发现含有2-氨基茚满成分的毒品流通，也无2-氨基茚满类毒品给社会带来巨大危害的案例。

编写人：上海市第一中级人民法院 陈兵 孟凡具

45

隐匿身份人员贴靠、接洽已有贩毒意图的被告人，又未超出被告人原本意图交易毒品的，不构成“犯意引诱”“数量引诱”

——王某、罗某贩卖毒品案

【案件基本信息】

1. 裁判书字号

重庆市长寿区人民法院（2023）渝0115刑初438号刑事判决书

2. 案由：贩卖毒品罪

【基本案情】

2023年6月上旬，被告人罗某向彭某透露自己和他人一起贩卖毒品，让彭某以后在主城帮他们推销，后彭某联系罗某，表示自己朋友要购买3万元的毒品，罗某将此信息告知被告人王某，王某同意并表示只要现金。罗某便与彭某约定在重庆市某区进行毒品交易。同月 8 日 16 时许，罗某与买家刘某（隐匿身份人员）、彭某在某实验中学附近会合，后与骑电动摩托车而来的王某见面。王某要求到别处交易，便骑电动摩托车在前，买家刘某驾驶轿车搭载彭某、罗某在后，当行驶至某路××号附近后，刘某停车。王某上到刘某所驾车辆后排，将用餐巾纸包裹的一包净重 49.74 克的甲基苯丙胺（冰毒）和一包净重 3.65 克的甲基苯丙胺片剂（俗称“麻古”）交给罗某，罗某将上述毒品放置在车辆中控扶手箱上交由买家刘某验货。刘某验货完毕后，下车从后备箱取出现金毒资 3 万元交给罗某，罗某收取毒资后欲乘坐王某的电动摩托车准备离开时，与王某一同被公安民警当场抓获。公安民警随即在刘某驾驶的轿车内查获前述毒品；在王某处查获其用于作案的苹果牌手机一部；在罗某处查获毒资 3 万元及用于作案的手机一部；上述毒品和作案工具均被扣押在案。

【案件焦点】

隐匿身份人员采取贴靠、接洽手段向贩毒人员表明求购毒品意图及数量，贩毒人员按约定足额交付毒品，是否构成“犯意引诱”“数量引诱”行为。

【法院裁判要旨】

重庆市长寿区人民法院经审理认为：证人彭某的证言、被告人罗某的供述能够证实被告人王某主观上已具有实施贩卖毒品的犯罪意图，而非在隐匿身份人员诱惑下产生贩卖毒品意图，隐匿身份人员的出现仅是为其实施毒品交易提供了完成毒品交付行为的机会，该情形不符合“犯意引诱”行为。同时，根据在案的证据能够证实王某已在从事大宗毒品贩卖，当彭某通过罗某提出求购 3 万元的毒品意图后，王某通过罗某回复彭某表示同意，其对求购毒品的数量未提出异议，无证据证实王某交付的净重 53.39 克毒品是基于隐匿身份人员诱使，在其不具备交付相应毒品数量的情况下，超出其原本意图而额外增加了向购毒人出售毒品的数量，该情形亦不符合“数量引诱”行为。故，对王某实施的贩卖毒品行为应当依法处理。王某在共同犯罪中起主要作用，系主犯。罗某在共同犯罪中起次要辅助作用，系从犯，应当减轻处罚；其曾因犯贩卖毒品罪被判处刑罚，又犯贩卖毒品罪，系毒品再犯，从重处罚；其到案后如实供述自己的罪行，系坦白，可以从轻处罚；其自愿认罪认罚，可以依法从宽处理。王某、罗某的行为严重破坏社会秩序，均应依法附加剥夺政治权利。综上，依法判决如下：

一、被告人王某犯贩卖毒品罪，判处有期徒刑十五年，剥夺政治权利五年，并处没收个人财产人民币 6 万元；

二、被告人罗某犯贩卖毒品罪，判处有期徒刑十二年，剥夺政治权利二年，并处罚金人民币 3 万元；

三、没收扣押在案的毒品、被告人王某的作案工具苹果牌手机一部、被告人罗某的作案工具手机一部。

案件宣判后，判决已生效。

【法官后语】

在审判实践中，对“犯意引诱”“数量引诱”的认定应保持审慎。

一、贩卖毒品犯罪中“犯意引诱”的认定

实践中，“犯意引诱”的基本特征为行为人本身并无犯罪意图，其在隐匿身份人员采取了主动、积极的刺激诱惑行为后才产生犯意，进而实施了毒品犯罪行为。因此，构成“犯意引诱”的大前提必须是该行为人在隐匿身份人员介入之前具备无实施毒品犯罪的意图。

而合法的隐匿身份人员侦查则是隐匿身份人员在严格遵守《中华人民共和国刑事诉讼法》相关规定的基础上采取贴靠、接洽手段破获案件，隐匿身份人员的介入只是为实施毒品犯罪者提供实施犯罪的机会，属于“机会型引诱”，效果是促成已具备实施毒品犯罪意图的行为人实施毒品犯罪，而非制造犯罪。故而，对于已有证据证实行为人具有贩卖毒品的意图，甚至已从事过毒品贩卖行为，在隐匿身份人员介入后，达成出售毒品目的，属于典型的“机会型引诱”，不属于“犯意引诱”。

二、贩卖毒品犯罪中“数量引诱”的认定

隐匿身份人员诱使他人超出其原本意图实施的毒品犯罪数量，实施了更大数量的毒品犯罪的，属于“数量引诱”。现实中，实施贩卖毒品的毒贩总是处于“持货待沽”状态，在物色到合适买家时便会伺机出售。隐匿身份人员在通过贴靠、接洽手段向贩毒人员表明求购毒品及数量的过程中，其出现仅是为贩毒人员实施出售持有的毒品提供了外部机会，使其在控制下完成毒品交付行为，隐匿身份人员在该过程中仅系充当交易一方的买方人员，同时贩毒人员对隐匿身份人员求购的毒品数量表示认同，并未对其求购的数量提出任何异议，进而由其决定了交易的时间、地点、方式，并最终在短时间内完成了交易行为。贩毒人员的客观行为充分说明了其交付的毒品数量就是其原本欲出售的毒品数量，而非在隐匿身份人员提供高额毒资引诱下，在其不具备交付相应毒品数量的基础上，通过临时筹措、增加毒品数量，实施了交付更大数量毒品的犯罪行为。

综上所述，隐匿身份人员按照《中华人民共和国刑事诉讼法》相关规定，通过采取贴靠、接洽等手段接触已具备贩卖毒品意图的人，向贩毒人员表明求购毒品意图，为其实施毒品交易提供外部机会，贩毒人员在不超出其原本意图基础上，完成交付毒品行为，不属于“犯意引诱”和“数量引诱”，对其实施的毒品犯罪应予依法处理。

编写人：重庆市长寿区人民法院　黄凯

46

技术侦查证据的法庭调查和使用①

——刘某某等贩卖毒品案

【案件基本信息】

1. 裁判书字号

广东省高级人民法院（2018）粤刑终173号刑事裁定书

① 入库案例，参见人民法院案例库2023-06-1-356-032。

2. 案由：贩卖毒品罪

【基本案情】

2016年7月初，被告人肖某某联系了某镇毒品卖家刘某某和某市的毒品买家舒某，分别与刘某某、舒某谈好毒品交易事宜后，让其妻子被告人祝某某单独驾驶轿车去某镇找刘某某拿了毒品，再赶往某市将该毒品交给舒某，舒某在转卖该批毒品给黄某、牟某泉时被公安人员人毒并获。经鉴定，该批毒品净重4948.71克，均含甲基苯丙胺成分。

2016年7月底，祝某某与刘某某谈好要购买5千克甲基苯丙胺（冰毒），并先让江西下家给刘某某转账支付3万元，又自己向刘某某转账支付8.95万元，以总价11.95万元向刘某某购买5千克毒品冰毒，欲以14万元将毒品贩卖到江西。后，祝某某驾驶轿车到某镇向刘某某购得5千克冰毒。8月2日凌晨，公安机关在惠河高速路某服务区将驾车贩毒途中的祝某某抓获，并在该车中缴获其贩卖的毒品。经鉴定，该毒品净重4980.2克，均含甲基苯丙胺成分。

【案件焦点】

何时使用技术侦查证据和如何进行质证。

【法院裁判要旨】

广东省惠州市中级人民法院经审理认为：刘某某、祝某某、肖某某贩卖毒品甲基苯丙胺数量大，其行为均构成贩卖毒品罪。刘某某、肖某某贩卖毒品数量巨大，且悔罪态度差，社会危害性大，依法应予以严惩。祝某某虽如实供述犯罪事实，但贩卖毒品数量巨大，社会危害性大，依法不足以从轻处罚。依据《中华人民共和国刑法》第三百四十七条第二款第一项、第五十七条第一款、第六十四条之规定，判决如下：

一、刘某某犯贩卖毒品罪，判处死刑，剥夺政治权利终身，并处没收个人全部财产；

二、祝某某犯贩卖毒品罪，判处死刑，剥夺政治权利终身，并处没收个人全部财产；

三、肖某某犯贩卖毒品罪，判处死刑，缓期二年执行，剥夺政治权利终身，并处没收个人全部财产。

（其他判项略。）

宣判后，三被告人不服，提出上诉。

广东省高级人民法院经审理认为：认定肖某某和刘某某参与第一宗犯罪事实，仅凭祝某某的供述，事实不清、证据不足。随后向广东省人民检察院发出建议补充调取刘某某、祝某某、肖某某在案发期间手机通话录音的技术侦查资料的函。二审经办人还先去公安机关听取了案发期间有关三被告人的手机通话录音。广东省高级人民法院依照《中华人民共和国刑事诉讼法》第二百三十六条第一款第一项和第二百四十六条、第二百四十八条的规定，裁定如下：

驳回上诉，维持原判；核准以贩卖毒品罪判处肖某某死刑，缓期二年执行，剥夺政治权利终身，并处没收个人全部财产；维持原判以贩卖毒品罪，判处刘某某和祝某某死刑，剥夺政治权利终身，并处没收个人全部财产的刑事裁定，依法报请最高人民法院核准。

2023年4月20日，最高人民法院依照《中华人民共和国刑事诉讼法》第二百四十八条、第二百五十条和《最高人民法院关于适用〈中华人民共和国刑事诉讼法〉的解释》第四百二十九条第一项的规定，作出核准广东省高级人民法院维持第一审以贩卖毒品罪判处刘某某和祝某某死刑，剥夺政治权利终身，并处没收个人全部财产的刑事裁定。

【法官后语】

技术侦查证据的使用，司法实践的问题比较集中地表现在两个方面：一是技术侦查证据何时使用；二是技术侦查证据如何使用。

一、技侦证据何时使用：最后使用原则

就技侦证据而言，在法庭上质证不存在危及侦查人员安全的问题，但是，技术侦查采取的秘密方法如果泄露，可能会影响以后技术侦查的有效性。为了保证打击犯罪的有效性，一般的原则是，在刑事审判中涉及罪与非罪、此罪彼罪、罪轻罪重，特别是涉及死刑的适用时，在没有技术侦查证据就无法查清事实的情况下，再使用技术侦查证据，这被称为技侦证据的最后使用原则。

在本案中，刘某某和肖某某都否认参与第一宗犯罪事实，认定刘某某和肖某某参与第一宗犯罪事实，仅凭祝某某的供述。原审仅认定肖某某参与第一宗犯罪事实，如果无法认定，则涉及无罪的问题。而且刘某某一审被判处死刑，能否认定其参与第一宗犯罪事实，也涉及死刑适用的问题。故，需补充技侦证据来证实肖某某和刘某某是否参与第一宗犯罪事实，同时加强第二宗犯罪事实的证据。故而广东省高级人民法院向广东省人民检察院发出建议补充调取证据的函。

二、技侦证据如何使用：法庭质证原则

《中华人民共和国刑事诉讼法》第一百九十八条第一款规定，法庭审理过程中，对与定罪、量刑有关的事实、证据都应当进行调查、辩论。也就是说所有法庭调查的证据都应当经辩方质证。《中华人民共和国刑事诉讼法》第一百九十六条第一款规定，法庭审理过程中，合议庭对证据有疑问的，可以宣布休庭，对证据进行调查核实。《最高人民法院关于适用〈中华人民共和国刑事诉讼法〉的解释》第二百七十一条规定，审判人员庭外调查核实取得的证据，应当经过当庭质证才能作为定案的根据。但是，对不影响定罪量刑的非关键证据、有利于被告人的量刑证据以及认定被告人有犯罪前科的裁判文书等证据，经庭外征求意见，控辩双方没有异议的除外。技侦证据对于定罪量刑而言肯定属于关键证据，按规定审判人员单独庭外核实后要在法庭上质证。

技侦证据的法庭调查程序要合法。为了保证能够被采纳为定案依据，技侦证据应当以合法载体存在，以合法的程序质证。在对技侦证据质证过程中，一方面要遵守原始资料优先原则，另一方面也应当赋予文字转化材料一定的证据效力。

（一）原始资料优先原则

技术侦查证据的表现形式一般为视听资料、电子数据。根据《最高人民法院关于适用〈中华人民共和国刑事诉讼法〉的解释》，我国对视听资料、电子数据采取原始资料优先的原则。实践中手机通讯记录证据原始材料只能存放在公安机关系统内，不可能拿到法庭上质证，所以真的拿到法庭上的只能是复制件，即新的存储媒介。还要出具说明，说明原件的存储地及提取过程合法。

（二）赋予文字转化材料一定的证据效力

按照原始证据优先原则，作为视听资料的通讯记录证据，文字转化材料只是参考。实践中，有些案件把文字转化材料看成对技侦证据采取保护措施的一种方式，是错误的。人民法院认为，采取技术侦查措施收集的证据材料可能危及有关人员的人身安全或可能产生其他严重后果，必要时可庭外核实。实践中，人们比较认可文字转化材料。毕竟有技术侦查决定书，其文字内容肯定不是无源之水。未来可以规定在辩方无异议的情况下，有技术侦查决定书和文字转化材料进行质证即可；如果辩方有异议，对于可能判处无期徒刑以下的案件，可以采取庭外核实的方法进行法庭调查。因为视听资料质证起来比较麻烦，需要播放录音，如果被告人不认可，还要进一步鉴真，做声纹鉴定。

本案中二审期间经办人去到公安机关听取了有关通讯记录进行庭外核实。广东省人民检察院提交了肖某某、祝某某在案发时段的通讯记录，有采取技侦措施审批文件和对证据内容的说明材料，还有音频的存储介质和文字抄清材料，刘某某、肖某某、祝某某的声纹鉴定，并且通话录音当庭播放，上述材料均经过检辩双方质证，技侦资料的收集、移送和出示符合法定程序，可以采纳为本案的定案依据。从而证实了刘某某、肖某某、祝某某实施的毒品犯罪。

编写人：广东省高级人民法院　王路真

47

积极响应敦促投案自首通告，主动自境外回国自首情节的司法适用

——蔡某某、林某某贩卖、运输毒品案

【案件基本信息】

1. 裁判书字号

广东省高级人民法院（2022）粤刑终318号刑事判决书

2. 案由：贩卖、运输毒品罪

【基本案情】

2017年5月，同案人游某某（已判决）联系被告人林某某购买毒品。林某某联系被告人蔡某某提供毒品甲基苯丙胺（俗称“冰毒”）20千克。2017年5月27日上午，蔡某某、游某某二人在酒店交易毒资和补齐重量的2小包冰毒，林某某驾驶装有冰毒的小轿车与李某时、徐某昌在高速公路服务区交接涉案毒品。之后蔡某某、林某某携带交易的毒资逃往境外缅甸。2020年12月1日，蔡某某、林某某主动从缅甸邦康到云南省孟连县孟连口岸向公安机关投案。

【案件焦点】

贩卖、运输毒品甲基苯丙胺数量巨大，有积极响应办案机关发布的敦促投案自首通告，主动自境外回国自首情节的，如何适用死刑。

【法院裁判要旨】

广东省汕尾市中级人民法院经审理认为：被告人蔡某某、林某某贩卖、运输毒品甲基苯丙胺，数量大，其行为均构成贩卖、运输毒品罪。蔡某某是毒品

卖家，且在贩卖过程中决定毒品交易的价格、方式，亲自收取毒资，系主犯，其在本案中贩卖毒品数量大，社会危害极大，依法应予严惩。林某某明知同案罪犯游某某要购买毒品，且数量大，仍在毒品交易的价格洽谈、验货、运输、交接等过程中行为积极，起着重要作用，与蔡某某均是主犯，鉴于其不是毒品的买卖家，对林某某判处死刑，可不立即执行。广东省汕尾市中级人民法院依照《中华人民共和国刑法》第三百四十七条第二款第一项，第二十六条第一款、第四款，第四十八条，第五十七条第一款，第五十九条，第六十一条，第六十四条，第六十七条第一款之规定，判决如下：

一、被告人蔡某某犯贩卖、运输毒品罪，判处死刑，剥夺政治权利终身，并处没收个人全部财产；

二、被告人林某某犯贩卖、运输毒品罪，判处死刑，缓期二年执行，剥夺政治权利终身，并处没收个人全部财产；

三、本案缴获的毒品予以没收，由市海警局依法销毁。

被告人蔡某某、林某某提出上诉。广东省高级人民法院经审理认为：上诉人蔡某某、林某某结伙贩卖、运输毒品甲基苯丙胺，其行为均已构成贩卖、运输毒品罪。蔡某某、林某某贩卖、运输毒品甲基苯丙胺，数量巨大，罪行极其严重，依法应予惩处。鉴于二人从境外自动回国投案，归案后如实供述主要罪行，属于自首，依法对二人从轻处罚，对蔡某某判处死刑可不必立即执行；在共同犯罪中，林某某的具体作用轻于蔡某某，在具体量刑上应予以区别。原判认定的事实清楚，证据确实、充分，定罪准确。审判程序合法。唯对蔡某某、林某某的量刑不当，依法予以纠正。据此，判决如下：

一、维持广东省汕尾市中级人民法院（2021）粤 15 刑初 51 号刑事判决第一、二项中对被告人蔡某某、林某某的定罪部分及第三项对涉案物品处置的判决；

二、撤销广东省汕尾市中级人民法院（2021）粤 15 刑初 51 号刑事判决第一、二项中对被告人蔡某某、林某某的量刑部分的判决；

三、上诉人蔡某某犯贩卖、运输毒品罪，判处死刑，缓期二年执行，剥夺政治权利终身，并处没收个人全部财产；

四、上诉人林某某犯贩卖、运输毒品罪，判处无期徒刑，剥夺政治权利终身，并处没收个人全部财产。

【法官后语】

本案的争议焦点在于重大毒品案件具有自首情节，是否从轻处罚。

虽然蔡某某、林某某贩卖、运输毒品甲基苯丙胺，数量巨大，罪行极其严重，依法应予惩处。但鉴于二人从境外自动回国投案，归案后如实供述主要罪行，属于自首，依法对二人从轻处罚，对蔡某某判处死刑可不必立即执行。

一、各级司法机关向社会公开发布的敦促自首公告中的法律政策体现了国家意志及相应公信力，法院在具体案件法律适用和量刑中均应充分考虑

司法实践中，敦促在逃人员投案自首公告是司法机关落实宽严相济刑事政策的重要手段和载体。本案是一起比较典型的犯罪分子自境外回国投案构成自首的重大毒品犯罪。二被告人系当地公检法三机关联合向社会发布的敦促涉毒在逃人员投案自首的公告中所列的在逃犯罪嫌疑人，在境外看到该追逃通告后通过亲属与当地公安机关联系，主动要求投案，并在投案过程中克服地域、语言、交通等困难，投案意愿坚决，反映了其良好的认罪悔罪态度，也节约了司法资源。此案是汕尾市开展境外追逃的典型案例。为切实贯彻落实宽严相济的刑事政策，本案二审法院在量刑时充分考虑蔡某某、林某某主动投案自首情节对死刑适用的影响是正确的。

二、重大毒品犯罪案件中自首情节是否从宽处罚的考量因素

本案涉案甲基苯丙胺数量巨大，被告人罪行极其严重，自首是法定可以从轻或减轻量刑情节，具有自首情节在具体案件中并非必然从轻处罚。本案对二被告人是否进行从宽处罚应对投案意愿、投案过程、投案后认罪悔罪态度、刑罚目的个案实现、是否符合罪刑相适应原则等因素进行综合考量。其一，二被告人投案意愿坚定。蔡某某、林某某两名被告人是在看到陆丰市的相关追逃通告后，通过其亲属与陆丰市公安机关联系，积极主动要求投案。其二，二被告人在回国投案过程中克服了境外地域、语言、交通、疫情等困难，更表明二被

告人投案意愿坚定，本案二被告人投案的自动性及本案中二被告人的自首情节对节约国家毒品犯罪侦查资源有较大的司法价值。其三，综合全案来看，蔡某某、林某某归案后能够如实供述向下家游某某等贩卖、运输毒品的主要（或基本）事实，可以认定属于如实供述，且二人均认罪认罚，认罪悔罪态度较好。其四，从案件的社会效果来看，本案依法适用自首情节，从宽处罚，不判处蔡某某死刑立即执行，有利于感召目前仍在境外潜逃的涉毒犯罪分子尽快回国投案自首，有利于我国在打击毒品犯罪中开展跨国追逃工作，从而实现刑罚的一般预防功能。

三、同案犯量刑比照是实现个案量刑均衡的重要司法路径

量刑均衡原则是四大量刑指导原则之一，体现不同犯罪之间刑罚适用的同质性。量刑公正必须在量刑均衡的同时考虑个案中特定犯罪人量刑的公正，即实现量刑的个别化。具体到本案，购买毒品的下家同案犯游某某归案后带领公安人员抓获同案人，被认定为有重大立功，判处死缓。同案犯游某某的量刑即对本案蔡某某、林某某的量刑具有重要的比照意义。一方面，蔡某某、林某某经公安机关规劝从境外缅甸回国自动投案，并如实供述主要犯罪事实，属于自首。同时，本案自首系从境外回国投案，相较于一般自首，本案自首影响个案量刑的司法价值较大，因此，对蔡某某的量刑应与根据重大立功对同案犯游某某判处死缓的量刑结论相互均衡。另一方面，考虑蔡某某、林某某二人在共同犯罪中的作用和地位，二人的量刑结论应有所区分，故对林某某判处无期徒刑符合量刑均衡原则要求。

本案入选最高人民法院发布的《依法严惩毒品犯罪和涉毒次生犯罪典型案例》①，该案的依法处理对以后相关工作具有较大指导性。本案系境外自动投案构成自首的重大毒品案件，该案的死刑适用具有较大的示范意义。

编写人：广东省高级人民法院　翟健锋　惠遥遥

① 《依法严惩毒品犯罪和涉毒次生犯罪典型案例》，载最高人民法院网站，https：//www.court. gov. cn/zixun/xiangqing/404452. html，2025年2月25日访问。

48

被告人否认明知情况下毒品犯罪主观故意的判断

——刘某某走私毒品案

【案件基本信息】

1. 裁判书字号

北京市高级人民法院（2022）京刑终97号刑事裁定书

2. 案由：走私毒品罪

【基本案情】

被告人刘某某上中学时父母离婚，后其和母亲张某及姥姥一起生活。2016年7月张某出境前往A国，后一直未回国。2020年7月至12月，刘某某根据母亲张某提供的材料，十余次帮助张某通过网络平台申报从A国入境、寄往大连、广州等地的国际快件。因帮助清关，张某先后给刘某某发送微信红包共计人民币200余元。

2020年7月张某寄出第1单国际快件后，发微信让刘某某帮忙清关，刘某某回复其不会清关，并问寄的是什么，张某表示是运动鞋和几小袋榴莲干。经张某多次要求，刘某某答应帮忙清关，张某向刘某某微信转账人民币40元。后张某又请刘某某帮忙对其发送的第2-13单国际快件申请清关，清关过程与第1单相近。其间，张某多次微信催促刘某某给其发送清关信息截图，刘某某表示"我不是海关""我现在很忙，你真的很烦""我本身就没太大这个义务"。张某责备称："怎么让你帮个忙那么费劲！性格真不好！"

2020年12月6日，张某发送第14单国际快件，12月26日快件在途经海关时被查验出夹藏有疑似毒品甲基苯丙胺190克，后被扣留。同年12月8日张某发送第15单国际快件，12月11日入境广州口岸。12月17日，物流公司工作人员在发现该快件内2只鞋子不成双后通知刘某某。据刘某某供此时他对包裹产生了怀疑，由于A国药品丰富，可能是不允许进口的A国特效药品，但是没有想过是毒品。后，刘某某就海关通知情况询问张某，张某回复“我想如果有违禁的东西都出不了A国”“我有小票啊”。12月21日，刘某某给广州海关写了情况说明。12月23日，广州海关缉私分局在该快件内的运动鞋鞋底内部发现毒品氯胺酮，净重146.79克。

同年12月12日张某发送第16单国际快件（以上国际快件中仅本单收件人为刘某某。刘某某供张某说当时受到国外“黑色星期五”影响，让刘某某在北京收件后再转寄大连速度更快）。12月15日，刘某某申报清关，同日接到物流公司电话称申报鞋的数量与单据不符，随后联系张某询问鞋的数量。12月16日，北京海关在本单快件内的3双运动鞋鞋底跟部发现疑似夹藏有毒品，经称量和鉴定，上述疑似毒品系甲基苯丙胺，共计164.51克，含量为77.2%~78.7%。12月23日，北京海关侦查员根据运单信息在某小区将前来收取快件的刘某某抓获。

【案件焦点】

1. 走私毒品案件中，被告人到案后否认明知是毒品的，如何结合在案证据审查判断其是否具有毒品犯罪的主观故意；2. 能否适用走私犯罪相关司法解释的规定认定走私毒品案件行为人的主观明知。

【法院裁判要旨】

北京市第四中级人民法院经审理认为：在案证据不足以认定被告人刘某某具有走私毒品的主观故意。第一，刘某某并未直接接触过涉案国际快件，无证据证明其在清关过程中实施了逃避海关监管的行为。第二，无证据证明刘某某因清关行为获取了高额或不等值的报酬，每次清关后张某仅发给刘某某十几元或几十元的“好处费”，更符合一般父母给孩子的奖励红包。第三，结合刘某某的年龄、文化程度、生活状况、与同案人之间的母子关系等，刘某某对频繁代为清关的解释有合理之处。第四，应客观评价刘某某对快件产生怀疑的供述与辩解。刘某某始终供述的是在被告知第 15 单快件中运动鞋不成对时才产生怀疑。在案无证据证明刘某某有接触毒品经历，将运动鞋不成对与夹藏毒品联系到一起，已经超出一般人的预见可能。第五，在案证据不足以认定刘某某具有走私犯罪的主观故意，因此不应以实际查获的毒品对其定罪处罚。故判决：

被告人刘某某无罪，扣押在北京海关缉私局的物品依法予以处理。

一审宣判后，北京市人民检察院第四分院向北京市高级人民法院提起抗诉。

北京市高级人民法院经审理认为：在案证据不足以证明刘某某的行为构成走私毒品罪，依法应当作出证据不足、指控的犯罪不能成立的无罪判决。一审法院审理查明的事实清楚，法律适用准确，审判程序合法。检察机关所提的抗诉意见、支持抗诉意见，依据不足，不能成立，不予采纳。原审被告人刘某某及其辩护人所发表的无罪意见，予以采纳。据此，本院依照《中华人民共和国刑事诉讼法》第二百三十六条第一款第一项之规定，裁定如下：

驳回北京市人民检察院第四分院的抗诉，维持原审判决。

【法官后语】

本案是一起典型的走私毒品无罪案件，案件的争议焦点集中于行为人是否具有走私毒品的主观故意。本案的审理经过不仅集中体现了毒品犯罪主观明知的认定难题，也反映出走私毒品案件法律适用方面存在的误区。本案生效判决的作出，对于进一步厘清毒品犯罪主观明知认定规则、纠正类案办理认识误区具有较大的借鉴意义和指导价值。

一、走私毒品罪中主观明知的认定规则

由于毒品犯罪隐秘性强等特点，对行为人主观明知的认定历来是毒品犯罪案件审理的重点和难点。实践中，毒品犯罪主观明知的认定要点和证明规则：一是突出证据证明的优先地位，对于被告人到案后否认明知是毒品，又缺乏其他证据证明其明知的，应当根据在案证据综合认定，必要时可要求检察机关补充提供相关证据。二是强调综合正反两方面证据进行全面审查，尤其是提示司法机关严明、审慎地审查被告人辩解等反证的真实性，防止错误认定。三是明确了司法推定的末位规则，即在一定条件下可根据“未如实申报”“伪报”“为获取不同寻常的高额、不等值报酬”等情形推定行为人具有明知，但有证据证明其确不知情或确被蒙骗的除外。

本案中，一审、二审法院经审查认为，在案证据不足以认定刘某某具有走私毒品的主观故意。其一，基于证据证明的优先地位，在案证据不能证明刘某某明知代为清关的物品内夹藏毒品。从年龄、文化程度、职业背景、涉毒史、与“上家”的关系看，刘某某于1993年出生，大专毕业后在教培机构工作，无证据证明其接触过毒品。刘某某是单亲家庭子女，微信聊天内容显示刘某某虽然对母亲有一定的抱怨，但其作为儿子还是想尽力帮母亲做一些力所能及的事。从涉案毒品入境经过来看，涉案毒品藏匿方式极其隐蔽，无证据证明刘某某接触过涉案快件，刘某某在最后三单快件连续出现状况后自行前往领取快递，亦能印证其不知道快件内夹藏有毒品。从抓捕及讯问过程看，刘某某被捕后反应正常，在第一次讯问结束时还说自己都交代完了，询问民警是不是可以回家了。其二，根据审慎审查反证的要求，刘某某对频繁代为清关的辩解确有合理之处。刘某某对母亲的警惕程度低于对其他陌生人，且始终供述是其在被海关告知运动鞋不成对时才产生怀疑，微信聊天记录也反映出刘某某的鞋子不成对后便立即向张某核实，由此说明刘某某对寄递不合法物品的排斥。作为未接触过毒品的普通人，仅因快件内运动鞋不成对很难认识到鞋内可能夹藏有毒品。其三，按照司法推定的末位规则，本案中不存在足以推定被告人具有主观明知的基础事实。刘某某在每次代为清关前均会询问张某寄件的物品是什么，要求张某提供购物小票、收件人身份证照片等，之后根据张某提供的信息和材料如实在DHL平台填报、上传，并提供自己的真实联系方式及家庭住址。刘某某从张某处获得的共计200余元的微信红包亦不能认定为不同寻常的高额报酬。

二、不宜因走私毒品罪与走私犯罪客观行为具有相似性而简单套用不同领域法律规定

本案中，一审、二审法院认为，其一，本案中无证据证明刘某某具有走私毒品的犯罪故意。其二，不同于规定于《中华人民共和国刑法》第六章的

走私毒品罪，走私犯罪则规定于《中华人民共和国刑法》第三章破坏社会主义市场经济秩序罪，两类犯罪在行为性质、行为对象、社会危害性等方面存在显著差异，不宜随意套用适用于不同领域的法律规范。其三，走私毒品罪的故意认识对象具有限定性，即要求行为人明知是毒品，而违禁品系毒品的上位概念，已经超过了走私毒品罪主观认识对象的范畴。本案中，虽然刘某某在后期怀疑过代为清关的物品中可能存在A国药品，但之后张某未再寄递新的国际快件，无证据证明刘某某在认识到邮件系违禁品的情况下仍代为清关；即使其认识到物品中可能含有违禁品，根据主客观相一致原则，也不能认定其构成走私毒品罪。

编写人：北京市高级人民法院　万兵　魏炜

（七）组织、强迫、引诱、容留、介绍卖淫罪

49

组织卖淫罪中非法获利是否应全额认定为违法所得

——胡某某等组织卖淫，李某某协助组织卖淫案

【案件基本信息】

1. 裁判书字号

湖北省汉江中级人民法院（2023）鄂96刑终63号刑事判决书

2. 案由：组织卖淫罪、协助组织卖淫罪

【基本案情】

2021年8月7日至10月16日，胡某某、杜某某、刘某某、王某某等人组

织赵某某、邹某（二人系未成年人）和韩某某、舒某某、刘某某、王某、董某某等多名妇女先后在仙桃市多个酒店进行卖淫活动。卖淫人员联系胡某某、杜某某、刘某某后来到酒店，杜某某、刘某某安排卖淫人员在酒店房间住下，刘某某负责管理卖淫人员。杜某某通过微信群发消息，王某某通过散发招嫖卡片拉嫖客。嫖客来到酒店后，由杜某某、王某某负责现场接待，安排嫖客进入房间挑选卖淫人员。对有包夜需求的嫖客，由王某某将卖淫人员送至嫖客所在地提供性服务。同时胡某某、杜某某、刘某某、王某某在钉钉群聊里安排卖淫人员接待嫖客。卖淫人员提供性服务，分为90分钟（一个钟）和45分钟（半个钟）两种服务项目，一个钟收费1100元、1300元、1500元、1700元不等，半个钟收费600元、700元不等。胡某某提供其微信或者支付宝账户用于收取嫖资。杜某某对卖淫次数进行统计，胡某某对嫖资收入进行分配，卖淫人员每次卖淫可分得300元、600元或700元不等，扣除房费、嫖客介绍费等开支后，剩余嫖资收入刘某某分取25%，余款再由胡某某、杜某某平分。李某某通过招嫖卡片招引嫖客，再介绍给杜某某，每介绍一个嫖客可分得100元至300元不等，其间获利2万元。

【案件焦点】

组织卖淫罪中违法所得金额是否等于非法获利金额，对卖淫人员、介绍嫖客人员的分成部分予以扣除是否合理。

【法院裁判要旨】

湖北省仙桃市人民法院经审理认为：组织卖淫犯罪所得是指扣除卖淫人员分成后行为人实际获得的嫖资，卖淫人员获得的分成系其个人违法所得，应当在行政处罚中追缴。本案卖淫人员和介绍卖淫人员分成约占嫖资60%，酌情按非法获利的40%认定共同犯罪的违法所得。判决：

一、胡某某犯组织卖淫罪，判处有期徒刑十一年，并处罚金30万元；

二、杜某某犯组织卖淫罪，判处有期徒刑十年八个月，并处罚金30万元；

三、刘某某犯组织卖淫罪，判处有期徒刑十年六个月，并处罚金25万元；

四、王某某犯组织卖淫罪，判处有期徒刑七年八个月，并处罚金 10 万元；

五、李某某犯协助组织卖淫罪，判处有期徒刑二年四个月，并处罚金 3 万元；

六、对胡某某、杜某某、刘某某、王某某共同违法所得 407280 元依法予以追缴，上缴国库；

七、对李某某违法所得 2 万元依法予以追缴，上缴国库；

八、扣押在案的记账本、招嫖卡片予以没收，由公安机关依法处理。

胡某某、杜某某、刘某某、王某某提出上诉。

湖北省汉江中级人民法院经审理认为：无论卖淫嫖娼还是组织卖淫行为，法律对此类行为持否定性评价，因此行为人由此而获得的经济利益均为非法获利，行为人为此而付出的所谓“成本”，如付给卖淫人员的费用、租赁卖淫场所发生的相关费用等，均属于犯罪成本，依法不能在犯罪所得中扣除。故，本案的非法获利全部为违法所得，原审对卖淫人员、介绍嫖客人员的分成部分予以扣除不当。胡某某、杜某某、刘某某、王某某的共同违法所得 1017200 元应全部予以追缴。同时，《最高人民法院、最高人民检察院关于办理组织、强迫、引诱、容留、介绍卖淫刑事案件适用法律若干问题的解释》第十三条第一款规定，犯组织、强迫、引诱、容留、介绍卖淫罪的，应当依法判处犯罪所得 2 倍以上的罚金。共同犯罪的，对各共同犯罪人合计判处的罚金应当在犯罪所得的 2 倍以上。据此，对各共同犯罪人合计判处的罚金应当在 2034400 元以上，原审对各共同犯罪人合计判处罚金 950000 元，属于量刑不当。但基于“上诉不加刑”原则，二审不加重对各共同犯罪人的罚金刑。据此，判决如下：

一、维持仙桃市人民法院（2022）鄂 9004 刑初 250 号刑事判决第一项、第二项、第三项、第四项、第五项、第七项；

二、撤销仙桃市人民法院（2022）鄂 9004 刑初 250 号刑事判决第六项、第八项；

三、对上诉人胡某某、杜某某、刘某某、王某某的共同违法所得 1017200 元依法予以追缴，上缴国库；

四、扣押在案的杜某某的手机4部、王某某的手机2部、李某某的手机3部予以没收，上缴国库；

五、其他扣押在案的物品由公安机关依法处理。

【法官后语】

关于组织卖淫罪中行为人的非法获利是否应全额认定为违法所得的问题。

从法益保护的角度判断，全额认定违法所得有利于加强对组织卖淫罪法益的保护。组织卖淫因侵害人身权利、破坏社会论理、衍生多种严重犯罪、影响社会安定等原因而成为被我国重刑规制和严厉打击的对象。从《中华人民共和国刑法》第三百五十八条的规定可知，一旦构成本罪，对行为人在五年以上十年以下量刑，其起刑点高于很多妨害社会管理秩序类的其他罪名，而若达到法定刑升格条件，构成“情节严重”，则在十年以上有期徒刑或无期徒刑范围内量刑。因此，本罪若将行为人获取的全部嫖资均认定为违法所得和非法获利，不扣除任何成本，能够最大限度剥夺行为人再犯罪的能力，有利于加强对法益的保护力度。

从刑法学基本原理判断，违法所得和非法获利内涵一致符合量刑均衡原则。量刑均衡原则是我国刑法的重要原则之一，它要求法官量刑时不仅要做到罪责刑相适应，同一案件所判处的刑罚还应当符合均衡原则。非法获利是法定刑升格的依据之一，违法所得影响罚金数额及追缴金额大小，二者均为定罪量刑提供依据和标准，以行为人获取的经济收益来衡量违法严重性，在作用上并无二致，应具有同一标准。本案组织者的非法获利数额在100万元以上，对其主刑的量刑适用十年以上有期徒刑或者无期徒刑，若扣除卖淫人员个人违法收入，比如本案一审扣除60%，犯罪所得将会大打折扣，其适用罚金刑以及追缴犯罪所得范围适用标准随之降低，由此而产生附加刑的惩治力度不能与主刑相匹配的问题，不免量刑失衡。反之，若法定刑升格、罚金适用、追缴范围使用同一标准，便可以保证主刑和附加刑之间的量刑平衡，真正达到罪责刑相适应。

从罪犯构成角度判断，卖淫人员的卖淫行为、介绍嫖客的介绍行为和整个卖淫活动是不可分割的部分。组织卖淫罪是指通过招募、雇佣、强迫、引诱、容留与等手段，控制他人从事卖淫活动的行为。卖淫人员的卖淫行为、介绍嫖客的介绍行为是犯罪构成不可分割的整体，应进行整体评价。同时，卖淫人员与招募、运送人员或者保镖、打手、管账等人员均为组织者所管理和控制的人员，仅分工、地位等不同，如果对于卖淫人员、介绍人的收入予以扣除，那么对其他人员工资、场地费、食宿费等支出的犯罪成本是否也应予以扣除？若犯罪所得不足以支付犯罪成本，又如何自处。不同于侵犯知识产权类等犯罪，组织卖淫本身建立在违法基础之上，并没有包含正当的经营活动，不能扣除正当的经营成本，而卖淫人员的个人违法收入本是犯罪成本的一部分，所以不应予以扣除。

从刑事审判与行政执法的角度判断，扣除卖淫者的违法所得易形成打击漏洞。在司法实践中，囿于组织卖淫活动的持续性较长、卖淫人员流动性较大、当场查处的卖淫人员较少以及嫖资分成情况取证困难等，组织卖淫罪中涉案的卖淫人员不能全部到案，甚至大部分不能到案，以及卖淫人员的卖淫次数以及获取的嫖资难以精确计算，对于卖淫人员的个人违法所得不能确保全面追缴。若将该项排除在组织者的违法所得之外，将形成对组织卖淫行为的打击漏洞。此外，即便对卖淫人员的个人违法所得在行政执法中已予以追缴，因刑法上组织卖淫罪打击和追缴的对象是组织者，与承担行政违法责任的卖淫人员无关，即使刑事判决涉嫌重复追缴，也并未对卖淫人员重复执法。

综上，在组织卖淫罪中，对于行为人获取的全部嫖资，全额认定为违法所得，符合我国刑法学的基本原理和立法本意，顺应我国打击卖淫刑事犯罪的政策需要，在司法实践的操作上具有便利性和可行性。

编写人：湖北省汉江中级人民法院　谢甜露

50

组织卖淫者未从嫖资中抽成，仅间接获利的，违法所得仍应以全部卖淫所得认定

——许某某组织卖淫案

【案件基本信息】

1. 裁判书字号

江苏省无锡市中级人民法院（2023）苏 02 刑终 229 号刑事裁定书

2. 案由：组织卖淫罪

【基本案情】

许某某于 2019 年 6 月投资成立了传媒公司，主要从事 KTV（提供卡拉 OK 影音设备与视唱空间的场所）娱乐业务。后许某某为吸引客源、提升 KTV 经营效益，同意李某某、熊某等人招募卖淫人员提供有偿陪侍和卖淫服务，并通过规定卖淫价格及抽成比例、禁止私自卖淫、组织逃避检查等管理手段，长期开展组织卖淫活动。

2021 年以来，李某某担任传媒公司总经理，负责传媒公司内日常经营管理，包括招聘、面试卖淫人员、确定卖淫人员的卖淫价格、召开管理层例会等事项。熊某、闫某、张某担任服务二部负责人，共同负责卖淫人员签到、安排试房、召开例会等工作。其中，熊某负责卖淫人员的初次面试定价；闫某负责提供卖淫房间；张某经许某某授意，传达许某某关于组织卖淫的相关指令，同时负责向卖淫人员售卖台票。王某、张某 1 担任业务部负责人，共同管理业务经理，召开部门例会，传达公司规定，其中业务经理与公司签订销售业绩合同，负责联系客户拓展业务，为客户介绍卖淫人员并安排卖淫事宜，通过包厢消费

提成和卖淫人员嫖资抽成牟利。夏赞华担任服务一部负责人，负责管理服务员，召开部门例会，传达公司关于卖淫的制度及规避检查的措施。服务员记载卖淫费用、房间费用，为业务经理结算卖淫费提供帮助。

2021年以来，许某某及李某某、熊某等人共组织29名卖淫人员从事卖淫活动1780余次，违法所得356万元。2022年5月20日，公安机关进行突击检查，当场查获传媒公司的卖淫人员4人。

2022年7月8日，许某某经民警电话通知至公安机关投案。

案发后，公安机关冻结传媒公司及许某某等人名下银行账户的资金若干。

【案件焦点】

1. 投资人明知存在组织卖淫活动，但不参与日常经营管理，是否构成组织卖淫罪；2. 组织卖淫者未参与嫖资分成，仅从其他途径间接获利的，违法所得如何认定。

【法院裁判要旨】

江苏省宜兴市人民法院经审理认为：许某某伙同他人管理、控制29名卖淫人员从事卖淫活动，情节严重，其行为已构成组织卖淫罪。根据查明的卖淫模式，卖淫人员均需经过李某某、熊某等人面试定级，确定有偿陪侍和卖淫价格，向张某购买台票后进入KTV包厢，由业务经理介绍卖淫，并通过闫某在酒店开房间，各共同行为人分工合作，共同完成了涉案组织卖淫活动。前述人员均供述，传媒公司的日常管理工作虽由总经理李某某负责，但公司内的重大事项全部由许某某决定。此外，许某某要求特殊时期不得去酒店开房间。综上，许某某明知李某某等人从事组织卖淫活动，虽然没有直接参与卖淫活动具体事务的管理，但其作为传媒公司的投资人，雇用他人管理卖淫活动，是整个卖淫活动的组织者，其行为符合组织卖淫罪的构成要件。

关于违法所得的认定，许某某虽未直接从卖淫所得中抽成，但传媒公司通过卖淫活动吸引客人前来消费，间接提升KTV的经营收益，又通过业绩提成刺激业务经理和卖淫人员开展卖淫活动，故卖淫行为的违法所得应当全部认定为卖淫活动组织者的违法所得。鉴于闫某用他人身份证所开房间绝大部分用于卖淫活动，对其中存疑部分按照有利于被告人的原则扣减后共计 1780 次。根据传媒公司内最低档卖淫价格 2000 元/次的标准，据此得出违法所得为 356 万元。

江苏省宜兴市人民法院依照《中华人民共和国刑法》第三百五十八条第一款，第二十五条第一款，第二十六条第一款、第四款，第六十四条的规定，作出如下判决：

一、被告人许某某犯组织卖淫罪，判处有期徒刑十二年，并处罚金 500 万元；

二、继续追缴被告人许某某的违法所得 356 万元，予以没收，上缴国库。对冻结的银行账户内的资金在上述应当退赃的总额范围内予以追缴；不足部分，责令被告人许某某继续退赃。

许某某持原审辩解提起上诉。二审法院同意一审法院的裁判意见。

江苏省无锡市中级人民法院依照《中华人民共和国刑事诉讼法》第二百三十六条第一款第一项的规定，作出如下裁定：

驳回上诉，维持原判。

【法官后语】

本案的争议焦点在于许某某作为投资人明知传媒公司内存在组织卖淫活动，但不参与日常经营管理，是否构成组织卖淫罪，以及违法所得如何认定。

一、许某某的行为构成组织卖淫罪

组织卖淫罪的本质特征是对卖淫活动进行管理和控制。传媒公司内的卖淫活动从招聘面试、确定卖淫价格、售卖台票到介绍卖淫、提供卖淫房间，均有不同的人分工负责，高度细化的分工正体现了组织严密、管理严格、控制有力的“组织性”特征。许某某作为投资人，现有证据证明其对传媒公司内存在有组织的卖淫活动是明知的，主观上持一种放任态度。许某某虽然不参与传媒公司的日常经营管理，而是通过召集管理层开会下达指令，或者让李某某向管理层传达指示来实现对公司的全方位管理，在整个组织卖淫共同犯罪过程中起到了组织、策划、指挥等作用，具有绝对的支配权和领导地位，其他参与组织卖淫犯罪的人员都受其指挥、服从其领导。故，许某某当然应当对组织卖淫活动承担全部责任，且系主犯。

二、全部卖淫所得均应认定为组织卖淫的违法所得

本案中，传媒公司规定只有介绍卖淫的“妈咪”能从嫖资中抽取300元至500元分成，剩余嫖资全部归卖淫人员所有，其他任何人不得进行抽成。关于违法所得如何认定，实践中存在三种观点：第一种观点认为，既然卖淫活动的组织者不参与嫖资分成，本案没有违法所得。第二种观点认为，传媒公司依靠包厢订购和酒水消费间接获利，可对传媒公司的财务进行审计，将扣除房租、水电、税费、员工工资等正常经营成本外的利润作为组织卖淫的违法所得予以没收。第三种观点认为，本案的卖淫价格及抽成比例由组织卖淫者规定，分配给卖淫人员的费用属于犯罪成本。无论组织卖淫者是否参与嫖资分成，以及分成多少，均应以全部卖淫所得作为组织卖淫的违法所得。

本案判决采纳的是第三种观点。根据《最高人民法院、最高人民检察院关于办理组织、强迫、引诱、容留、介绍卖淫刑事案件适用法律若干问题的解释》第十三条规定，犯组织、强迫、引诱、容留、介绍卖淫罪的，应当依法判处犯罪所得二倍以上的罚金。对组织卖淫违法所得的准确认定，不仅涉及非法利益的追缴，还涉及罚金的判罚。只有让犯罪分子在经济上得不到任何好处，才能最大限度地剥夺其再犯的可能。仅以组织者未从嫖资中分成为由认定没有违法所得，不符合立法本意。本案中的卖淫活动虽然间接刺激了传媒公司的生意，但包厢订购和酒水消费属于KTV的合法收入，本身并不违法，将前述合法收入扣除正常经营成本后的利润认定为组织卖淫的违法所得，逻辑上说不通。且从案件的实际审理情况来看，传媒公司的财务账册不完整，无法形成客观真实的审计结果。

按照第三种观点，以全部卖淫所得认定组织卖淫的违法所得，不仅具有现实可操作性，也更能体现法律对此类行为的否定性评价。无论是卖淫嫖娼本身，还是组织、强迫、引诱、容留、介绍卖淫行为，都是违法犯罪行为，由此决定了通过前述行为获得的经济利益都是非法的。在组织卖淫犯罪中，卖淫价格的

确定及分成通常由组织卖淫者决定，卖淫人员无权过问。既然组织者对卖淫所得享有最终决定权和分配权，那么向组织者追缴全部卖淫所得，并未超出“期待可能性”的范畴。至于组织者付给卖淫人员的费用，应视为其犯罪成本，依法不能在违法所得中予以扣除。即使组织卖淫者不从嫖资中抽成，认定违法所得时也应按照全部卖淫所得计算。因此，组织卖淫的违法所得，一般情况下就是收取嫖娼人员所有费用的总和。

编写人：江苏省宜兴市人民法院　庄妍　徐英

51

组织卖淫活动中既单纯出资入股又卖淫的刑事责任认定

——范某某等组织卖淫案

【案件基本信息】

1. 裁判书字号

北京市第二中级人民法院（2023）京 02 刑终 142 号刑事判决书

2. 案由：组织卖淫罪

【基本案情】

2021 年间，被告人刘某、王某、范某某在某养生会所内，组织卖淫人员岳某、黄某某、王某某等人从事卖淫活动。被告人刘某设立卖淫场所并负责招募、管理卖淫人员等，被告人王某、范某某提供资金入股，亦直接从事卖淫活动。被告人刘某、王某、范某某于 2021 年 11 月 11 日经公安机关传唤到案。

【案件焦点】

被告人范某某作为会所出资股东，并未实际参与日常经营管理，对于其行为应当如何认定。

【法院裁判要旨】

北京市房山区人民法院经审理认为：被告人刘某、王某、范某某共同组织他人卖淫，其行为均已构成组织卖淫罪，依法均应予以惩处。被告人刘某设置固定的卖淫场所某养生会所，并在经营过程中负责招募、管理卖淫人员，对卖淫活动进行组织、安排，且组织卖淫人员达到3人以上，其行为符合组织卖淫罪的犯罪构成要件；被告人王某、范某某明知刘某所进行的是组织卖淫活动，仍然入股投资，其行为是刘某组织卖淫行为的组成部分，亦构成组织卖淫罪。容留卖淫是指为卖淫人员进行卖淫活动提供场所的行为。本案中的被告人的行为并非仅仅提供卖淫场所，而是组织他人进行卖淫的行为，故北京市房山区人民检察院指控被告人刘某、王某、范某某犯有容留卖淫罪的罪名有误，法院予以纠正。根据被告人刘某、王某、范某某犯罪的事实、犯罪的性质、情节和对于社会的危害程度，依照《中华人民共和国刑法》第三百五十八条第一款、第二十五条、第五十二条、第五十三条、第六十一条、第六十四条及《最高人民法院、最高人民检察院关于办理组织、强迫、引诱、容留、介绍卖淫刑事案件适用法律若干问题的解释》第一条之规定，判决如下：

一、被告人刘某犯组织卖淫罪，判处有期徒刑五年六个月，并处罚金人民币56000元；

二、被告人王某犯组织卖淫罪，判处有期徒刑五年三个月，并处罚金人民币53000元；

三、被告人范某某犯协助组织卖淫罪，判处有期徒刑五年，并处罚金人民币5万元；

四、随案移送的物品，依法予以处理。

宣判后，刘某以其不构成组织卖淫罪，构成容留卖淫罪，原判量刑过重为由提出上诉；王某以其未参与会所经营管理，不构成组织卖淫罪，构成容留卖淫罪为由提出上诉；范某某以其未参与会所经营管理，其不构成组织卖淫罪，原判量刑过重为由提出上诉。

北京市第二中级人民法院经审理认为：上诉人刘某、王某、范某某共同组织他人卖淫，其行为均已构成组织卖淫罪，依法均应予惩处。鉴于上诉人范某某在组织卖淫共同犯罪中起次要作用，系从犯，依法对其减轻处罚。在案证人证言、搜查笔录、鉴定意见、收款记录等证据证实，上诉人刘某投资并承租涉案房屋作为固定卖淫场所，在非法经营过程中招募、管理卖淫人员，接待、介绍服务项目等；上诉人王某投资入股卖淫场所，并负责掌管收款银行卡等事务；上诉人范某某明知刘某、王某从事组织卖淫非法活动，在其他人退股后，为获取非法利益仍投资入股；三上诉人组织卖淫人员达到3人以上，其行为均符合组织卖淫罪的法定构成要件。原审法院综合考虑刘某、王某犯罪的事实、情节，对二人判处的刑罚适当。上诉人范某某及其辩护人所提原判量刑过重的上诉理由及辩护意见，法院酌予采纳。北京市房山区人民法院根据原审被告人刘某、王某、范某某犯罪的事实、性质、情节和对于社会的危害程度作出的刑事判决，定罪正确，对刘某、王某的量刑适当，审判程序合法，扣押物品处理无误；法院根据范某某在共同犯罪中的地位和作用，对其量刑予以改判。本院依照《中华人民共和国刑法》第三百五十八条第一款，第二十五条第一款，第二十六条第一款、第四款，第二十七条，第五十二条，第五十三条，第六十一条，第六十四条及《最高人民法院、最高人民检察院关于办理组织、强迫、引诱、容留、介绍卖淫刑事案件适用法律若干问题的解释》第一条和《中华人民共和国刑事诉讼法》第二百三十六条第一款第一项、第二项之规定，判决如下：

一、驳回上诉人刘某、王某的上诉，维持北京市房山区人民法院（2022）京0111刑初303号刑事判决主文第一、二、四项，即被告人刘某犯组织卖淫罪，判处有期徒刑五年六个月，并处罚金人民币56000元；被告人王某犯组织卖淫罪，判处有期徒刑五年三个月，并处罚金人民币53000元；随案移送的物品，依法予以处理；

二、撤销北京市房山区人民法院（2022）京0111刑初303号刑事判决主文第三项，即被告人范某某犯组织卖淫罪，判处有期徒刑五年，并处罚金人民币5万元；

三、上诉人范某某犯组织卖淫罪，判处有期徒刑三年六个月，并处罚金人民币36000元。

【法官后语】

根据《最高人民法院、最高人民检察院关于办理组织、强迫、引诱、容留、介绍卖淫刑事案件适用法律若干问题的解释》的规定，组织他人卖淫是指以招募、雇佣、纠集等手段，管理或者控制他人卖淫，对卖淫人员和卖淫活动具有管理性或控制性是组织卖淫罪最为显著的特征。本案中，上诉人刘某实施了投资入股并负责会所日常经营、招募管理卖淫人员等行为，上诉人王某实施了投资入股、管理财务、考勤等行为，二人行为均具有明显的管理性，均构成组织卖淫罪。而关于范某某既单纯出资入股又卖淫的双重身份，其刑事责任如何承担，应具体分析其行为属性及在共同犯罪中的作用。

一、主观明知是判断出资入股行为属性的关键所在

主客观相统一是追究被告人刑事责任的基本原则。在组织卖淫犯罪定性过程中，出资行为是否能够入罪，应首先从出资行为的主观方面进行判断，只有当单纯出资股东对组织卖淫行为明知的情形下，该出资行为才能入罪，否则不符合组织卖淫罪法定构成要件，失去入罪的主观条件。本案中，上诉人范某某在出资入股前，经王某介绍，已在会所内从事卖淫活动，对会所日常经营状况十分了解，主观上明知刘某、王某从事组织卖淫活动，为获取额外非法利益，在他人退股后依然实施投资入股的行为，为组织卖淫活动提供了资金支持，具有组织卖淫的主观故意。

二、单纯出资入股行为应当认定为“组织卖淫”行为

司法实践中，部分观点将组织卖淫罪中的“组织”行为与“组织犯”的概念混同，认为只有实施组织、领导、策划、指挥行为的首要分子才构成组织卖淫罪，其余被告人的行为均构成协助组织卖淫罪或容留卖淫罪，这种观点限缩了组织卖淫罪的认定范围，不利于对该类犯罪的准确定性。组织卖淫罪是任意共同犯罪，可由一人单独实施，亦可由多人共同实施，由多人共同实施组织卖淫活动时，分工必然有所不同。单纯出资股东虽然没有参与日常经营管理，但

其为组织卖淫活动的顺利开展提供了资金支持，亦是影响卖淫规模的重要因素，是组织卖淫活动得以顺利实施的重要组成部分，其出资行为应认定为组织卖淫罪中的“组织”行为。具体到本案中，上诉人范某某在他人退股后出资入股卖淫活动，占一定股份，为卖淫场所日常经营、持续开展卖淫活动提供了支持，其行为具有组织卖淫的“组织”行为属性。

三、以对危害结果发生的作用力判断组织卖淫罪主从犯

《中华人民共和国刑法》对于共同犯罪行为的规定，主要有两个层次：一是为了解决入罪问题，根据各被告人参与类型、分工不同，划分为实行犯（包括组织犯）、教唆犯、帮助犯；二是为了解决量刑问题，根据各被告人在共同犯罪中的作用，划分为主犯、从犯。由此可见，实行犯与主犯存在于不同的逻辑层级中，二者并非一一对应关系。有观点认为组织卖淫罪的被告人一律应被认定为主犯，这种观点将实行犯与主犯混同，不利于罪责刑相适应的司法处理原则，因而对组织卖淫罪亦应根据行为对危害结果发生的作用力来区分主从犯。单纯出资入股行为为组织卖淫提供了“成本”资金支持，二者具有事实上的因果联系，但具有因果联系并非构成主犯的充分条件，尚需对其进行规范层面的判断。一方面，单纯出资入股行为对组织卖淫罪所侵害的法益尚未造成现实紧迫的侵害；另一方面，从犯罪构成要件层面来看，单纯出资入股行为具有较强的可替代性。因此，单纯出资入股行为对于组织卖淫罪危害结果发生的因果作用力相对较小，认定从犯更符合罪责刑相适应原则的要求。具体到本案，范某某仅实施了中途出资入股的行为，并未参与经营管理，对刘某等人组织卖淫的作用仅限于出资帮助，对于组织卖淫行为的成功实施的作用有限，在共同犯罪中起次要、辅助作用，应认定为从犯。

四、出资入股与参与卖淫的双重身份对刑事责任认定的影响

组织卖淫犯罪因租用卖淫场所等需要“成本”资金支持，而“成本资金”的组成在司法实践中较为复杂，有的是管理人员作为股东直接出资，有的是管理人员与外部人员作为股东共同出资，有的是管理人员与卖淫人员作为股东共同出资。前两种情况属于组织卖淫行为的单一身份认定，应结合在案证据来确

定主从犯地位。第三种情况中，由于行为人具有双重身份，既是股东又是被管理或控制的对象，其出资对组织卖淫活动起到支持作用，无任何管理或控制行为，认定为主犯，不仅不能体现罪责刑相适应，更不能体现宽严相济的刑事政策。具体到本案中的范某某即属于第三种情况，范某某出资作为股东的目的就是为了额外获取非法利益，其作为卖淫人员受到刘某、王某的管理，在地位上与其他卖淫人员无任何区别，如果将其作为主犯处理，显然达不到罪责刑的平衡。

编写人：北京市第二中级人民法院　刘克河　王蕊

52

介绍卖淫罪中非法获利的认定

——王某甲、王某乙介绍卖淫案

【案件基本信息】

1. 裁判书字号

浙江省宁波市中级人民法院（2023）浙 02 刑终 130 号刑事裁定书

2. 案由：介绍卖淫罪

【基本案情】

2021 年 8 月起，被告人王某甲伙同王某乙介绍李某、赵某某等人在本市 A 区、B 区等地从事卖淫活动。王某甲、王某乙与其事先约定卖淫分成方式，由王某甲主要负责利用其本人通讯软件账号在招嫖群聊内发布招嫖信息招揽嫖客并联系李某、赵某某等人，王某乙予以协助，由李某、赵某某等人自行安排卖淫地点与嫖客发生性关系，李某、赵某某等人收取嫖资后再将相应介绍费转账给王某甲、王某乙。2021 年 11 月至 2022 年 7 月，李某、赵某某等人收取嫖资共计 6 万余元，转给王某甲、王某乙卖淫分成款共计 29045 元。

2021年8月，王某甲、王某乙介绍赵某某与嫖客潘某某在某国际公寓旁一民宿内发生性关系。

2022年7月20日17时许，王某甲、王某乙介绍嫖客杨某某与李某在某室发生性关系。李某收取嫖资600元，并向王某甲转账200元。

本案审理期间，王某乙家属代为退缴人民币30000元。

【案件焦点】

两被告人的非法获利是以全部嫖资还是以两被告人实际收取的卖淫分成款进行认定。

【法院裁判要旨】

浙江省宁波市海曙区人民法院经审理认为：被告人王某甲、王某乙介绍他人卖淫，其行为均已构成介绍卖淫罪，且系共同犯罪。公诉机关指控两被告人的罪名成立。两被告人的非法获利应当是其介绍卖淫获得的费用，李某、赵某某等人的分成不能视为两被告人的非法获利。两被告人的非法获利金额为人民币29045元，不属于情节严重的情形。公诉机关指控两被告人介绍卖淫情节严重，依据不足，不予认定。王某甲在共同犯罪中起主要作用，系主犯，应当按照其所参与的全部犯罪处罚。王某乙在共同犯罪中起次要作用，系从犯，依法可从轻处罚。据此，浙江省宁波市海曙区人民法院以介绍卖淫罪，分别判处被告人王某甲有期徒刑二年六个月，并处罚金人民币4万元；判处被告人王某乙有期徒刑二年，缓刑三年，并处罚金人民币2万元；被告人王某甲、王某乙的违法所得，予以追缴；扣押在案的供犯罪所用的被告人王某甲的手机一部，予以没收。

一审宣判后，浙江省宁波市海曙区人民检察院提起抗诉。二审审理期间，宁波市人民检察院经审查认为抗诉不当，决定撤回抗诉。

浙江省宁波市中级人民法院经审理认为：原判认定事实和适用法律正确，量刑适当，审判程序合法，浙江省宁波市人民检察院决定撤回抗诉，符合法律规定，裁定：

准许宁波市人民检察院撤回抗诉。

【法官后语】

介绍卖淫犯罪中非法获利的认定问题在司法实践中颇有争议。一种观点认为，介绍卖淫罪中的非法获利应当按照嫖资即全部卖淫所得认定。另一种观点认为，介绍卖淫罪中的非法获利应当仅指介绍者介绍卖淫后获得的分成，不包含卖淫者的分成。我们赞同第二种观点，理由如下。

一、以介绍卖淫所得的分成认定非法获利符合介绍卖淫罪的犯罪构成

介绍卖淫罪是指为卖淫者寻找、招揽、介绍嫖客，在卖淫者与嫖客之间牵线搭桥、沟通撮合，从而使卖淫嫖娼活动得以实现的行为。即实行行为是介绍他人卖淫，那么介绍者的非法获利应当是其因介绍他人卖淫后获得的好处费，不应包括卖淫者的分成。这与组织卖淫犯罪不同，组织卖淫犯罪是指组织者组织他人卖淫获得的收入，即从犯罪构成角度讲非法获利应当是组织卖淫后的全部所得，必然不能扣除卖淫者分成。也就是说，非法获利的认定与其所犯罪名及犯罪构成之间应当有因果关系。

二、以介绍卖淫所得的分成认定非法获利符合介绍者与卖淫者的关系

介绍卖淫罪中介绍者与卖淫者的关系与组织卖淫罪中组织者与卖淫者的关系有着本质区别。组织卖淫是以招募、雇佣、纠集等手段，管理或者控制他人卖淫的行为，卖淫者接受组织者的安排与调度，与组织者是支配与被支配的关系，涉及工作时间、工作流程、分成规则、嫖资收取以及其他规章制度等一般均由组织者单方面制定，卖淫者只有遵守制度、接受安排才能获得组织者分配的提成。因此，组织卖淫罪中自然要将全部卖淫所得作为组织者的非法获利。但介绍卖淫罪中介绍者与卖淫者之间并无人身和财产上的控制、管理、支配行为，介绍者与卖淫者是一种平等或类平等的合作与利用关系，且并非共同犯罪关系，介绍者在卖淫者与嫖客之间牵线搭桥，卖淫者负责为嫖客提供性服务，一般双方在合作之前就会约定好嫖资金额、嫖资收取方式、分成比例、分成规则等，双方往往平均分成甚至卖淫者所获比例更高。由此，不应将卖淫者的分成计算到介绍者的非法获利之中。本案是典型的介绍卖淫行为，被告人与卖淫

者是建立在利益共享基础上的分工合作关系，以全部卖淫所得认定被告人的非法获利明显不当。

三、以介绍卖淫所得的分成认定非法获利符合罪责刑相适应原则

对一个犯罪行为的惩处应当与其行为的社会危害性相一致，尤其是以非法获利作为定罪量刑的重要依据时，应当着重考虑非法获利的认定是否与其侵害的法益程度相匹配，是否罚当其罪。介绍卖淫罪中卖淫者与介绍者是相互合作关系，而既然是平等的合作关系，双方之间就有分工，一般情形下分工的作用越大，社会危害性就越大或者法益的侵害程度就越深，同时获得的分成数额就越大。若不区分卖淫者和介绍者的非法获利，而将全部的卖淫所得都认定为介绍者的非法获利，那么势必会出现相同卖淫所得总额之下，虽然介绍者个人分成不同甚至比例差别很大，但量刑相同的局面，这与介绍者的作用及社会危害性并不相符。因此，以被告人收到的卖淫分成款认定非法获利并据此量刑更为符合罪责刑相适应原则。

编写人：浙江省宁波市海曙区人民法院　陈胡琼

53

卖淫人员的获利分成不应当计入容留卖淫者的非法获利数额

——李某某、于某容留卖淫案

【案件基本信息】

1. 裁判书字号

江苏省无锡市惠山区人民法院（2023）苏 0206 刑初 126 号刑事判决书

2. 案由：容留卖淫罪

【基本案情】

2022 年 9 月至 10 月，被告人李某某租用某足浴店等地，容留杨某、张某等人向况某、张某 1、朱某等人卖淫 290 余次。杨某、张某等人共收取嫖资 6 万余元，并按照事先约定的分成比例，通过微信转账、现金等方式，支付给被告人李某某 25600 余元。自 2022 年 9 月 29 日起，被告人于某在被告人李某某安排下参与容留卖淫行为，具体负责接送卖淫人员和望风。被告人于某从被告人李某某处分得 800 元。

案发后，公安机关扣押被告人李某某手机 2 部，扣押被告人于某手机 1 部。被告人于某退出违法所得 800 元。

【案件焦点】

卖淫人员从嫖资总额中的获利分成是否应当计入李某某犯容留卖淫罪的非法获利数额。

【法院裁判要旨】

江苏省无锡市惠山区人民法院经审理认为：被告人李某某、于某容留他人卖淫，其行为均已构成容留他人卖淫罪，系共同犯罪。在共同犯罪中，被告人李某某起主要作用，系主犯；被告人于某起次要作用，系从犯。被告人李某某曾因故意犯罪被判处有期徒刑以上刑罚，在刑罚执行完毕后五年内再犯本罪，系累犯。被告人李某某、于某归案后均如实供述罪行。被告人于某自愿认罪认罚。

关于被告人李某某及其辩护人提出卖淫人员的嫖资分成不应当视为李某某非法获利的辩解和辩护意见。法院认为，在容留卖淫罪中，容留者提供场所，卖淫者进行卖淫活动，容留者对卖淫者没有管理控制特征，双方不构成共同犯罪关系，只是相互利用关系，卖淫者的提成分成不能视为容留者处分非法获利。故本案卖淫者从嫖资中的提成分成不应当计算为作为容留者的被告人李某某的非法获利，但其他经营成本包括场地费用、支付给同案被告人的好处等是李某某为实施犯罪支出的成本，不应当从嫖资中剔除。综上，经核算，认定本案中容留卖淫罪的非法获利为 25600 余元。相应的辩解和辩护意见，予以采纳。

据此，江苏省无锡市惠山区人民法院作出如下判决：

一、被告人李某某犯容留卖淫罪，判处有期徒刑三年，并处罚金人民币 6 万元；

二、被告人于某犯容留卖淫罪，判处有期徒刑一年，缓刑一年六个月，并处罚金人民币 5000 元；

三、没收被告人于某退出的违法所得人民币 800 元，上缴国库；追缴被告人李某某的违法所得人民币 24800 元，予以没收，上缴国库；扣押在案的作案工具被告人李某某手机 2 部，由公安机关予以没收；扣押在案的被告人于某的手机 1 部，由公安机关依法处理。

案件宣判后，判决已生效。

【法官后语】

本案争议的焦点在于被告人犯容留卖淫罪时非法获利数额的认定问题，具体而言即卖淫人员从嫖资总额中的获利分成是否应当计入被告人犯容留卖淫罪的非法获利数额。实践中对此争议较大，目前有三种意见：第一种意见认为，应参照组织卖淫罪的理解和实务操作，将从嫖娼人员处收取的全部嫖资总额认定为容留卖淫者的非法获利数额，卖淫人员的获利分成属于容留卖淫者的犯罪成本，从而在认定犯罪构成和判决追缴违法所得时均不扣除卖淫人员的获利分成。第二种意见认为，卖淫人员的获利分成不属于容留卖淫者的犯罪成本，故在认定行为人容留卖淫罪的犯罪构成和追缴违法所得时，均应当扣除卖淫人员的获利分成。第三种意见采取折衷的观点，认为在认定犯罪构成时，容留卖淫者的非法获利金额为收取的嫖娼总额；在追缴容留卖淫者个人违法所得时，应扣除卖淫人员的获利分成。笔者同意第二种意见，主要理由如下。

1. 容留卖淫者与卖淫人员是两个基本平等主体之间的相互利用的合作关系，不能简单参照组织卖淫罪的处理模式认定非法获利。第一，在容留卖淫犯罪中，容留者与卖淫人员自愿达成合意，即容留者提供场所，卖淫人员进行卖淫活动，双方按照一定比例获取各自的嫖资分成。双方是相互利用的平等合作关系，共同促成卖淫交易并从中获利。第二，容留卖淫者没有组织卖淫者对卖淫人员的管理、控制特征。在组织卖淫案件中，组织者对卖淫人员有控制、管理关系，故将嫖客支付的全部嫖资认定为组织卖淫者的非法获利没有问题。一方面，组织者对卖淫人员从事卖淫活动的相关事项制定、确立管理规定，通过内部管理手段与卖淫人员之间形成管理和被管理的关系。另一方面，组织者建立卖淫组织对外提供服务，对于卖淫价格、嫖资分成比例等具有主导性的决定权。然而容留卖淫者通常是提供固定或者临时租借的场所以及流动场所的单一行为，而没有相应的管理、控制行为。容留卖淫案件中，卖淫人员对卖淫时间、对象、价格甚至分配嫖资的比例等事项具有一定的自主决定权，可以提出意见进而与容留卖淫者协商确定，两者的地位和人身依附性截然不同。

2. 容留卖淫罪的核心犯罪行为是容留，相应的非法获利也应当与该行为对等对价。容留卖淫活动由容留行为和卖淫行为两部分构成，其中卖淫行为被评价为违法行为，容留介绍行为达到一定程度被评价为犯罪行为。两者既非共同犯罪关系，也非由同一部法律进行规制，分属不同的部门法调整。容留卖淫罪惩治的是“容留”的犯罪行为，而并不包括“卖淫”的违法行为，后者由治安处罚法惩治，并非刑法调整的范畴；故容留卖淫罪犯罪构成中的“非法获利”对应的只能是“容留”的犯罪行为的非法获利，具体到案件而言，可以理解为卖淫人员向其缴纳的场所费用，而不能囊括“卖淫”的非法获利。后者属于治安处罚法规制的范畴，应由公安机关以治安处罚的方式处置。如果法院将包含卖淫人员获利分成的全部嫖资总额作为容留卖淫者的非法获利数额认定并判决追缴，则不仅会与公安机关查处卖淫人员时的追缴行为重复评价，而且有可能导致越权。

3. 从罪责刑相适应的原则出发，当以非法获利数额作为定罪量刑的主要依据时，非法获利数额的认定应当与行为的社会危害性大小相一致。根据《最高人民法院、最高人民检察院关于办理组织、强迫、引诱、容留、介绍卖淫刑事案件适用法律若干问题的解释》的规定，容留、介绍他人卖淫非法获利 1 万元以上不满 5 万元的，构成容留、介绍卖淫罪，判处 5 年以下有期徒刑、拘役或者管制，并处罚金；非法获利 5 万元以上的，属于容留、介绍卖淫罪情节严重的情形，应当判处 5 年以上有期徒刑，并处罚金。故，非法获利数额的认定，直接关系到被告人是否属于容留卖淫"情节严重"的加重处罚情节而在5年以上还是以下幅度内量刑，与被告人的合法权益密切相关。如果将收取的嫖资总额认定为容留卖淫者的非法获利，则实践中容留卖淫者的非法获利数额很容易超过5万元，往往要被判处5年以上有期徒刑；而危害更大的组织卖淫罪，在非法获利100万元以下时，量刑幅度为5~10年有期徒刑。这就造成对容留卖淫者和组织卖淫者在非法获利5万~100万区间的对等、同等评价的后果，而客观上两者的社会危害性远不能相提并论，显然与罪责刑相适应原则不符。

综上，如果将卖淫人员的获利分成计入容留卖淫者的非法获利数额，既与客观事实和双方的关系不符，又没有对卖淫人员的违法所得进行法律评价，且容易导致容留卖淫罪"情节严重"情形的滥用和整体的刑罚偏高。故，本案一审判决在认定被告人李某某容留卖淫犯罪非法获利数额时，将卖淫人员的嫖资分成部分扣除是适当的。

编写人：江苏省无锡市中级人民法院　蒋璟　杨柳

（八）制作、贩卖、传播淫秽物品罪

54

直播平台上进行淫秽表演的行为应如何定性

——张某等传播淫秽物品牟利案

【案件基本信息】

1. 裁判书字号

安徽省定远县人民法院（2023）皖1125刑初132号刑事判决书

2. 案由：传播淫秽物品牟利罪

【基本案情】

被告人张某在开设网络赌房期间，明知平台女主播涉嫌淫秽表演，仍帮助平台对女主播进行管理。被告人张某旗下主播共牟利 112105 元。

被告人李某为牟取非法利益，自 2021 年 6 月上旬在某 APP 中注册成为家族代理，招募并管理被告人韩某、柳某（另案处理）等多名女主播进行淫秽表演，从中非法牟利 84797 元。被告人韩某自 2021 年 6 月上旬在某平台注册为“某家族”成员，进行网络直播淫秽表演，非法牟利 5 万元。

被告人马某某为牟取非法利益，自 2021 年 11 月起招募并管理被告人廖某、李某（另案处理）等多名女主播在“A”“B”等平台进行淫秽表演，从中非法牟利 96900 元。被告人廖某自 2022 年 1 月，在“A”“B”平台进行网络直播淫秽表演，非法牟利 36000 元。

【案件焦点】

张某等在网络平台上，以直播的形式进行淫秽表演的行为，应如何定性。

【法院裁判要旨】

安徽省定远县人民法院经审理认为：张某开设网络赌房期间，明知平台从事淫秽表演牟取非法利益，仍帮助平台进行管理；马某某、李某以牟利为目的，在网络平台招募廖某、韩某等人进行淫秽表演；被告人韩某以牟利为目的，在网络平台上进行淫秽表演；被告人廖某以牟利为目的，在网络平台上进行淫秽表演，被告人张某、马某某、李某、韩某、廖某的行为均构成传播淫秽物品牟利罪。根据各被告人犯罪的事实、犯罪的性质、情节和对于社会的危害程度，依照《中华人民共和国刑法》第三百六十三条第一款，第二十五条第一款，第二十六条第一款、第四款，第二十七条，第六十七条第一款、第三款，第七十二条第一款、第三款，第七十三条第二款、第三款，第五十二条，第五十三条，第六十四条，第六十一条及《最高人民法院、最高人民检察院关于办理利用互联网、移动通讯终端、声讯台制作、复制、出版、贩卖、传播淫秽电子信息刑事案件具体应用法律若干问题的解释（二）》第一条第一款第六项，第二条之规定，安徽省定远县人民法院判决如下：

一、被告人张某犯传播淫秽物品牟利罪，判处有期徒刑一年十个月，并处罚金人民币5万元；

二、被告人马某某犯传播淫秽物品牟利罪，判处有期徒刑三年，宣告缓刑四年，并处罚金人民币16万元；

三、被告人李某犯传播淫秽物品牟利罪，判处有期徒刑三年，宣告缓刑三年六个月，并处罚金人民币14万元；

四、被告人韩某犯传播淫秽物品牟利罪，判处有期徒刑三年，宣告缓刑三年，并处罚金人民币8万元；

五、被告人廖某犯传播淫秽物品牟利罪，判处有期徒刑一年十个月，宣告缓刑二年，并处罚金人民币5万元。

案件宣判后，判决已生效。

【法官后语】

1. 在网络平台上以直播的形式进行淫秽表演，所传递出来的信息具有淫秽性，侵害了社会善良道德风俗，具有严重的社会危害性，需要刑法予以规制。“直播淫秽表演”是指用户通过专门的网络直播平台将自己的身体部位裸露在摄像头下，并以大胆文字和动作通过网络传给对方的表演方式。

第一，同其他淫秽物品一样，直播淫秽表演的行为所传递出来的画面具有强烈的淫秽性。淫秽性是淫秽物品的本质属性。网络直播淫秽表演是一种通过网络摄像头，向特定或不特定的他人展示自己身体的行为。

第二，犯罪行为要符合“传播”的特点，将淫秽表演信息广为扩散，从而影响公众对于性的感情，具有严重的社会危害性，需要动用刑罚加以惩罚。传播是指通过播放、出租、出借、承运、邮寄等方式致使淫秽物品流传的行为，必须使不特定多数人能够获取或使用。利用网络直播进行淫秽表演的方式使人类的各种性行为公开化，违背了人类的性羞耻感，严重侵害了社会风尚中的善良性风尚和性道德。一些不法分子利用这种直播淫秽表演方式，在网络直播平台上设立家族长、招揽女主播，大肆组织网上淫秽表演，传播淫秽色情信息，非法牟利，严重影响青少年的身心健康，还诱发其他犯罪，具有严重的社会危害性，需要刑法予以规制。

2. 随着互联网的不断发展，合理扩张“淫秽物品”的含义，符合司法实践的实际需要，是刑法解释的要求所在，也没有违背罪刑法定原则。随着互联网技术的不断发展，淫秽信息本身以及淫秽信息的载体均在不断变化。我国刑事立法、司法解释也在根据社会的发展变化不断地对“淫秽物品”的认定范围进行相应调整。在1979年《中华人民共和国刑法》中，“淫秽物品”只有淫书、淫画两类；在1997年《中华人民共和国刑法》中，“淫秽物品”是指具体描绘性行为或者宣扬色情的淫秽性的书刊、影片、录像带、录音带、图片及其他淫秽物品。

随着互联网技术的发展，作为淫秽信息载体的淫秽物品不再具有直观的形式，而是通过网络在虚拟空间进行传播，速度更快，范围更广，对社会的危害更大。为进一步规制淫秽物品的范围，2004年发布的《最高人民法院、最高人民检察院关于办理利用互联网、移动通讯终端、声讯台制作、复制、出版、贩卖、传播淫秽电子信息刑事案件具体应用法律若干问题的解释（一）》规定，“淫秽物品”是指具体描绘性行为或者露骨宣扬色情的淫秽性的视频文件、音频文件、电子刊物、图片、文章、短信息等互联网、移动通信终端电子信息和声讯台语音信息。2010年，又公布了《最高人民法院、最高人民检察院关于办理利用互联网、移动通讯终端、声讯台制作、复制、出版、贩卖、传播淫秽电子信息刑事案件具体应用法律若干问题的解释（二）》，进一步打击淫秽电子信息犯罪。因此，面对法律的滞后性和局限性，我们要及时通过立法、司法解释和指导性案例来进行弥补，从而依法且及时地惩治犯罪。

由于受网络直播淫秽表演的技术特性所决定，视频信息往往是以及时的、动态的画面形式而存在，而并不附着于静态的文件载体之上，司法解释对淫秽信息的载体要求，使其难以有效应对此类电子淫秽信息带来的危害。随着电子技术的发展，信息与信息载体的关系已经摆脱了传统模式的局限。在这种情况下，不应纠缠于信息有无载体这个问题，而应重点关注信息本身的内容是否具有淫秽性。例如，盗窃罪的犯罪对象从最初的有体物，发展到无体物，盗窃电力、煤气，盗接他人通信线路、复制他人电信号码，再到现在的盗窃他人网络虚拟财产。

综上所述，网络直播淫秽表演完全具备淫秽物品的基本属性，能够成为传播淫秽物品的犯罪对象。对于本案各被告人以牟利为目的，在网络上进行淫秽直播表演的行为，应当以传播淫秽物品牟利罪定罪处罚。

编写人：安徽省定远县人民法院　罗永新

二、贪污贿赂罪

55

私自截留非法捐赠的财物应定性为贪污，贪污所得车辆及车辆贬值损失应一并上缴国库[①]

——王某某贪污案

【案件基本信息】

1. 裁判书字号

河南省驻马店市中级人民法院（2022）豫17刑初63号刑事判决书

2. 案由：贪污罪

【基本案情】

2014年1月，某公司向王某某所在单位捐赠一辆价值人民币55万元的中巴客车。王某某利用担任行政负责人的职务便利，安排人将该车登记在张某某实际控制的公司名下，交由其外甥刘某保管，供其个人及亲友使用。王某某同时实施了受贿罪犯罪事实和利用影响力受贿罪的犯罪事实。

【案件焦点】

1. 对于私自截留非法捐赠财物的行为，应定性为贪污罪还是受贿罪；2. 对

① 入库案例，参见人民法院案例库2024-03-1-402-002。

涉案财物如何处置，是返还被害单位还是予以追缴、上缴国库；3. 涉案犯罪所得车辆是追缴车辆原物本身，还是车辆原物及车辆价值贬值损失。

【法院裁判要旨】

河南省驻马店市中级人民法院经审理认为：被告人王某某在担任某行政机关负责人期间，利用职务便利，将某公司捐赠给其单位的一辆价值55万元的中巴客车占为己有，安排将该车登记在他人公司名下供其个人及亲友使用，数额巨大，其行为已构成贪污罪。王某某自愿认罪认罚，并积极退赃，真诚认罪悔罪。据此判决：

一、被告人王某某犯受贿罪，判处有期徒刑十一年六个月，并处罚金人民币180万元；犯利用影响力受贿罪，判处有期徒刑三年，并处罚金人民币20万元；犯贪污罪，判处有期徒刑二年，并处罚金人民币10万元。数罪并罚，决定执行有期徒刑十四年，并处罚金人民币210万元；

二、被告人王某某受贿、利用影响力受贿、贪污犯罪所得的赃款、赃物依法予以追缴，上缴国库。已扣押退赃在案的人民币1377.65万元、美元2万元、港币5万元和赃物车辆五辆依法予以没收，上缴国库；剩余赃款（含车辆减损价值134.282021万元），从查封在案的王某某购买并登记在贾某某名下的房产拍卖价款中继续追缴；在财产刑执行完毕后，如有剩余部分依法予以返还。

案件宣判后，判决已生效。

【法官后语】

一、私自截留捐赠财物的行为应定性为贪污

涉案中巴车系捐赠单位捐赠给被告人王某某所在单位的财物，从捐赠的初衷来看，本案捐赠单位为感谢受捐赠单位抢修其公司周边道路而捐赠一辆中巴车供其单位出行使用，其公司捐赠目的和受捐赠的主体是既定和确定的，受捐赠的主体系王某某所在单位而非王某某个人。公益事业捐赠合同属于诺成性合同，一旦作出不得随意撤销，捐赠的财物应归属于王某某所在单位，本案捐赠人已经作出捐赠的意思表示，受捐赠的主体亦同意接受，双方意思表示已经达成一致，该捐赠合同已经成立并生效，涉案财物中巴车在法律上已成为王某某所在单位的财物。但王某某所在单位作为行政机关，根据《中华人民共和国公益事业捐赠法》的规定，依法不能接受捐赠。其违法接受捐赠，应当由相关纪检部门进行界定，并依照相关纪律规定作出相应的处置。在相关纪检部门作出处理之前，应认定涉案财物为捐赠人捐赠给受捐赠人的财物，系单位的公共财物。而王某某利用其作为单位负责人的职务便利条件，私自截留并占有原本赠送给其单位的公共财物，使得该车辆长期脱离单位监管控制并实际上为王某某长期占有使用，非法占有单位财物的故意明显，王某某的行为符合贪污罪的主客观构成要件。不能以捐赠财物违反公益事业捐赠法即将该捐赠财物排除在刑法的保护范围之外，刑法所保护的财产权利，源于相关民事、行政法律法规的规定，同时又具有相对的独立性，这是由刑法承担着维护社会秩序基本机能所决定的，刑法上的财产，更多强调的是财产的经济价值性，而非合法性，只要具有一定的经济价值，并且与刑法的基本保护精神不相违背，则同样可以成为财产犯罪的对象，应当受到刑法的保护。贪污的对象只要是该行政单位的财产即可，无论合法与否，均为刑法所保护的对象，涉案非法捐赠的财物可以成为贪污罪的对象。

二、对涉案贪污财物车辆应予以没收上缴国库

涉案捐赠车辆系因违反公益事业捐赠法的有关规定，不宜认定为王某某所在单位的合法财产，不应根据《中华人民共和国刑法》第六十四条的规定“及时返还被害人”，若将涉案车辆返还给该行政单位，则违反了“任何人不因不法行为获利”的法律精神。对于贪污所得，一般应返还被害单位，除非被害单位本身涉嫌违法违纪或不复存在，方应予以追缴，上缴国库。涉案车辆因违纪不属于被害单位的合法财产，不能适用该条规定予以返还，故应予以追缴、上缴国库，以确保不法行为无利可图的价值目标得以顺利实现，最大限度维护国家利益。

三、涉案贪污所得车辆应予以追缴、没收，同时一并追缴、没收车辆价值减损部分

关于涉案财物处置，除《中华人民共和国刑法》第六十四条的规定外，《中华人民共和国监察法实施条例》第二百零九条规定，追缴涉案财物以追缴

原物为原则，原物已经转化为其他财物的，应当追缴转化后的财物；有证据证明依法应当追缴、没收的涉案财物无法找到、被他人善意取得、价值灭失减损或者与其他合法财产混合且不可分割的，可以依法追缴、没收其他等值财产。《中华人民共和国反有组织犯罪法》第四十五条以法律的形式确认《中华人民共和国刑法》第六十四条中的违法所得的范围包括孳息与收益等间接所得。从上述法律法规内容来看，贪污贿赂犯罪的涉案财物以追缴原物为原则，此时追缴的范围应包含原物及孳息和收益，若原物价值增加，产生孳息和收益，则应连同孳息和收益一并追缴，这样既有利于固定证据更好地打击犯罪，又有利于保障国家利益。追缴原物时可能出现原物价值贬损、价值减少，在追缴原物的同时，应适用等值追缴、没收制度，全面追缴、应缴尽缴，应一并追缴、没收价值贬值、减损部分。若追缴原物已实际不可能，如出现原物无法找到、被他人善意取得、灭失或与其他财产混同且无法分割情形，应适用等值追缴、没收制度，追缴、没收其他等值财物，确保国家利益不受损、涉案人不得利。

编写人：河南省驻马店市中级人民法院　刘辉

56

“准国家工作人员”利用虚假房屋维修项目套取房屋维修资金的，构成贪污罪而非诈骗罪

——张某某等贪污案

【案件基本信息】

1. 裁判书字号

湖北省武汉市中级人民法院（2024）鄂01刑终293号刑事裁定书

2. 案由：贪污罪

【基本案情】

2017年7月，信息技术公司承接某区自然资源和规划局服务外包项目，王某、李某某先后进入信息技术公司，作为某区房屋管理局聘请的第三方工作人员开展工作。李某某在2018年6月至2019年3月负责物业投诉处理工作；在2019年3月至2019年12月为维修资金第三方经办人，负责维修资金收件工作、审查资料是否合法、电话核实业主签名，协助拟定签批文件并在经办人一栏签名，事项办理完毕后将档案资料归档。王某负责住宅小区服务质量、房屋安全、优秀历史建筑保护、送达张贴文书等工作，协助维修资金外业现场检查。而张某某系某区房屋管理局物业科的派遣制工作人员，由某人才市场有限公司（国有独资）劳务派遣至该局工作，在2018年5月前系维修资金房管局经办人负责维修资金备案工作，2018年5月后负责处理信访投诉。

2019年7月至10月，张某某、王某、李某某、李某1经合谋，用虚假房屋维修项目套取房屋维修资金。张某某利用长期从事住宅专项维修资金呈报、备案的便利条件，伙同王某伪造武汉市住宅专项维修资金使用申请表、用于某区房屋管理局内部审批的规划局呈报局领导公文处理笺等材料；王某将相关信息录入武汉市统一专项申请网络系统进行申报；李某1注册成立某建设工程公司，提供该公司账户用于收款，出具内容为“某小区防水维修工程款”的湖北增值税普通发票；李某某利用其审查、报领导审批、办理款项支付的工作条件，将伪造材料送至相关部门审核后拨付资金。被告人张某某、王某、李某某、李某1用上述方式虚构某小区GX8、GX9、HX3、HX5栋外墙防水及渗水维修工程，先后两次从某住房专项维修资金管理中心领取住宅专项维修资金共计人民币585505.93元。上述资金经拨付到某建设工程公司账户后再由李某1操作转账，张某某、王某、李某某、李某1从中分得钱款。

【案件焦点】

经由劳务派遣公司派遣至国家机关中工作的人员与国家机关聘请的第三方工作人员，利用职务便利骗取住宅专项维修资金的行为如何定性。

【法院裁判要旨】

湖北省武汉东湖新技术开发区人民法院经审理认为：王某、张某某、李某某、李某 1 共同以非法占有为目的，虚构事实骗取他人财物共计人民币 585505.93 元，数额特别巨大，均触犯了《中华人民共和国刑法》第二百六十六条的规定，构成诈骗罪。武汉东湖新技术开发区人民法院经审理认为：本案被告人张某某、王某、李某某属于《中华人民共和国刑法》第九十三条第二款中的“准国家工作人员”，是贪污罪的适格主体，且伙同李某 1 先后两次合谋利用虚假房屋维修项目，从某住房专项维修资金管理中心套取住宅专项维修资金。据此，张某某、王某、李某某作为国家工作人员与被告人李某 1 共谋，利用主管、支配、使用和具体负责经营、管理住宅专项维修资金所形成的职务便利条件，采取虚构事实、隐瞒真相的方法，将住宅专项维修资金非法占为己有，数额共计 585505.93 元，属于数额巨大，其行为均已构成贪污罪而不构成诈骗罪。依照《中华人民共和国刑法》第三百八十三条第一款之规定，作出如下判决：

一、被告人张某某犯贪污罪，判处有期徒刑三年九个月，并处罚金人民币 20 万元；

二、被告人李某 1 犯贪污罪，判处有期徒刑三年六个月，并处罚金人民币 20 万元；

三、被告人李某某犯贪污罪，判处有期徒刑三年六个月，并处罚金人民币 20 万元；

四、被告人王某犯贪污罪，判处有期徒刑三年七个月，并处罚金人民币 20 万元。

被告人王某不服一审判决，提出上诉。

湖北省武汉市中级人民法院经审理认为：上诉人王某以及原审被告人张某某、李某某、李某 1 的行为均已构成贪污罪，同意一审法院的裁判意见，依照《中华人民共和国刑事诉讼法》第二百三十六条第一款第一项之规定，裁定：

驳回上诉，维持原判。

【法官后语】

本案争议焦点在于：本案中部分被告人系经由劳务派遣公司派遣至国家机关中工作的人员或国家机关聘请的第三方工作人员，其利用职务便利骗取住宅专项维修资金的行为如何定性。

一、经由劳务派遣公司派遣至国家机关中工作的人员与国家机关聘请的第三方工作人员，在国家机关中从事公务的，是贪污罪的犯罪主体

《中华人民共和国刑法》第九十三条第二款规定，国有公司、企业、事业单位、人民团体中从事公务的人员和国家机关、国有公司、企业、事业单位委派到非国有公司、企业、事业单位、社会团体从事公务的人员，以及其他依照法律从事公务的人员，以国家工作人员论。这是该法关于“准国家工作人员”的法律拟制性规定。判断被告人是否属于该款之准国家工作人员，需从两个方面把握：一方面，被告人进入国家机关工作的途径符合《中华人民共和国刑法》第九十三条第二款的规定。实践中，有的自然人可通过劳务派遣、合同聘请等途径进入国家机关工作。这些途径可被《中华人民共和国刑法》第九十三条第二款涵盖。另一方面，被告人需在国家机关中从事公务。自然人从事公务，是指自然人代表国家机关履行组织、领导、监督、管理等职责。公务表现为与职权相联系的公共事务以及监督、管理国有财产的职务活动。被告人只有在国家机关中从事公共事务，才可被认定为准国家工作人员。

本案中，被告人张某某、王某、李某某虽未列入国家机关人员编制，但系基于一定的人事关系、劳动合同关系进入国家机关，分别从事房屋维修资金备案、审查维修资金材料、协助签批文件、作为经办人签名、层报领导审批等公务，故属于《中华人民共和国刑法》第九十三条第二款之准国家工作人员，是贪污罪的适格主体。

二、套取住宅专项维修资金是对刑法意义上的公共财产的侵害

根据《住宅专项维修资金管理办法》的规定，住宅专项维修资金属公共财产。一方面，住宅专项维修资金的日常使用有公共权益性。根据《住宅专项维修资金管理办法》第二条第二款，住宅专项维修资金是国家专项用于住宅共用

部位和共用设施设备保修期满后的维修和更新、改造的资金。因此，住宅专项维修资金的使用目的不是为了满足相关主体的私人权益，而是为了满足与住宅共用部位相关主体的公共权益。另一方面，住宅专项维修资金的获取程序有公共管理性。根据《住宅专项维修资金管理办法》第四条和第五条，使用住宅专项维修资金有严格的程序限制，一般需直辖市、市、县人民政府建设（房地产）主管部门审核同意申请者的申请后，向专户管理银行发出划转住宅专项维修资金的通知再划转至维修单位。申请者准备好相关材料后，必须在程序上接受主管部门的审核，不得通过其他非正当途径获取住宅专项维修资金。因此，根据《中华人民共和国刑法》第九十一条第二款，住宅专项维修资金属于刑法意义上的公共财产。本案中的资金是从户名为“某住房专项维修资金管理中心住宅专项维修资金”账户中拨付的，属刑法意义上的公共财产。

综上，经由劳务派遣公司派遣至国家机关中工作的人员与国家机关聘请的第三方工作人员，在国家机关中从事公务的，属于准国家工作人员，是贪污罪的犯罪主体。这类主体利用本人管理住宅专项维修资金形成的职务便利条件，采取虚构事实、隐瞒真相的方法，将住宅专项维修资金非法占为己有的行为，构成贪污罪而非诈骗罪。

编写人：湖北省武汉东湖新技术开发区人民法院　余杰　程光

57

“原始股”受贿的犯罪数额应为受贿人将自己名下或者他人代持所有的股票全部抛售套现所得扣除购买成本后的数额

——黄某受贿案

【案件基本信息】

1. 裁判书字号

广西壮族自治区崇左市中级人民法院（2023）桂14刑终70号刑事裁定书

2. 案由：受贿罪

【基本案情】

某区农机鉴定站、某区农机推广总站系农业机械化管理中心管理的财政全额拨款的事业单位，主要职责为农业机械产品检验、检测、鉴定等和农业机械技术引进、试验、示范等相关技术性、事务性工作。

2006年至2010年，时任某区农机鉴定站站长、某区农机推广总站站长的被告人黄某和副站长的陈某某（另案处理）共同为相关公司和个人的营销或者承包金拨付款等方面提供帮助，投资入股从中获利，并收受钱款，共计人民币6175003.75元。其中，2007年至2009年，被告人黄某为四川甲公司产品进入广西农机市场销售、取得供货商资格、获得农机补贴等方面提供帮助，2008年1月，黄某以亲属钟某的名义出资10万元认购该公司10万股原始股。2009年10月30日，四川甲公司在深圳证券交易所创业板上市，公司股票上市发行价为17.75元/股。公司上市前后，共四次给公司股东无偿配股，钟某名下持有的股票增至 673926 股，并按照公司章程获得现金分红 86206.68 元。在股票禁售期届满后，黄某陆续抛售钟某名下的股票，在扣除原始出资 10 万元、手续费、税费等费用后，从中获利共计 6115003.75 元（含现金分红）。另利用职务便利，分别收受了罗某、王某 5 万元、1 万元，并提供帮助。

【案件焦点】

1. 被告人以亲属名义出资 10 万元认购了拟上市的四川甲公司的原始股份，属于市场投资行为还是受贿犯罪；2. 被告人退休后和家属陆续抛售解禁的股票，获得的数百万元钱款属于投资回报还是收受贿赂款。

【法院裁判要旨】

广西壮族自治区大新县人民法院经审理认为：在案书证、证人证言、被告人的供述等证据综合证实，四川甲公司为了在广西等地拓宽农机销售市场，正谋划上市，为公司能够顺利上市，而有求于身为某区农机鉴定站站长、某区农机推广总站站长的被告人黄某和副站长陈某某的帮助，并许诺给予两人投资入股，事后，被告人黄某以亲属的名义出资认购涉案公司非面向社会公开发行的原始股，还多次获得公司无偿配股，从中获利；被告人黄某利用职务上的便利为四川甲公司解决办公、经营场所、并购 A 农机公司、进入农机购置补贴经销商资格和每年申报所代理销售的农机机具进入广西农机购置补贴目录选型提供关照，持续存在利益输送关系，其行为符合受贿罪的主客观构成要件，属于受贿犯罪，应依法惩处。被告人归案后如实交代自己的罪行，依法可以从轻处罚。据此，判决如下：

被告人黄某犯受贿罪，判处有期徒刑十一年，并处罚金人民币 100 万元；被告人黄某退缴的违法所得人民币 12000 元及孳息，予以没收，由扣押机关上缴国库；继续追缴被告人黄某的违法所得及孳息共计人民币 6249210.43 元，上缴国库。

一审宣判后，被告人黄某提出上诉。

广西壮族自治区崇左市中级人民法院经审理认为：黄某出资购买原始股行

为本质上不是真正的投资行为，原始股只是双方实现利益输送的手段、完成权力变现的工具和掩盖权钱交易的道具，所获得的巨额利益不是资本承担风险后的应得利益，而是黄某帮助四川甲公司在广西拓宽市场的直接对价和变现，其行为本质是权钱交易，符合受贿罪的特征。二审法院同意一审法院裁判意见，据此，裁定：

驳回上诉，维持原判。

【法官后语】

一、黄某构成受贿罪

受贿罪的核心就是钱权交易行为。受贿人利用职务之便为行贿人提供帮助，其在不具备投资主体资格的情况下实际持有原始股，以小额资金投入获取非一般人所能获得的巨额利益，严重违背了投资市场的一般规律，其行为严重破坏了国家工作人员的职务廉洁性和职权行为的不可收买性，符合受贿犯罪的构成要件，是受贿犯罪行为。

本案当中，客观上，黄某是在四川甲公司为拓宽广西市场而请托黄某予以关照的背景下，以妻子钟某的名义购买四川甲公司非向社会公开发行的原始股，实质上是四川甲公司为黄某支付的权利对价。黄某支付股本金的行为只是掩盖利益输送的手段、形式，不是真正意义上的投资行为。主观上，根据黄某的供述与相关证人的证言，四川甲公司提出黄某可购买原始股时，告知了公司正筹划上市，上市后会大幅增值，公司发展势头好，即使暂时未上市也不会亏损，可见双方对于将原始股附随的上市增值利益作为行受贿的对象有清晰、明确的认知。黄某支付对价购买原始股的行为，是为了持有原始股这种财产性收益的凭证，系获取将来目标公司上市后因原始股升值巨额利益的必备途径。以资本交易之名掩盖行受贿之实，黄某的行为构成受贿罪。

二、黄某受贿数额的认定

原始股交易型受贿的行为对象是原始股附随的上市增值利益，是以未来实际获利作为行贿受贿的财物，国家工作人员购买原始股后，公司不定期按比例无偿配股，公司的无偿配股是否与受贿人的职务有关联，若有关联，则受贿犯罪数额应包括配股获利部分。因此，犯罪数额的认定应该以行为人的实际获利为认定标准。

本案中，原始股票上市后，被告人黄某的特定关系人钟某获得了上市公司股东身份，实现了对资格利益的控制，当资格利益的财产化为黄某可以实际获取的经济利益时，其就实现了对经济利益的实际控制，受贿犯罪既遂。

在持有原始股后，黄某利用职权为四川甲公司谋取利益并非按次数计算，而是长期持续的，在这期间四川甲公司根据营销情况无偿为黄某配股是一种给权力支付的对价，“无偿增配的股份”与“利用职务便利谋取利益”之间的关联性依旧客观存在。主观上，黄某也能认识到“无偿增配的股份”与“利用职务便利谋取利益”的关联性。所以黄某对原始股后续产生的配股也就不具有合法的商业利益属性，可以视为明知该部分股份是对自己职务行为的不正当报酬。故，本案黄某的犯罪数额应以抛售特定关系人钟某名下所有股份后所得，从中扣除原始股本金、手续费、税费等费用后，认定本起犯罪事实的受贿数额为6115003.75元。

编写人：广西壮族自治区大新县人民法院　施海曦

广西壮族自治区崇左市中级人民法院　李馨

58

“政商旋转门”型受贿的认定因素

——黄某受贿案

【案件基本信息】

1. 裁判书字号

吉林省高级人民法院（2023）吉刑终126号刑事裁定书

2. 案由：受贿罪

【基本案情】

2016年1月至2018年7月，应某甲集团董事长黄某甲请托，被告人黄某利用担任某某银行资产管理部、机构业务部总经理的职务便利以及职权或地位形成的便利条件，直接或通过其他国家工作人员职务上的行为，为某甲集团进入某某银行理财资金投资于房地产行业准入客户名单等多个事项上提供帮助。2018年3月，为感谢及继续获得黄某为某甲集团提供帮助，黄某甲以邀请黄某入职某甲集团为由，并约定先以“安家费”的名义给予黄某3000万元，待其离职进入某甲集团工作后，再以“薪酬”的名义给予其钱款。

2018年3月23日，被告人黄某收受某甲集团以转账方式所送钱款3000万元。后黄某从某某银行辞职，并于2018年8月13日与某甲集团下属企业按照其与黄某甲的约定内容签订劳动合同，工资500万元/年（税后），奖金500万元/年（税后）。黄某入职某甲集团后，继续为某甲集团融资等事项上提供帮助。

截至2022年3月13日被留置时，被告人黄某共收到某甲集团以“安家费”“奖金”“工资”（扣除合理报酬）等名义所送钱款共计4268余万元，某甲集团尚欠黄某“薪酬”1011余万元。综上，黄某收受某甲集团给予钱款共计5279余万元，其中1011余万元系未遂。

【案件焦点】

黄某在任某某银行资产管理部、机构业务部总经理时，利用职务上的便利为请托人谋取利益，离职后到黄某甲实际控制的相关公司担任企业高管，收取“安家费”及“工资”，是否可以认定受贿罪以及受贿金额如何认定。

【法院裁判要旨】

吉林省白城市中级人民法院经审理认为：被告人黄某在某某银行任职期间，利用其职务上的便利以及职权、地位形成的便利条件，直接或通过其他国家工作人员职务上的行为，为他人谋取不正当利益，直接或按约定在离职后非法收受他人财物，数额特别巨大，其行为已构成受贿罪，应依法惩处。被告人黄某受贿数额特别巨大，鉴于其如实供述所犯罪行并主动交代办案机关尚未掌握的部分犯罪事实，有坦白情节，认罪悔罪，积极退缴全部赃款，部分受贿系未遂，可依法从轻处罚。据此，以受贿罪判处被告人黄某有期徒刑十四年，并处罚金人民币 400 万元；扣押在案的受贿违法所得依法予以没收，上缴国库；继续追缴受贿未遂赃款。

一审宣判后，黄某提出上诉。

吉林省高级人民法院经审理认为：一审法院对上诉人黄某认定事实清楚，证据确实、充分，定罪准确，量刑适当。审判程序合法。据此，裁定：

驳回上诉，维持原判。

【法官后语】

本案的争议焦点在于黄某在任某某银行资产管理部、机构业务部总经理时，利用职务上的便利为请托人谋取利益，离职后到黄某甲实际控制的相关公司担任企业高管，收取“安家费”及“工资”，是否可以认定受贿罪以及受贿金额如何认定。

“政商旋转门”型受贿是指国家工作人员在职期间，利用其职务上的便利为请托人谋取利益，在离职后到请托人实际控制的相关公司担任工作，领取“工资”等财物。该类受贿之所以称之为“旋转门”，其本质表现为身份关系的公私转换，从而带来的“权钱交易”这一受贿犯罪的实质问题。这类犯罪的难点在于，国家工作人员在职期间，未收受请托人的财物；离职之后，收受请托人的财物存在因工作关系而产生的“工资”这一“合法”的权利外观。认定该类案件是否构成受贿罪，可从以下三点进行综合分析。

一、存在利用职务便利为他人谋取利益的行为

利用职务便利为他人谋取利益是受贿罪的基本构成要件。“政商旋转门”型受贿因其具有较强的隐蔽性，致使收受财物行为与其职务行为的对应关系并不明显。故应先判断，国家工作人员在职期间，是否存在利用职务便利为他人谋取利益的行为，以此作为存在“钱权交易”的认定前提。同时对被告人在职期间实施为他人谋取利益的行为时，是否存在受贿的故意，并不应成为影响认

定受贿罪的因素。由于“政商旋转门”型受贿收受财物与为他人谋利行为时间跨度较长，故被告人常以其为他人实施谋利行为时没有受贿的认识和故意进行辩解。对于受贿罪的故意应为认识到收受财物的行为是他人对自己职务行为的报酬。作为国家工作人员，在已经为他人谋取利益后，收受他人财物时，认识到该财物是对其曾经为他人谋取利益的报酬，即可肯定其谋取利益与收受财物的主观关联性，认定受贿的故意，时间跨度、身份转变不能对此造成影响。

黄某在职期间利用其银行资产管理部、机构业务部总经理职务便利多次为黄某甲谋取利益，满足受贿罪的基本构成要件之一。

二、离职后“收受财物”行为与离职前“谋取利益”行为具有较强的关联性

“旋转门”型受贿较一般型受贿，其特殊之处在于为他人谋利行为与收受财物行为横跨离退休前与离退休后，且谋取利益行为，不单单包括不法利益，还包括合法利益。故对于该类案件，应判断离职后收受财物的行为是否与离职前谋取利益具有较强的关联性。如被告人与请托人并不相识或仅因其所在单位与请托人及其相关单位有工作上的往来，被告人与请托人无过多交流，则关联性较弱。如被告人多次为请托人谋取利益，其私下个人交往较密切，则关联性较强。谋取正当利益，关联性较弱；谋求不正当利益，关联性较强。同时，由于该类案件通常表现为，在职期间谋取利益，在离、退休后收受财物，故多存在事前约定的情形。该约定包括明示与暗示，可通过言语约定、文字约定，也可通过具体行为表示。有明确约定的则关联性更强，未明确约定的关联性稍弱。对于关联性稍弱的情形，可通过退休后的收受财物是否高于行业薪资标准综合判断。

黄某在职期间多次为黄某甲谋取利益，其中部分谋取事项不符合某某银行相关规定。黄某与黄某甲离职前约定离职后到黄某甲实际控制的公司，并收取黄某甲3000万元“安家费”，可认定黄某离职后收受财物的行为与离职前谋取利益的行为具有较强的关联性。

三、存在领取远高于同岗位薪资标准的“工资”

“旋转门”型受贿，以从事具体工作、签订劳动合同来伪装合法的权利外

观。对此应重点审查被告人是否实际从事相关工作。如未实际从事相关工作，领取财物，则可直接认定受贿罪，受贿金额以约定“工资”计算。如实际从事相关工作，则应从其所处岗位、劳动时长、工作强度、创造价值等因素判断其所获财物是否远高于同岗位薪资标准，继而判断是否构成受贿罪。关于该种情况的受贿金额的认定，应从有利于被告人的角度，以其约定“工资”减去其所在公司或行业同岗位或同级别的工资即扣除合理报酬，认定受贿数额更为妥当。

黄某入职黄某甲实际控制的公司后，负责融资条线，承担的是M3级人员工作，应以M3级人员工资标准发放工资，但实际以M2级人员工资标准发放，其领取的财物，远高于同岗位薪资标准的工资。进而认定，被告人多收受的财物属于为他人谋取利益而收受他人的财物。

综上，对于“政商旋转门”型受贿的认定，应从被告人存在利用职务便利为他人谋取利益的行为、离职后“收受财物”行为与离职前“谋取利益”行为具有较强的关联性、存在领取远高于同岗位薪资标准的“工资”这三个因素综合考量。对于实际从事工作但领取远高于同岗位薪资标准的“工资”的情况，其受贿金额以其约定“工资”减去其所在公司或行业同岗位或同级别的工资即扣除合理报酬认定为宜。

编写人：吉林省高级人民法院　赵星天　崔佳明

59

着手实施受贿犯罪实行行为的认定标准

——马某受贿案

【案件基本信息】

1. 裁判书字号

江苏省徐州市中级人民法院（2022）苏03刑初67号刑事判决书

2. 案由：受贿罪

【基本案情】

2005年至2021年，被告人马某利用担任某市交通局局长、某市副市长、某区党工委副书记、管委会副主任、某市人大常委会副主任等职务上的便利，利用本人职权或地位形成的便利条件，通过其他国家工作人员职务上的行为，收受安装公司实际控制人魏某某、江苏某科技集团有限公司总经理耿某某、江苏某市政工程有限公司实际控制人倪某某、房地产开发公司实际控制人余某某、时任某市旅游局局长、某镇党委书记、某市经济发展局局长方某等人送的现金、房产、车辆、购物卡等，共计折合1808.870032万元（其中未遂513.96万元），并为上述公司或个人在承揽工程项目、工程款支付、资金借贷等方面提供帮助。

【案件焦点】

在不动产受贿案件中，行受贿双方达成合意后，不动产未变更权属登记，行为人因客观原因未实际占有或控制该不动产，受贿犯罪形态如何认定。

【法院裁判要旨】

江苏省徐州市中级人民法院经审理认为：被告人马某身为国家工作人员，利用职务上的便利，为他人谋取利益或者利用其职权、地位形成的便利条件，通过其他国家工作人员职务上的行为，为他人谋取不正当利益，非法收受他人财物，数额特别巨大，其行为已构成受贿罪。

关于起诉书指控的受贿事实中被告人马某收受魏某某两套别墅未遂的事实能否认定问题。经查认为，（1）马某具有收受行贿人魏某某财物的主观故意。首先，马某在调查阶段供称，魏某某送给其两套别墅，一方面是感谢其对魏某某在工程项目承揽上提供帮助，另一方面是想和其维持好关系，希望通过其帮助承揽更多的工程项目。因为考虑到自己是领导干部，名下房产太多不合适，且容易被组织发现，所以没有过户到其名下。其次，马某在魏某某购买两套别墅前后多次与魏某某到宿迁看房，主动提出装修别墅，推荐宋某某负责装修，并与魏某某一起商定装修方案，从魏某某处获取装修款现金并转交宋某某，自己出资50万元用于别墅装修。最后，2011年10月，马某同意收受魏某某送予的东户别墅，2021年下半年，马某同意收受魏某某送予的两套别墅。从马某与魏某某就两套别墅达成行受贿合意后至案发的较长时间里，马某从未向魏某某提出拒收或返还两套别墅的意思表示，马某上述客观行为亦能够反映出其具有收受两套别墅的主观故意。（2）行贿人魏某某具有将贿赂财物交付给马某的主观意愿。魏某某的证言称，其为感谢马某在工程项目承揽上提供的帮助才送给马某两套别墅。在马某提议装修时其就认为马某想让其把两套别墅都送给他，其也多次提出要将两套别墅都送给马某，并且在知道魏某名把西户别墅卖掉后，安排他把别墅买回来。其考虑到马某是领导干部，就想在他退休后再过户给他。2019年8月，魏某名将西户别墅卖给赵某江，后魏某某得知此事后训斥了魏某名并要求将西户别墅买回，魏某名于2020年1月6日将该别墅买回。基于上述事实及证据，能够证实魏某某对于向马某行贿的行为性质有明确认知，且具有将两套别墅交付给马某的主观意愿。（3）受贿罪侵犯的法益是国家工作人员的职务廉洁性，本罪着手的认定应以行为何时对国家工作人员职务廉洁性具有侵害的现实危险性为标准。本案中，马某利用职务便利为魏某某在工程项目承揽、工程款支付等方面提供了帮助；魏某某许诺送马某两套别墅，马某以明示的方式同意收受，此时行受贿合意就已达成，意味着该罪的法益受到侵害，具有现实危险性，应当认定为受贿行为的着手。根据二人的协商对涉案别墅进行了装修，因两套别墅尚未装修完毕即案发，导致马某尚未实际占有或者支配两套别墅，属于因意志以外的原因致犯罪实际结果没有发生，应当认定为受贿行为的着手实施。

被告人马某部分受贿犯罪行为，已经着手实施，由于其意志以外的原因而未得逞，系犯罪未遂，依法可以比照既遂犯从轻或者减轻处罚；被告人另有坦白、认罪认罚、退缴全部违法所得等从轻或从宽处罚情节。据此，判决如下：

一、被告人马某犯受贿罪，判处有期徒刑十一年，并处罚金人民币150万元；

二、被告人马某退缴的违法所得及扣押在案的涉案赃款赃物予以没收，上缴国库。

案件宣判后，判决已生效。

【法官后语】

本案主要争议焦点在于受贿人马某以明示方式同意收受请托人送予的两套价值313.96万元的别墅，一直没有变更权属登记，至案发时，别墅尚未装修完毕，受贿人未实际控制或占有别墅，受贿犯罪形态如何认定。针对该两套别墅的犯罪形态问题，形成两种不同的意见。

一种意见认为，该两套别墅应认定为犯罪预备。马某与魏某某就收受两套别墅仅是在口头上达成合意，行受贿双方达成了权钱交易的初步约定，是受贿犯意的表露，不能据此认定马某"着手"实施了受贿犯罪实行行为，其行为应认定为犯罪预备，不作为犯罪处理。

另一种意见认为，该两套别墅应认定为犯罪未遂。魏某某为了感谢马某在工程项目承揽上提供的帮助，提出送给马某两套别墅，马某明确表示同意收受，行受贿合意达成，受贿人的职务廉洁性所面临的侵害威胁即将变为现实侵害，法益受到侵害具有现实危险性，应当认定为受贿行为的"着手"。马某积极参与两套别墅的装修，主观上具有收受两套别墅的主观故意，行贿人魏某某具有将贿赂财物交付给马某的主观意愿。因涉案房产尚未装修完毕而案发，导致受贿人尚未实际占有或者支配，属于因意志以外的原因致犯罪实际结果没有发生，应当认定为受贿罪未遂。

笔者同意第二种意见。根据《中华人民共和国刑法》的规定，着手意味着犯罪实行行为的开始。着手之前的行为，属于犯意流露或是犯罪预备行为，着手之后如果因行为人意志以外的原因没有达到犯罪构成要件的要求，则为犯罪未遂。虽然《中华人民共和国刑法》在原则上处罚犯罪预备，但处罚犯罪预备是极为例外的现象，就受贿罪而言，司法实践中并不处罚受贿的预备行为，而着手作为预备犯与未遂犯的分界点，在判定行为人是否需要承担刑事责任上具有重大意义。

理论界关于着手认定标准，主要有主观说、客观说、折中说等观点，但每种观点都有其自身的局限性。我国传统观点认为，受贿罪着手的认定标准，应以“开始收受财物”作为着手点。这种传统观点以受贿罪的犯罪构成要件来确定着手的认定标准，具有较强的明确性，符合罪刑法定的要求，在以往打击腐败犯罪中发挥了积极作用。但是近年来，受贿犯罪形态变化更加复杂多样，具有更强的隐蔽性和迷惑性，导致以“开始收受财物”为着手点的传统观点在各种新型受贿犯罪中难以适用。以“开始收受财物”为着手点，会使着手的认定受制于收受贿赂的方式和时机。例如，国家工作人员以赌博形式收受贿赂，请托人在赌博过程中以故意输给国家工作人员财物的方式完成贿赂过程，在这种类型的受贿中，受贿行为与赌博行为并存，进一步模糊了收受财物的时间点，以“开始收受财物”作为着手的判断标准，难以解决这类新型受贿罪的着手判定问题。又如，《最高人民法院、最高人民检察院关于办理受贿刑事案件适用法律若干问题的意见》规定，国家工作人员利用职务上的便利为请托人谋取利益之前或者之后，约定在其离职后收受请托人财物，并在离职后收受的，以受贿论处。如果将“开始收受财物”作为着手标准，那么国家工作人员在退休之前就案发的案件只能认定为犯罪预备，从而不具有刑事可罚性，此种处理方式显然不符合上述规定的精神，也不利于有效打击贿赂犯罪。

笔者认为，受贿的着手点认定应当从受贿罪法益保护的角度出发，结合具体案情分析法益的侵害何时达到紧迫程度。换言之，受贿犯罪着手点的认定应以行为何时对国家工作人员职务廉洁性具有侵害的现实危险性为标准。具体到本案中，马某在收受涉案两套别墅之前就已利用职务便利为魏某某在工程项目承揽、工程款支付等方面提供了帮助，行贿人许诺送予受贿人两套别墅，受贿人以明示的方式同意收受，此时行受贿合意达成。行受贿合意的达成并非行为人简单的心理过程，在实践中往往体现为多种利益反复博弈后的最终确定，已不仅仅是犯意流露或为实施犯罪创造便利条件的预备行为。从客观方面看，受贿人已经实施了受贿罪构成要件中“利用职务上的便利为他人谋取利益”的实行行为。从主观方面看，受贿人已经由单纯希望犯罪结果发生的心理转换成积极追求犯罪目的顺利实现。本案中，行受贿合意一旦达成，法益受到侵害面临紧迫的危险性，应当认定为受贿行为的着手。后因房屋未装修完毕，受贿人未实际占有或控制涉案不动产，属于因意志以外的原因致犯罪实际结果没有发生，应当认定为受贿罪未遂。

综上，本案应以行受贿双方就涉案不动产达成行受贿合意作为受贿着手点，被告人马某收受魏某某两套价值313.96万元的别墅应认定为受贿未遂。

编写人：江苏省徐州市中级人民法院　张健　赵静

60

包村干部从事村民自治工作收受贿赂行为的定性[①]

——刘某某非国家工作人员受贿案

【案件基本信息】

1. 裁判书字号

北京市顺义区人民法院（2023）京0113刑初732号刑事判决书

2. 案由：非国家工作人员受贿罪

【基本案情】

2016年至2018年，被告人刘某某担任某村党支部书记、村委会主任，其利用负责某村全面村务的职务便利，为他人谋取利益，多次收取承租村集体土地人员孟某、杜某、承包村内建设工程人员杨某给予的钱款共计人民币15万元。

2020年至2023年，被告人刘某某担任某村包村干部[②]，其利用负责某村全面村务的职务便利，将村内道路维修等基础设施类工程项目交由杨某承接，多

① 入库案例，参见人民法院案例库2024-03-1-094-002。

② 一般指乡镇政府派驻到行政村的工作人员。

次收取杨某给予的钱款共计人民币9万元。

2023年5月28日，被告人刘某某向监察机关主动投案，并如实供述上述主要犯罪事实。案发后，刘某某退缴违法所得人民币24万元，该款项及产生的孳息已随案移送。

【案件焦点】

包村干部收受贿赂的行为应以受贿罪论处，还是以非国家工作人员受贿罪论处。

【法院裁判要旨】

北京市顺义区人民法院经审理认为：被告人刘某某作为非国家工作人员，利用职务上的便利，非法收受他人财物，为他人谋取利益，数额较大，其行为构成非国家工作人员受贿罪。北京市顺义区人民检察院指控被告人刘某某犯非国家工作人员受贿罪的事实清楚，证据确实、充分，罪名成立。鉴于被告人刘某某主动投案，到案后如实供述主要犯罪事实，系自首，已全额退缴赃款，且自愿认罪认罚，故依法对被告人刘某某从宽处罚并宣告缓刑，对其辩护人的相关辩护意见本院予以采纳。据此，判决如下：

一、被告人刘某某犯非国家工作人员受贿罪，判处有期徒刑一年缓刑一年，并处罚金人民币10万元（缓刑考验期限，从判决确定之日起计算；罚金于判决生效之日起十日内缴纳）；

二、随案移送的赃款人民币24万元及其孳息依法予以没收。

案件宣判后，判决已生效。

【法官后语】

本案中，刘某某收受财物涉及两个时间段：2016年至2018年、2020年至2023年，两个时间段内其所任职务不同。2016年至2018年，刘某某任某村党支部书记、村委会主任，属于非国家工作人员，此期间其收受人民币15万元，并为他人谋取利益，数额较大，其行为构成非国家工作人员受贿罪。2020年至

2023年，刘某某担任北京市顺义区某村包村干部。本案争议焦点为：刘某某担任包村干部期间非法收受他人财物构成何罪。

对此，存在两种意见。

第一种意见认为，刘某某构成受贿罪。《全国法院审理经济犯罪案件工作座谈会纪要》（以下简称《纪要》）对国家机关、国有公司、企业、事业单位委派到非国有公司、企业、事业单位、社会团体中从事公务的人员认定：所谓委派，即委任、派遣，其形式多种多样，如任命、指派、提名、批准等。不论被委派的人身份如何，只要是接受国家机关、国有公司、企业、事业单位委派，代表国家机关、国有公司、企业、事业单位在非国有公司、企业、事业单位、社会团体中从事组织、领导、监督、管理等工作，都可以认定为国家机关、国有公司、企业、事业单位委派到非国有公司、企业、事业单位、社会团体从事公务的人员。

2020年至2023年，刘某某受镇党委指派，任某村包村干部。其间，刘某某除包村干部外，无其他身份。根据上述规定，刘某某受镇党委指派所开展的所有工作均属于从事镇党委安排的公务，对刘某某应以国家工作人员论，其担任包村干部期间受贿9万元，构成受贿罪。

第二种意见认为，刘某某受镇党委指派担任包村干部期间非法收受他人财物的行为构成非国家工作人员受贿罪，而非受贿罪。

笔者同意第二种意见，具体理由如下：《中华人民共和国刑法》第九十三条对国家工作人员的范围作出了界定。根据该条规定，三种情形可以认定为国家工作人员：第一，国家机关中从事公务的人员以及国有公司、企业、事业单位、人民团体中从事公务的人员；第二，受国家机关等单位委派从事公务的人员；第三，其他依照法律从事公务的人员。

刘某某系包村干部，并非国家机关中从事公务的人员，亦非国有公司、企业、事业单位、人民团体中从事公务的人员。刘某某并非受国家机关等单位委派或者其他依照法律从事“公务”的人员。

根据《纪要》的规定，“委派”形式多种多样，如任命、指派、提名、批准等。通常而言，包村干部是受某一机关指派或委派负责村民委员会相关工作的干部。从性质上而言，包村干部所从事的工作可以分为两类：村务、公务。根据相关规定，包村干部从事公务的范围可能包括：救灾、抢险、防汛、优抚、扶贫、移民、救济款物的管理；社会捐助公益事业款物的管理；国有土地的经营和管理；土地征收、征用补偿费用的管理；代征、代缴税款；有关计划生育、户籍、征兵工作；协助人民政府从事的其他行政管理工作。包村干部在从事上述工作期间收受贿赂的，其行为可能构成受贿罪。但如果包村干部从事的工作并非上述公务，而系村民自治事项，如村内项目的承包、承包费的支付等，因相关机关无权通过指派包村干部的形式干预基层群众自治事项，故包村干部从事自治事项的行为本身缺乏合法性。包村干部在实际开展村民自治事项过程中收受贿赂，无法将其认定为国家工作人员，其亦非从事公务。

综上，本案中，刘某某利用负责某村全面村务的职务便利，为他人谋取利益，数额较大，其行为构成非国家工作人员受贿罪，而非受贿罪。

编写人：北京市顺义区人民法院　刘琳琳

61

参与国家医保药品目录调整工作的医学专家身份性质的认定[①]

——李某受贿案

【案件基本信息】

1. 裁判书字号

江苏省高级人民法院（2023）苏刑终146号刑事裁定书

2. 案由：受贿罪

① 入库案例，参见人民法院案例库2025-03-1-404-001。

【基本案情】

2006年至2022年5月，被告人李某利用担任某国有控股医药公司党委书记、总裁等职务上的便利，以及利用本人职权或者地位形成的便利条件，通过其他国家工作人员职务上的行为，为有关单位和个人在药品代理、药品进入国家医保药品目录等事项上提供帮助，非法收受邹某某等人给予的财物，共计折合人民币2997万余元。其中第1笔事实为：

2015年至2017年，被告人李某利用担任某国有控股医药公司党委书记、总裁等职权或者地位形成的便利条件，通过时任国家医保药品目录调整综合组专家组成员熊某某、胡某等人职务上的行为，为某医药公司在相关药品进入国家医保药品目录等事项上提供帮助。2017年3月至2022年5月，被告人李某通过其子李某某收受该公司法定代表人邹某某给予的钱款共计人民币1000万余元。

【案件焦点】

熊某某、胡某作为医学专家，不代表原单位，以个人名义依法参与国家医保目录调整工作，负责制定调入、调出医保药品目录名单，是否应认定为国家工作人员。

【法院裁判要旨】

江苏省镇江市中级人民法院经审理认为：熊某某、胡某系受国家机关委托从事公务的人员，属于国家工作人员。被告人李某身为国家工作人员，利用职务上的便利，为他人谋取利益，以及利用本人职权或者地位形成的便利条件，通过其他国家工作人员职务上的行为，为他人谋取不正当利益，非法收受他人财物，数额特别巨大，其行为已构成受贿罪。被告人李某具有坦白、全部退赃、认罪认罚等从宽处罚情节。根据被告人李某犯罪的事实、情节和对社会的危害程度，以受贿罪判处李某有期徒刑十二年六个月，并处罚金人民币300万元。

一审宣判后，被告人李某不服提出上诉。被告人李某提出的上诉理由为：其收受邹某某财物不构成斡旋受贿。熊某某、胡某基于朋友关系，接受其请托，为其提供帮助。熊某某、胡某不属于国家工作人员。

江苏省高级人民法院经审理认为：熊某某、胡某属于《中华人民共和国刑法》第九十三条第二款规定的“其他依照法律从事公务的人员”，以国家工作人员论。上诉人李某利用其担任某国有控股医药公司党委书记、总裁职权或地位形成的便利条件，通过其他国家工作人员职务上的行为，为他人谋取不正当利益，并收受财物，构成受贿犯罪。据此，一审判决认定的事实清楚，证据确实、充分，定性准确，量刑适当，审判程序合法，裁定：

驳回上诉，维持原判。

【法官后语】

本案争议焦点为熊某某、胡某能否认定为国家工作人员。如熊某某、胡某属于国家工作人员，那么上诉人李某系通过熊某某、胡某等国家工作人员职务上的行为，为他人在药品进入国家医保药品目录事项上提供帮助，构成斡旋受贿。如果熊某某、胡某不属于国家工作人员，那么李某并未通过其他国家工作人员职务上的行为，为他人在药品进入国家医保药品目录事项上提供帮助，李某的行为不构成斡旋受贿。

《中华人民共和国刑法》第九十三条第二款规定，国有公司、企业、事业单位、人民团体中从事公务的人员和国家机关、国有公司、企业、事业单位委派到非国有公司、企业、事业单位、社会团体从事公务的人员，以及其他依照法律从事公务的人员，以国家工作人员论。《全国法院审理经济犯罪案件工作座谈会纪要》规定，《中华人民共和国刑法》第九十三条第二款规定的“其他依照法律从事公务的人员”应当具有两个特征：一是在特定条件下行使国家管理职能；二是依照法律规定从事公务。对照上述规定，综合在案证据，可以作以下认定。

熊某某、胡某系在特定条件下行使国家管理职能。国家医保药品目录调整工作属于人力资源和社会保障部牵头多个国家部委开展的行政管理工作。参与国家医保药品目录调整工作的人员，属于参与国家机关行政管理工作的人员。熊某某、胡某分别作为医疗保险领域、药学领域专家，受邀参加国家医保药品目录调整工作，属于在特定条件下行使国家管理职能。

熊某某、胡某等咨询专家系依法参与国家医保药品目录调整工作。《国务院关于建立城镇职工基本医疗保险制度的决定》（以下简称《决定》）规定，劳动保障部会同原卫生部、财政部等有关部门制定国家基本医疗保险药品目录、诊疗项目、医疗服务设施标准及相应的管理办法。国家医保药品目录调整工作需要在全国范围内选择专业技术较高的临床医学和药学专家，组成药品遴选专家组，负责遴选药品；要聘请专业技术水平较高的临床医学、药学、药品经济学和医疗保险、卫生管理等方面的专家，组成专家咨询小组，负责对领导小组办公室的工作提出专家咨询和建议；要负责审核国家药品目录遴选专家组和咨询专家组成员名单。因此，聘请遴选及咨询专家参与国家医保药品目录调整工作属于国家医保药品目录调整的必经程序，是国家医保药品目录调整工作的重要一环。熊某某、胡某等被聘请作为咨询专家参与国家医保药品目录调整工作。

熊某某、胡某系从事公务。总体工作上，开展国家医保药品目录调整工作是为了逐步提高基本医保用药保障水平，切实维护人民群众健康。该项工作关系人民群众切身利益，系公共事务。具体工作上，熊某某、胡某作为咨询综合组专家，工作职能包括确定提供咨询、论证药品评审技术要点及论证提出备选药品名单。工作流程依次为：由咨询专家确定评审技术要点；由咨询专家根据确定的技术要点，确定调入调出目录的备选药品名单；由遴选专家进行投票，对目录备选药品名单及拟谈判药品备选范围进行遴选；由咨询专家进行审查，确定调入调出药品名单；行政机关经行政程序确认药品名单。在工作中，熊某某、胡某等咨询专家的意见对药品调入调出药品目录具有重要作用。相关意见虽不意味着具有终局性，但已超出一般咨询建议的范畴，具有直接决定性。因此，熊某某、胡某作为咨询专家，参与公共事务，并提出了重要的决策意见，二人行为属于从事公务。

熊某某、胡某获取一定的报酬，与所从事的工作系劳务或公务无直接联系。

综上，熊某某、胡某属于刑法规定的“其他依照法律从事公务的人员”，以国家工作人员论。李某利用担任某国有控股医药公司党委书记、总裁职权或地位形成的便利条件，通过熊某某、胡某职务上的便利，为邹某某实际控制公司所代理的药品进入国家医保药品目录提供帮助，并收受邹某某所送财物，构成受贿罪。

编写人：江苏省高级人民法院　王天奇

62

代持型受贿罪认定标准及裁判路径

——徐某某受贿案

【案件基本信息】

1. 裁判书字号

重庆市高级人民法院（2022）渝刑终 125 号刑事裁定书

2. 案由：受贿罪

【基本案情】

2012 年至 2013 年，徐某某利用担任某银行私人银行部副总经理（分管投资）职务上的便利，接受某公司法定代表人李某某（另案处理）的请托，通过签批基金项目推荐函、向相关人员打招呼等方式，为某公司设立的“A”“B”基金获得工行资金投入，以及某公司成为某银行总行、浙江分行、深圳分行、重庆分行、北京分行股权母基金管理人提供帮助。2013 年至 2019 年，某公司工行类业务收入共计 2 亿余元。2016 年，徐某某先后收受李某某给予的某公司 20%股份（评估价值 21490 万元）、房产一套（价值 2832.354491 万元），折合共计 24322.354491 万元等犯罪事实。具体事实如下：

2016 年 6 月，李某某向徐某某提出给予某公司 20%股份。徐某某同意，但表示其在职期间不便直接持有。后二人商议将该股份继续登记在李某某名下，由李某某代徐某某持有，待方便时再行处理。2016 年 7 月，李某某再次向徐某某表示送予某公司 20%股份，徐某某提出待其女儿徐某 1 大学毕业后择机将股份转给徐某 1，李某某同意。经评估，某公司 20%股份在 2016 年 6 月 30 日价值 21490 万元。2019 年 1 月、9 月，某公司进行了 2017 年度、2018 年度股东分红，李某某将某公司 20%股份应分红 1040 万元（税后）的情况告知徐某某，徐某某与李某某商议后决定分红款由李某某代持，待时机合适再行处理。分红款打到李某某账户上后，李某某将分红款用于购买稳健、可及时赎回的理财产品，并将此事实告知徐某某，徐某某表示同意。

2016 年 8 月，被告人徐某某收受李某某所送位于某小区××号××室房产一套。该房产系李某某以投资中心名义购买，并根据徐某某要求安排人员对房屋楼顶加建阳光房。2016 年至 2019 年，投资中心为该套房产支付购房款、税费等费用共计 2832.354491 万元。2019 年年初，徐某某为掩人耳目，授意李某某及其家人入住该房屋。李某某便安排其在上海看病的父亲在该房屋内居住十余天。

【案件焦点】

1. 行受贿双方就送股权及分红款达成合意，但该股权及分红款始终在行贿人名下，实为行贿人占有和控制，是否认定受贿未遂；2. 受贿人没有实际使用该房屋，但不影响其能够通过其关联人对该房屋控制和使用，是否能够认定受贿人对该房产有足够的控制力，是否属于受贿既遂。

【法院裁判要旨】

重庆第五中级人民法院经审理认为：徐某某利用职务之便，为李某某等人已提供实际帮助，对受贿款物的金额、处理方式双方已达成合意，已经着手实施犯罪，由于徐某某被查处等原因受贿款物未实际交付，故应认定其犯罪未遂。关于房产，徐某某授意李某某在屋顶加装阳光房、安排李某某将门禁卡交给王某、为了逃避调查而多次要求李某某入住，但却反对李某某将房屋用于公司办公等行为，反映徐某某积极实施收受房屋并进行支配和处置，可以认定徐某某对该房产有足够的控制力，故应认定其受贿既遂。徐某某收受的某公司股权系具有价值的实质性财物，而非仅仅收受股份对应的分红款，故应当以股权价值认定其受贿金额。采用市场法得出的股权价值与本案其他证据相互印证，该评估意见程序合法、方法适当、结论正确，应予采信。

综上，根据徐某某受贿数额特别巨大，使国家和人民利益遭受特别重大损失等犯罪情节，结合其上述从轻处罚情节，依照《中华人民共和国刑法》第三百八十五条第一款，第三百八十六条，第三百八十三条第一款第三项、第二款、第三款，第二十三条，第五十九条，第六十四条，第五十四条，第五十七条以及《最高人民法院、最高人民检察院关于办理贪污贿赂刑事案件适用法律若干问题的解释》第三条第一款，第四条第一款、第二款，第十五条，第十八条之规定，判决如下：

一、被告人徐某某犯受贿罪，判处死刑，缓期二年执行，剥夺政治权利终身，并处没收个人全部财产；

二、对被告人徐某某受贿所得财物及其孳息依法予以追缴，上缴国库，不足部分，继续追缴。

一审宣判后，徐某某提出上诉。

重庆市高级人民法院经审理认为：上诉人徐某某利用职务上的便利，为他人谋取利益，非法收受他人给予的房产、公司股份、资金等财物折合人民币共计25502.612538万元，数额特别巨大，其行为构成受贿罪。徐某某的行为使国家和人民利益遭受特别重大损失，依法应予严惩。徐某某收受的上述财物中，有22574.768047万元并未实际获取或支配，系受贿未遂，可从轻处罚。徐某某如实供述组织掌握的大部分受贿犯罪事实，主动交代组织未掌握的小部分受贿犯罪事实，认罪态度较好，可从轻处罚。

综上，本案事实清楚，证据确实充分，适用法律正确，量刑适当，重庆市人民检察院出庭意见成立。依照《中华人民共和国刑事诉讼法》第二百三十六条第一款第一项的规定，裁定如下：

驳回上诉，维持原判。

【法官后语】

本案中，行受贿双方约定由行贿人、关系人代持房产、股权、货币（分红款）等财物的受贿形式，是实践中非常典型的代持型受贿犯罪案例。职务犯罪特别是受贿罪的犯罪形态，在当前办理职务犯罪中存在争议。传统观点认为，只有受贿人实际收到财物，才是受贿罪既遂。但随着受贿手段的不断翻新和行受贿双方反侦察意识的不断增强，实际收到财物说在司法实践中日趋呈现出诸多局限：一是形式上收受财物并不一定意味着发生了危害后果；二是收受财物并一定意味着受贿罪已经达到既遂状态；三是没有取得财物并不代表不成立受贿既遂。经梳理裁判文书网公布的已生效裁判文书的观点，其各自认定贿赂犯罪的犯罪形态也存在着裁判说理标准不一的问题。本案作为双方约定代持型受贿罪的判例，既要认定代持房产，代持股权、货币（分红款）的犯罪形态，还涉及轻资产公司股权的价值认定以及对代持房产掌控力的具体判断方法等复杂问题。生效裁判对该案所涉代持财物型受贿犯罪的犯罪形态以及犯罪金额的认定标准逐项做了析法说理，对司法实践中审理该类案件提供了裁判路径的借鉴。

一、关于受贿罪犯罪形态裁判观点梳理

收受财物的把握直接影响既未遂。对“收受财物”实质的理解有以下观点：一是转移说，以财物是否离开所有权人为标准；二是隐匿说，以财物是否被隐藏为标准；三是失控说，以财物是否脱离所有权人控制为标准；四是控制说，以财物是否被受贿人实际控制为标准。笔者赞同控制说的观点，受贿罪的既遂标准是收受财物，收受财物的本质是实际控制财物，控制说更准确地揭示了收受财物的实质。

实践中，有以下几种具有代表性的犯罪形态裁判观点：第一，认定构成犯罪既遂主要有以下几种观点：一是占有改定，视为已经交付。该观点体现了“约定”本身就是受贿罪的一种表现形式，而且达成约定就构成受贿既遂的观点；二是利用职权为行贿人谋取了利益的。该观点认为受贿人利用职权为行贿人谋取了利益，故构成既遂犯罪，如果说占有改定、观念交付是对有损职务廉洁行为在刑法意义上的约定惩处，那么该观点则要求需要具体实施为行贿人谋取利益的事实支撑；三是已经既遂，不存在未遂。该观点主要针对已经收受财物后的后续处置行为，认为行受贿双方已经完成权钱交易构成既遂犯罪后，无未遂存在的余地。第二，认定构成犯罪未遂主要有以下几种观点：一是约定的钱款尚未给付。该观点认为双方约定的行贿款尚未给付，权钱交易尚未完成，故构成未遂犯罪；二是约定代持的财物尚未给付。该观点认为受贿人未实际接受财物、入住房屋等情形，构成未遂犯罪。正如储槐植教授所言，刑法实际上是一门经验科学，在研究方法上更多依赖的是社会经验法则，而不是抽象的理性思辨。①

二、认定代持型受贿罪既、未遂犯罪形态标准

实践中因个案情节不同，对犯罪形态结论而言，有以下观点：一是约定代持的财物尚未支付、尚未完全支付的，未遂。该观点认为，行受贿双方虽对行贿的财物进行了约定，但因行贿人代持的财物尚未给付或完全给付，应以犯罪未遂定罪处罚；二是代持财物的，既遂。该观点的说理较之未遂要更为复杂。有强调约定财物代持，并已经利用职权谋取利益的；有强调财物代持是双方约定的结果，并时常对账，对财物具有掌控力的；有强调财物被关联人占有的等。由此，受贿罪的争议焦点在犯罪形态，而犯罪形态的争议焦点则在代持型受贿罪的个案犯罪形态认定。除认为代持财物未给付的构成犯罪未遂的外，其他对此类型犯罪的形态判断，均需强调一定的裁判理由。笔者认为，依据控制说的标准对行受贿犯罪的犯罪形态进行确认，能够为该类案件的裁判提供判断方向和说理路径。

代持型受贿作为受贿罪的一种隐蔽的表现形式，认定其犯罪形态的标准与一般受贿罪犯罪形态的认定标准是一致的，均应采取控制说，即以财物是否被受贿人实际控制为标准。实践中，对财物是否被受贿人实际控制的认定依个案情况而不同，需要具体案情具体分析，但总体裁判的路径是通过综合证据链条形成的案件事实判断受贿人对涉案财物的控制力强弱程度，并最终依据受贿人对涉案财物控制力的强弱判定其犯罪形态。一般而言，代持型受贿的代持人分

① 储槐植：《储槐植文选》，北京大学出版社2022年版，第448页。

为两种：一种系行贿人代持；另一种系关系人代持。在关系人代持中又可以进一步细分为行贿人指定的关系人代持、受贿人指定的关系人代持。依据代持人的不同，受贿人对收受财物的掌控力是不同的，一般认为，掌控力由弱到强的排列次序为行贿人代持、行贿人指定关系人代持、受贿人指定关系人代持。据此对代持型受贿犯罪的犯罪形态影响由未遂到既遂逐步增强。在此，需着重明确对代持型受贿罪犯罪形态的判断是一个综合判断的过程，打破了一一对应的传统证据模型，不能认为由行贿人代持便是未遂，由指定的关系人代持就是既遂。以本案为例，涉及由行贿人代持的房产、股权、货币（分红款）的犯罪形态以及犯罪金额认定问题，又有受贿人指定关系人行使部分权利对收受房产的间接掌控力判断问题。最终生效裁判依据控制说针对涉案的房产、股权、货币形成了如下裁判思路。

三、代持型受贿罪的裁判路径

（一）关于代持房产型受贿的犯罪形态及金额认定

本案受贿人收受行贿人所送房产一套。该房产系行贿人以其公司名义购买，并根据受贿人要求安排人员对房屋楼顶加建阳光房，安排行贿人将门禁卡交给受贿人的关联人，为掩人耳目，授意行贿人及其家人入住该房屋。有观点认为，房屋系典型的不动产，不动产登记是物权归属的根据，涉案房屋一直登记在李某某公司名下，且徐某某未实际入住，应认定未遂。还有观点认为，刑法上的非法占有的实现不需要以变更登记为前提，因为刑法中非法占有不可能成为合法占有，只要行受贿双方明确了行受贿的意思表示，受贿方实际控制了财物，就应当认定为受贿罪既遂。以房屋为对象的受贿犯罪，受贿方实际控制、使用、占有了房屋就是典型的犯罪既遂。受贿人出于逃避侦查的考虑，不进行房屋权属变更登记或不实际使用房屋，但获取了房屋的钥匙、门禁卡、对房屋进行改造、装修、指定第三人入住、将房屋过户到第三人名下、将房屋出租并收取租金等情形，均可作为实际控制、占有房屋的判断标准，可认定犯罪既遂。本案生效裁判采纳了后一种观点。本案中，行贿人虽未将房屋的门禁卡交付或将门锁密码告知受贿人，但受贿人一直在积极地实施收受房屋并进行支配和处置的行为。首先，受贿人授意行贿人在屋顶加装阳光房；安排行贿人将门禁卡交给受贿人的关联人；为了逃避调查而多次要求行贿人入住，但却反对行贿人将房屋用于公司办公。上述行为足以体现受贿人控制、支配房产的意愿和具体行为。其次，尽管受贿人没有实际使用该房屋，但不影响其能够通过其关联人对该房屋控制和使用；同时，行贿人安排他人负责管理房屋，受贿人知晓并认可。综上，能够认定受贿人对该房产有足够的控制力，应属受贿既遂。

另外，对收受房产型受贿的犯罪形态和价值认定，则因全款购房或按揭贷款购房而存在区别，本案系全款购房故在犯罪既遂的基础上以购房金额作为犯罪金额。在行贿人以按揭贷款购房行贿案件中，认定其犯罪形态与受贿金额，则因行贿人以按揭贷款方式购房而需具体分析，以法院审理的李某某受贿案的裁判思路，对房产已经认定受贿既遂，对于受贿金额的认定，则已经由行贿人支付的部分是犯罪既遂，未支付的部分应属于犯罪未遂。

（二）关于代持股权型受贿的犯罪形态及价值认定

本案中，被告人徐某某与李某某达成行受贿合意，收受李某某所送股权，该股权系具有价值的实质性财物，而非仅仅收受股份对应的分红款，故应当以收受股权价值认定其受贿金额，但不能因此得出犯罪既遂的结论，还要审查受贿人是否已获取或实际控制该股权。受贿人为请托人谋利的行为与受贿人收受贿赂的行为是两个行为，需要分别予以确认，本案中行贿人赠予受贿人股权的行贿行为虽有多种表现形式，但受贿人事实上并未实际对该股权具有足够的掌控力。行贿人对股权和分红款的处置行为均是事前处置，虽受贿人事后予以认可，但仍可见受贿人对该股权和分红款的掌控力弱于行贿人，据此认定该笔受贿犯罪未遂，是恰当的。

另外，对股权价值的认定。行贿公司的营业范围主要为私募股权投资基金管理业务以及其他资产管理、顾问业务，从运行管理相对规范的上市公司选取经营业务与之类似的公司作为可比公司，为其企业价值评估提供关键数据，并运用市场法进行评估具有合理性。并且，采用市场法得出的结论，与李某某同期向他人出卖股权所获得收益最为相近。因此，虽对股权的认定有市场法、收益法和成本法三种，但还需要结合其他事实综合选择、认定。行贿公司作为轻资产公司，缺少固定资产，本身的团队和个人业务能力才是公司的赢利保障，对此一般不会用成本法（注册资本之类的）对其股价进行评估。

（三）代持货币（分红款）型受贿的犯罪形态及金额认定

其裁判路径与前述代持股权型受贿一致。本案中，李某某对分红款的处置行为是事前处置，虽徐某某事后予以认可，但可见徐某某对该分红款的掌控力弱于李某某，据此认定徐某某该笔受贿犯罪未遂，是恰当的。

另外，徐某某利用职务之便，为李某某等人已提供实际帮助，对受贿款物的金额、处理方式双方已达成合意，已经着手实施犯罪，由于徐某某被查处等原因受贿款物未实际交付，故应认定其犯罪未遂。

总之，判断代持型受贿罪的犯罪形态，标准仍是受贿人是否对“收受财物”具有足够的控制力。在认定受贿人对代持财物有足够控制力的情况下，可以认定犯罪既遂，但对按揭购房等未全款购房的情况，可以对犯罪金额的认定区分为部分既遂、部分未遂。在判断受贿人对代持财物是否有足够控制力时，要综合全案证据予以判断，并不要求受贿人实际将房产过户、入住、安排近亲属入住，只需受贿人对该财物通过各种方式实现事实上的占有、使用、收益、处分的足够控制力即可。在裁判文书说理时，需重点表述受贿人采取了多种方式实际上对该财物具有控制力，且该控制力应排除全部由行贿人掌控的情况，有时针对个案还需排除受贿人掌控力弱于行贿人的情形，综合全案事实方可认定犯罪既遂。

编写人：重庆市第五中级人民法院　张晓威

63

放贷收息型受贿的认定及数额计算①

——韩某受贿案

【案件基本信息】

1. 裁判书字号

江苏省无锡市中级人民法院（2022）苏02刑初7号刑事判决书

2. 案由：受贿罪

【基本案情】

2012年至2020年，被告人韩某利用担任J市副市长、市公安局局长、市政协副主席等职务便利，为相关单位和个人在案件处理、企业经营、职务提拔、岗位调整等方面提供帮助，先后收受他人给予的财物共计折合人民币873.6万余元（以下未标明币种均为人民币）。其中，一笔事实如下：2013年8月，陈某甲的儿子陈某乙、A公司董事会秘书高某某因涉嫌犯操纵证券市场罪被湖北省T市公安局立案侦查。同年9月，该局对陈某乙、高某某上网追逃并冻结陈某乙银行账户资金4000万元。同年11月23日，高某某被江苏省Z市公安局抓获，根据规定应将其移交湖北省T市公安局处理。经陈某甲请托，被告人韩某先与Z市公安局协调将高某某移交J市公安局，J市公安局再出面帮助陈某甲与T市公安局协调，最终撤销上述案件并对陈某乙的银行账户解封。2013年至2018年，陈某甲实际控制的A公司系当地知名上市公司，经营状况良好，公司账户流动资金常年保持在2亿元左右，银行给该公司的贷款授信总额度在5亿

① 入库案例，参见人民法院案例库2024-03-1-404-006。

元左右，年利率为5%。2013年12月，陈某甲为感谢韩某在案件处理中提供的帮助，双方商定由韩某以其妻弟陈某丙的名义与陈某甲参股的小额贷款公司B公司签订《投资借贷协议》，约定出借金额500万元，年化利率不低于20%，但未约定借款期限。该500万元未按协议约定进入B公司账户，而是被陈某甲用于炒股及个人生活开销。2015年至2017年每年四五月间，韩某先后3次收受陈某甲以B公司上一年度“分红款”名义所送的各100万元，共计300万元。该300万元均来自陈某甲自有资金，与B公司经营情况无关，且2014年至2018年B公司总经营业绩亏损，也从未进行过分红。2018年6月，陈某甲及A公司、B公司因陷入债务危机导致资金链断裂，陈某甲仍四处筹集资金将500万元本金还给韩某，并承诺待经营好转将支付2017年度“分红款”100万元，但因客观原因尚未支付即案发。韩某实际收受陈某甲贿赂的现金400万元（其中100万元未遂）。

【案件焦点】

韩某利用职务之便，为请托人谋取利益，后通过“放贷收息”形式收受请托人400万元（其中100万元未遂）“投资收益”是否构成受贿罪。

【法院裁判要旨】

江苏省无锡市中级人民法院经审理认为：被告人韩某的行为属于放贷收息型受贿，韩某利用职务之便为陈某甲谋取了不正当利益，陈某甲为感谢韩某的帮助，以支付利息名义向韩某进行利益输送，双方之间已经形成了明确的权钱交易关系，应当以受贿论。韩某与陈某甲之间系虚假民间借贷关系。陈某甲及A公司并无实际资金需求，而是以借贷为名对韩某进行利益输送；借贷协议及资金走向有违交易习惯，未约定借款期限，出资未按协议约定进入B公司账户，而是被陈某甲用于炒股及个人生活开销；韩某所得的“高额利息”均来自陈某甲自有资金，与B公司经营情况无关；韩某收到的所谓“利息”数额特别巨大。

被告人韩某收受的400万元“利息”均应认定为受贿数额，因为韩某与陈某甲之间的借贷协议是意思表示虚假的民事法律行为，双方间也非平等的民事主体关系，该借款利息不受民事法律保护，其受贿数额即非法获取的全部“借款利息”。

江苏省无锡市中级人民法院作出判决：

被告人韩某犯受贿罪，判处有期徒刑十年，并处罚金人民币60万元。

案件宣判后，判决已生效。

【法官后语】

本案系国家机关工作人员利用职务之便，为请托人谋取利益，后通过放贷收息形式收受请托人财物的放贷收息型受贿的典型案例。放贷收息型受贿往往是披着民事经济行为外衣，通过更为隐蔽、特殊的方式达到权钱交易目的的违法行为。本案的争议焦点为被告人韩某“放贷收息”行为性质和犯罪数额的认定。

一、国家机关工作人员放贷收息型受贿行为的认定

关于韩某“放贷收息”行为性质的认定存在争议。第一种观点认为，该行为违反《中国共产党纪律处分条例》第九十九条第二款的规定①，属于违反廉洁纪律。第二种观点认为，该行为属于放贷收息型受贿，韩某利用职务之便为他人谋取不正当利益，请托人以支付利息名义向韩某进行利益输送，应以受贿罪论处。笔者同意第二种观点。司法实务中，对国家工作人员违规放贷行为是否构成受贿罪的认定，应重点审查以下方面。

1. 借贷双方是否存在权钱交易关系。受贿罪的本质是权钱交易，即国家工作人员利用职务之便为请托人谋取利益。借贷双方存在权钱交易行为是判断受贿罪构成与否的前提条件。实践中，放贷收息型受贿存在两种情形：一是借贷双方存在明确的请托事项，国家工作人员利用职务之便为请托人谋取利益；二是借贷双方虽无明确请托事项，但存在上下级、制约或管理服务关系的，也能

---

① 《中国共产党纪律处分条例》第九十九条第二款规定，通过民间借贷等金融活动获取大额回报，可能影响公正执行公务的，依照前款规定处理。

够认定系利用职务之便为他人谋取利益，其中谋取利益不要求利益已经实现，有承诺的意思表示即可。

2. 借贷双方是否存在真实借贷关系。主要从以下方面审查判断：一是借款人有无真实资金需求。在正常民间借贷中，借款人多基于生产经营、大额消费支出等需要向金融机构或亲朋好友拆借资金用于周转。如果借款人本人或其经营的企业本身资金雄厚，或者能从金融机构以较低的利率进行融资，依然主动或被动向国家工作人员借贷，则可认定借款人没有真实的资金需求。二是借贷资金的实际用途。正常民间借贷的资金一般用于借款人生活消费或其企业的生产经营，但如果资金实际用途与借款人事先承诺完全不符，亦能侧面反映出其无真实资金需求。三是借贷协议是否规范。民间借贷双方一般会以书面协议约定借款数额、利息和借款期限等基本内容。如果国家工作人员与借款人非亲非故，并假借他人名义与借款人签订合同，或仅仅只有口头约定就出借大额资金，可以认定借贷行为存在异常。四是出借人是否承担放贷风险。放贷收息型受贿中，贿赂双方的借贷地位是不平等的，请托人因有求于国家工作人员为己谋利而在借贷关系中处于被动地位，国家工作人员在放贷关系中无须承担放贷资金及利息无法收回的风险。

3. 审查借款利息的高低。《最高人民法院、最高人民检察院关于办理受贿刑事案件适用法律若干问题的意见》第四条规定，国家工作人员利用职务上的便利为请托人谋取利益，以委托请托人投资证券、期货或者其他委托理财的名义，虽然实际出资，但获取的“收益”明显高于出资应得收益的，以受贿论处。关于该条中的“委托理财收益”的多寡，可根据民间借贷利率的高低进行判断。如果借贷双方约定的利率超过一年期贷款市场报价利率（LPR）的四倍，[①] 一般可以认定为高额利息。实践中，由于地区经济发展不均衡，除参照LPR 报价外，还应结合地区经济发展实际和民营经济活跃程度进行判断。

---

① 《最高人民法院关于审理民间借贷案件适用法律若干问题的规定》第二十五条第一款规定，出借人请求借款人按照合同约定利率支付利息的，人民法院应予支持，但是双方约定的利率超过合同成立时一年期贷款市场报价利率四倍的除外。

二、放贷收息型受贿犯罪数额的认定

对于如何确定被告人韩某的受贿数额亦存在两种观点：第一种观点认为，受贿数额应当是收取的全部利息；第二种观点认为，受贿数额应当减去合理利息收益，对于合理利息又有按银行同期贷款利率、同期借款利率，以及按LPR的四倍等计算的观点。笔者赞同第一种观点，主要理由是。

1. 放贷收息型受贿中的借贷双方并非平等的民事主体。民间借贷利息相关规定适用的是平等民事主体间的借贷行为，即双方间主体地位平等，不存在从属性和依赖性。如果借贷双方间存在领导、管理、监督、制约或请托关系，就不再是平等主体之间的民事法律关系，所产生的“利息”则是权钱交易的筹码，应全部认定为受贿数额。

2. 放贷收息型受贿中的借贷双方存在行受贿的意思表示。行为人与相对人以虚假的意思表示实施的民事法律行为无效。借贷双方如利用“借贷”之名，行受贿之实，且双方主观上均对此明知，即借贷合同无效，合同所产生的利息当然不再受到民事法律保护。

综合上述分析，本案中，韩某利用职务之便为陈某甲谋取不正当利益，陈某甲及其公司无实际资金需求，仍与韩某的特定关系人签订《投资借贷协议》，约定借款金额500万元，年化利率不低于20%，且所涉500万元“出资”未进入公司账户，而用于陈某甲个人生活消费。陈某甲以借贷为名向韩某输送利益，三年间以自有资金支付300万元“利息”。2018年，陈某甲及其公司资金链断裂，仍四处筹集资金向韩某归还全部本金，并承诺待经营好转后支付当年的100万元利息，该100万元系受贿未遂。因此，可以认定韩某利用职务之便，为请托人谋取利益，后通过“放贷收息”形式收受请托人财物，应当以受贿罪论处，案涉400万元“利息”均应认定为受贿数额。

编写人：江苏省无锡市中级人民法院　范凯　宋婉龄

64

隐形受贿罪、行贿罪的认定

——冷某受贿、违法发放贷款、行贿案

【案件基本信息】

1. 裁判书字号

湖北省恩施州中级人民法院（2023）鄂28刑初17号刑事判决书

2. 案由：受贿罪、违法发放贷款罪、行贿罪

【基本案情】

2013年至2021年，被告人冷某利用其担任某银行某支行行长的职务便利，为他人在贷款申请、贷款审批、贷款发放以及贷后管理等方面谋取利益，非法收受、索取他人财物共计折合人民币3000余万元；在担任某银行某支行行长期间，违反《中华人民共和国商业银行法》和《中华人民共和国银行业监督管理法》中严格审查和审慎经营的规定，给某银行某支行授信客户发放贷款，数额特别巨大，给金融机构造成特别重大经济损失；在担任某银行某支行行长期间，为感谢某银行原党委书记、董事长陈某某在安排冷某担任某银行某支行行长等事项上的帮助，先后3次送给陈某某财物共计37余万元。

冷某于2022年7月8日被监察机关留置。冷某到案后如实供述犯罪事实，除主动交代组织已经掌握的其受贿395万余元和行贿犯罪事实外，还主动交代组织尚未掌握的其收受肖某等10人贿赂2850余万元的问题，主动供述的受贿数额占认定事实的大部分。冷某还主动交代组织尚未掌握的违法发放贷款涉嫌犯罪的主要事实。另外，冷某到案后积极举报了十余人涉嫌犯罪的线索，其中二人因涉嫌职务犯罪已被监察机关立案调查并采取留置措施。

【案件焦点】

1. 冷某与工业公司法定代表人吴某某之间的借贷关系能否认定为受贿以及受贿数额如何认定（涉及其中一笔受贿事实）；2. 关于某运输公司行贿的 25.65 万元（保时捷的车辆市场价与实际购车价的差价），是认定冷某构成受贿罪的同时，又认定冷某给实际购车人陈某某行贿罪成立，还是认定冷某与陈某某构成共同受贿犯罪的问题。

【法院裁判要旨】

湖北省恩施州中级人民法院经审理认为：被告人冷某身为国家工作人员，利用职务上的便利，为他人谋取利益，收受他人财物共计 3251.206767 万元，构成受贿罪，且数额特别巨大；违反国家规定发放贷款 10.5 亿元，构成违法发放贷款罪，且数额特别巨大，并造成特别重大经济损失；为谋取不正当利益，给予国家工作人员财物 37.9463 万元，情节严重，构成行贿罪。冷某所犯三罪均应依法追究其刑事责任，并数罪并罚。冷某受贿行为持续时间长，多次受贿，其中两人系索贿，应予从重处罚。冷某到案后能够如实供述案件事实，依法可以从轻处罚，且除如实交代组织已经掌握的其受贿 395 万余元和行贿犯罪事实外，还主动交代组织尚未掌握的其收受肖某等 10 人贿赂 2850 余万元的问题，主动供述的受贿数额占认定事实的大部分，可对其所犯受贿罪在量刑时充分考虑；冷某能够认罪认罚，约三分之一受贿赃款已查扣到案，根据其坦白和没有全额退缴受贿赃款，但个人再无退赃能力的情况，可认定其认罪态度较好，量刑时予以综合考虑。冷某到案后还主动交代组织尚未掌握的违法发放贷款涉嫌犯罪的主要事实，以自首论，依法可对该罪予以从轻或者减轻处罚，但其犯罪数额特别巨大，并造成特别重大经济损失，酌情考虑该罪的量刑幅度。冷某能够如实供述行贿犯罪事实，系坦白，依法可以从轻处罚。另，冷某到案后积极举报了十余人涉嫌犯罪的线索，其中二人因涉嫌职务犯罪已被监察机关立案调查并采取留置措施，一人涉案贿赂金额达 1700 余万元，应认定为立功，依法可以从轻或者减轻处罚。据此，判决如下：

一、被告人冷某犯受贿罪，判处有期徒刑十年六个月，并处罚金 150 万元；

犯违法发放贷款罪，判处有期徒刑五年，并处罚金 10 万元；犯行贿罪，判处有期徒刑六个月，并处罚金 10 万元。决定执行有期徒刑十三年，并处罚金 170 万元；

二、对被告人冷某的违法所得予以追缴；对扣押、查封在案的涉案财产，依法予以没收，上缴国库；不足部分，继续追缴。

案件宣判后，判决已生效。

【法官后语】

本案的焦点主要有两个：一是冷某与工业公司法定代表人吴某某之间的借贷关系能否认定为受贿，受贿数额如何认定；二是某运输公司行贿的 25.65 万元（保时捷的车辆市场价与实际购车价的差价），是分别认定冷某构成受贿罪、行贿罪，还是认定冷某与陈某某构成共同受贿犯罪的问题。

一、冷某收受的吴某某利息款 370 余万元应认定为贿赂款

吴某某在案发时段存在资金需求，并主动向冷某提出借款要求，冷某介绍前妻赵某为吴某某借款，实际上还是由冷某代赵某签的合同。冷某不直接借款给吴某某主要原因是碍于其行长身份按照规定不能给客户借款，而冷某愿意借款也是基于其行长身份，既可以对借款风险进行把控，又可以获得较大利益。冷某与前妻赵某虽于借款前就登记离婚，但二人的婚生子跟随赵某生活，冷某与赵某仍存在共同利益。冷某与吴某某在借款之前就存在利益关系，吴某某向冷某借款，一方面确有资金需求，另一方面是感谢冷某之前利用职务上的便利为吴某某谋取利益，并期望冷某继续为其谋取利益。冷某借前妻之名为吴某某提供借款并收取利息的行为，本质上还是权钱交易，应当认定为受贿行为。

对于如何认定该起受贿的金额，现行法律暂没有明确的规定。根据判例，高息借贷型受贿犯罪在具有贷款需求的情况下，出借人收取明显高于其他不特定贷款对象的利息差额，应当认定为受贿数额。在无法确定上述差额的情况下，以借款合同成立时一年期贷款市场报价利率的四倍对比认定。在该起事实中，约定月息为 2%。在案证据证明吴某某所在公司向其他单位借款利息存在月息 3%的情况，故其约定利息未高于其他类似借款利息，不能以出借人收取明显高

于其他不特定贷款对象的利息差额的方式计算受贿款。而在无法确定上述差额的情况下，可以考虑借款合同成立时一年期贷款市场报价利率的四倍对比认定。

二、关于某运输公司行贿的25.65万元，应认定冷某分别构成受贿罪、行贿罪

从主观方面看，冷某通过职务便利向某运输公司提出低价购车要求，主观上有通过低价购车收受贿赂的故意。陈某某是冷某的上级领导，之前就利用职权为冷某提供过便利，冷某为其低价购车有向陈某某行贿的故意。从客观行为看，冷某有向销售汽车的车企表达给其领导购车的意图，向陈某某转达车企关于车价、车型的意见，垫付购置税和保险费用等行为，然后达到为陈某某低价购车的目的。陈某某则实施了向冷某提出犯意，后收受好处的行为。故，冷某帮助陈某某以低于市场价格25.65万元购车的行为，根据主客观相一致原则，应认定冷某分别构成受贿罪和行贿罪。冷某收受某运输公司行贿的25.65万元既具有受贿故意，又存在行贿故意，虽然出现在同一个事实发生过程中，但二者并不具有牵连和相互吸收关系，且冷某行为积极，罔顾法律规定，主观恶性较大，以一罪处断不足以评判其该犯罪行为。因此，应根据主客观相一致原则，认定其分别构成受贿罪和行贿罪。

实践中，犯罪分子打着借贷、投资等幌子向管理服务对象敛财，管理服务对象往往以高额的回报为成本，让领导干部利用职权为其提供便利。在审理这类案件时，要揭开犯罪行为"市场化""民事化""合法化"的面纱，坚持主客观相一致原则，善于根据案件客观事实，借助常识、常情、常理和逻辑法则、经验规则，对行为人真实的主观意图进行分析和证明，将深藏化、模糊化的受贿犯罪故意挖掘并清晰展现出来。

编写人：湖北省恩施州中级人民法院　姜亚运

65

委托行贿人代为保管未实际交付贿赂款的犯罪形态认定[①]

——于某某受贿、徇私舞弊假释案

【案件基本信息】

1. 裁判书字号

江苏省徐州市中级人民法院（2022）苏03刑初56号刑事判决书

2. 案由：受贿罪、徇私舞弊假释罪

【基本案情】

1998年至2016年，被告人于某某先后利用担任某监狱管理局党委委员、副局长、党委书记、局长职务便利，为某茶厂法定代表人于某乙等39家单位或个人在企业经营、刑罚执行、干部选拔任用等方面提供帮助，本人或通过他人收受现金、购物卡、书画等财物，共计价值人民币2180.905万元，用于投资理财、家庭支出等。其中，收受其弟于某乙贿赂款中有一笔500万元至案发一直由于某乙代为保管理财，于某某未实际占有取得。

（其他受贿事实及徇私舞弊假释事实略）。

【案件焦点】

行受贿合意达成后，在行贿人未实际交付的情况下，受贿人委托行贿人代为保管贿赂款，如何认定既未遂。

【法院裁判要旨】

江苏省徐州市中级人民法院经审理认为：被告人于某某身为国家机关工作

① 入库案例，参见人民法院案例库2023-03-1-404-002。

人员，利用职务上的便利，为他人谋取利益，或者利用职权、地位形成的便利条件，通过其他国家工作人员职务上的行为，为他人谋取不正当利益，非法收受他人财物，数额特别巨大，其行为已构成受贿罪；被告人于某某身为司法工作人员，徇私舞弊，对不符合假释条件的罪犯予以假释，其行为已构成徇私舞弊假释罪。被告人于某某在判决宣告以前一人犯数罪，依法应当数罪并罚。被告人于某某部分受贿事实中为他人谋取职务提拔、调整，依法应当从严惩处；被告人另有坦白、认罪认罚、小部分受贿未遂、退缴全部违法所得等从轻或从宽处罚情节。据此，判决如下：

一、被告人于某某犯受贿罪，判处有期徒刑十二年，并处罚金人民币200万元；犯徇私舞弊假释罪，判处有期徒刑九个月；数罪并罚，决定执行有期徒刑十二年六个月，并处罚金人民币200万元；

二、被告人于某某退缴的违法所得及扣押在案的涉案赃款赃物予以没收，上缴国库。

案件宣判后，判决已生效。

【法官后语】

本案主要争议焦点在于被告人于某某收受其弟于某乙贿赂款500万元既未遂问题。于某某收受于某乙贿赂款共计696万元，其中一笔500万元在双方明确达成行受贿合意情况下，由于网络举报不断，被告人于某某担心案发，授意其弟于某乙代为保管并进行投资理财，两人约定于某某可随用随取，至案发于某某始终未实际使用该500万元，对该500万元既未遂的问题存在不同意见。

根据《中华人民共和国刑法》第二十三条的规定，犯罪未得逞是犯罪未遂与犯罪既遂相区别的主要标志。按照犯罪构成理论，犯罪未得逞包括结果犯之犯罪未完成、行为犯之犯罪未完成、危险犯之犯罪未完成。受贿罪的犯罪构成不但有对危害行为的规定，而且也暗含着对结果的要求，即得到财物。正因如此，受贿罪既遂与未遂的区分关键就在于结果的发生，即以是否收受他人财物为标准。然而，司法实践中收受他人财物的表现形式复杂多样，究竟如何具体认定，刑法理论界存在着不同的观点，主要有转移说、藏匿说、控制说、失控

说、失控+控制说等几种。司法实务中，公认的是“控制+失控”说，即应以财物是否脱离所有人的控制，并实际置于行为人的控制为标准。

一、财物已经脱离行贿人的控制，并已经实际置于受贿人控制之下，构成受贿罪的既遂

行受贿属于对合犯罪，只有在受贿人得到控制（包括指定的第三人控制）、行贿人失去控制的情况下才能认定为既遂。例如，司法实践中有很多案例系行贿人已经将贿赂款交付给受贿人，受贿人又委托行贿人代为保管，或是行贿人按照受贿人要求，将贿赂款交付给指定的第三人，前者可以视为受贿人在受贿既遂后的赃款处置，后者实质上已经脱离行贿人的控制且被受贿人指定的第三人控制，符合“控制+失控”说理论，均应依法认定为既遂。

本案中，虽然于某乙是于某某的亲弟弟，于某某对于某乙有着极强的控制力，于某乙对财物的保管、打理一直遵从于某某的要求，且于某乙的生意经营依赖于某某开展，对于某某一直有期待利益，但是不能基于此就认定于某某通过对于某乙的影响力实现了对财物的支配与控制。另有既遂观点认为，于某某与于某乙达成了代持的合意，于某某未实际收到贿赂款系基于“代为保管”的合意导致，而非行贿人不想给、无法给等受贿方意志以外的原因导致，且该500万元已经特定化，虽由于某乙短期借用，但借用时间较短，借用后立即还款，恰恰体现了于某乙主观上认为500万元是于某某所有、应当持续理财的。上述观点虽然说明了行受贿双方之间确实存在特殊的关系、行贿人确实想将财物送给受贿人，但都不符合“财物已脱离行贿人控制，并实际置于受贿人控制”的基本标准，不能因此认定本案系犯罪既遂。

二、贿赂款由行贿人保管尚未实际交付给受贿人，不能认定受贿人已经实际控制，亦不能认定行贿人已经失去控制，后因案发而未实际获得应构成受贿罪的未遂

如果贿赂款还在行贿人手里，从来没有发生实质转移，即便行贿人经济实力再强、行受贿双方关系再好，行贿人是多么地讲信誉，行贿人相对于受贿人而言始终还是实际控制者，在此情形下不宜认定为犯罪既遂。

本案中，双方就贿赂金额达成一致后，在未实际交付的情况下由行贿人代为保管，直至八年后案发时被告人仍未实际占有支取，应属于犯罪未遂：（1）涉案500万元始终未实际交付。从2014年年初至2021年年底案发，近八年时间里，该500万元一直由行贿人于某乙实际占有和控制，未实际交付给被告人于某某。（2）行贿人长期实际占有该500万元，并实际获息200~300万元。系列客观证据证实，近八年时间里行贿人于某乙取出、存入、部分使用该500万元，且大多情况是与其他资金混同存放、甚至转移至案外第三人卡上，并获取了200~300万元的利息，具体过程并未告知被告人。（3）被告人于某某家中有使用贿赂款的紧急必要却从未动用，近八年时间里被告人多次因家中急需资金向行贿人借钱，后均已归还，而对上述500万元仅在2021年提出过一次使用，还因所购买的理财产品没有到期而未实际使用。因此，本案的情形不符合“失控+控制”说的标准，不应认定为受贿既遂。

三、严格按照“失控+控制”说有利于准确区分受贿既未遂

有观点认为，如果严格按照“失控+控制”说，会使很多犯罪分子有机可乘，在受贿时故意不实际交付而是放在行贿人处，随用随取，如果案发，就以自己没有实际控制、行贿人没有失去控制为由逃脱法律责任，所以应当根据行贿人与受贿人之间的关系、行贿人的经济实力以及行贿人的诚信等方面综合判断。

这种观点局限于分析受贿人的控制力，不符合“控制+失控”说的通说观点。首先，在没有实际交付贿赂款的情况下，控制力的大小应当在行贿人和受贿人之间进行考察和比较。在贿赂款没有实际交付而是由行贿人掌握的情况下，无论受贿人的控制力有多强，只要行贿人还是一个独立自主的主体，受贿人对贿赂款的控制力始终小于行贿人的控制力，这种认定是符合常识、常情、常理的。其次，只要贿赂款没有实际交付，未来出现行贿人反悔或经营不善破产等导致不能正常支付的可能性都会存在，所以将受贿罪既未遂的认定标准设定为行贿人信用、经济实力等可变而不可控的要素，将导致司法实践认定不统一，极易产生混乱，所以这种观点是不可取的。

综上，受贿罪中收受他人财物既未遂之认定应坚持“失控+控制”说，凡

是财物已经脱离行贿人的控制，并已经实际置于受贿人控制之下，即为受贿罪的既遂，否则为未遂。在没有实际交付的情况下，不能认定受贿人已经实际控制，更不能认定行贿人已经失去控制，故本案中应认定被告人于某某收受其弟于某乙的500万元为受贿未遂。

编写人：江苏省徐州市中级人民法院　刘明伟　李通达

66

“转圈粮”行为的司法规制

——黄某某受贿、贪污、滥用职权案

【案件基本信息】

1. 裁判书字号

江西省南城县人民法院（2022）赣1021刑初23号刑事判决书

2. 案由：受贿罪、贪污罪、滥用职权罪

【基本案情】

某粮食收储公司（以下简称收储公司）主要从事定购粮、议购粮、中央和地方储备粮的收购、储存、调拨业务。2015年至2021年，黄某某在担任收储公司经理期间，利用职务上的便利，为他人谋取利益，非法收受曹某某、刘某等钱财共计10.96万元。2016年至2019年，黄某某利用职务上的便利，采用虚开发票的方式非法占有公共财产7.64万元。

为了完成收储公司2013年至2015年省级、2014年县级储备粮总计9935.1吨的轮入任务，2015年1月5日上午，黄某某召集县收储公司副经理刘某某、李某甲、党支部书记李某乙、计统部主任邓某某、结算部主任曾某某开会研究省级、县级储备粮轮入事宜。会上，黄某某提出通过找农甲公司回购2013年

"托市粮"，但粮食并不实际出库的方式，充当 2014 年新粮入库进行省级、县级储备粮收购储备（俗称"转圈粮"），参会人员均无异议。当天会议后，收储公司与农甲公司签订了一份以 2440 元/吨的价格向其收购 9917 吨粮食的意向合同。

网拍当日，农甲公司发现收储公司 2013 年入库的"托市粮"挂网拍卖价格远高于市场价，便只竞拍了 4409 吨。剩下的 5525 吨"托市粮"分别被农乙公司、农丙公司、农丁公司拍得。之后，在黄某某的周旋及农甲公司协助之下，这四家公司将各自拍得的"托市粮"总计 9934 吨转卖给了收储公司，上述粮食均在收储公司下属粮管所粮仓内，未实际出入库。后收储公司在粮食原仓未动的情况下，将 4903 吨的购粮款转给农甲公司，并通过制作虚假入库码单，在账面上完成了 2015 年省级储备粮轮入任务。

由于收储公司的 2014 年县级储备粮的收粮款是向银行贷款所得，按照相关规定，收粮价必须按 2015 年国家规定的粮食最低收购保护价 2700 元/吨执行。而收储公司之前与农甲公司签订的合同价为 2440 元/吨，通过这份合同无法进行贷款。于是收储公司又与农戊公司签订一份购粮合同，由收储公司先以 2700 元/吨的价格向农戊公司支付收粮款，并制作虚假的入库码单，在账面上完成了县级储备粮的轮入任务。之后由农戊公司以 2400 元/吨的价格支付实际回购的收粮款给农甲公司，剩余的差价 135.16 万元，由农戊公司通过个人账户转回给收储公司公账中。因转圈的 2013 年的托市粮实际只有 9914 吨，为了完成省、县级储备粮合计 9935.1 吨的任务，黄某某安排邓某某虚开入库凭证，将差额的 20 余吨粮虚假轮入收储公司用于储存省级、县级储备粮的相关仓库中。

收储公司通过以陈顶新、虚假轮换的方式，完成 2013 年至 2015 年省级、2014 年县级储备粮轮换后，获得省级和县级储备粮轮换补贴及保管费合计 650.05 万元的国家财政资金。该笔资金全部进入该公司财务账，未单独设立专户，与公司其他资金合并用于日常经营管理。

【案件焦点】

黄某某实施的"转圈粮"行为是否构成犯罪以及构成何罪。

【法院裁判要旨】

江西省抚州市南城县人民法院经审理认为：被告人黄某某系国有公司经理，属国家工作人员，又系受国家机关委托代表国家机关行使职权的组织中从事公务的人员。其在公务活动中，利用职务上的便利，为他人谋取利益，非法收受他人现金共计10.96万元；利用职务上的便利，非法占有公共财产共计7.64万元。公诉机关指控被告人黄某某犯受贿罪、贪污罪罪名正确，应予认定。关于公诉机关指控被告人黄某某实施了滥用职权行为的事实，法院认为：第一，县收储公司是全民所有制企业，被告人黄某某系县收储公司经理，是由南城县粮食局任命的，属于受国家机关委托在国有公司任职的人员。同时，县收储公司从事的省、县粮食储备、轮换等工作，是由市政府下达抄告单，指令必须完成的工作任务，属履行国家行政管理职能，且储备粮所有权、使用权属政府，储备粮由当地国有粮食企业代收代储。据此，县收储公司实施的储备粮收储、轮换等行为，是受政府委托具有行政管理职权的公务行为。被告人黄某某作为县收储公司的经理，应属受国家机关委托代表国家机关行使职权的组织中从事公务的人员。故，根据《全国人民代表大会常务委员会关于〈中华人民共和国刑法〉第九章渎职罪主体适用问题的解释》的规定，被告人黄某某符合渎职犯罪的主体身份。第二，依据《最高人民法院、最高人民检察院关于办理渎职刑事案件适用法律若干问题的解释（一）》第五条第二款（以下简称《解释》）的规定，以“集体研究”形式实施的渎职犯罪，应当依照《中华人民共和国刑法》分则第九章的规定追究国家机关负有责任的人员的刑事责任。对于具体执行人员，应当在综合认定其行为性质、是否提出反对意见、危害结果大小等情节基础上决定是否追究刑事责任和应当判处的刑罚。采取“转圈粮”方式套取国家补贴，是公司经理黄某某提议并通过会议形式确定，黄某某起组织、策划作用，其行为符合以“集体研究”形式实施的渎职犯罪，应当追究刑事责任。且根据《全国人民代表大会常务委员会关于〈中华人民共和国刑法〉第三十条的解释》，公司、企业、事业单位、机关、团体等单位实施刑法规定的危害社会的行为，刑法分则和其他法律未规定追究单位的刑事责任的，对组织、策划、实施该危害社会行为的人依法追究刑事责任。因此，追究被告人黄某某滥用职权刑事责任的法律依据充分。第三，国务院颁布的《粮食流通管理条例》规定储备粮不得以陈顶新，市政府下达的粮食轮换抄告单明确要求要轮入新粮。被告人黄某某在明知有规定轮入的政策性粮食必须为新粮的情况下，仍然安排县收储公司工作人员具体操作“转圈粮”，通过虚购虚销、以陈顶新等手段，采取库存不动、账面转圈，制作虚假出入库码单等方式将 2013 年托市粮以购新粮的名义完成 2015 年省级储备粮、县级储备粮的轮入计划，套取国家财政专项资金，其行为违反了粮食流通、轮换的规定及国家专项资金财政管理的相关规定。被告人黄某某作为国家政策性粮食收储公司的经理，本应依法、依规行使权力，却滥用手中的权力，通过“转圈粮”为公司套取国家专项资金，具有刑事违法性。第四，根据《解释》第八条规定，本解释规定的“经济损失”是指渎职犯罪或者与渎职犯罪相关联的犯罪立案时已经实际造成的财产损失。本案中，套取的 650 余万元国家财政资金至案发时，虽仍在县粮食收储公司的公账上，且已被追缴，但因是通过“转圈粮”这种虚假的轮换行为，致使本不能申报获取的国家专项资金流出，成为公司的自有资金，可由公司自由支配，甚至滥用，导致追赃挽损困难，为国家专用资金带来巨大安全隐患，应认定国家利益遭受损失。重大损失不仅包括实际可量算的财产损失，还应包括公共财产、国家和人民利益其他方面的损失。国家建立储备粮制度，目的是确保国家粮食安全，遇到应急需要时，确保百姓有饭吃。任由“转圈粮”等破坏粮食安全制度行为的泛滥，终将会造成粮食过期变质、仓内无粮、应急时百姓无粮可食等严重后果。故，被告人黄某某实施的以陈顶新、采取虚假手段为公司套取专项财政资金的行为，既侵犯了国家财政专项资金的专属性，又严重破坏了我国粮食流通管理制度，危害了国家粮食流通领域的安全、稳定，具有严重的社会危害性。应认定被告人黄某某实施的滥用职权行为“情节特别严重”。

综上，被告人黄某某系国有公司经理，属国家工作人员，又系受国家机关委托代表国家机关行使职权的组织中从事公务的人员。其在公务活动中，利用职务上的便利，为他人谋取利益，非法收受他人现金共计 10.96 万元；利用职务上的便利，非法占有公共财产共计7.64万元；违反国家相关规定，通过“转圈粮”的方式弄虚作假、以陈顶新，进行省级、县级储备粮轮换，累计套取国家财政专项补贴650.05万元，造成国家财政专项资金重大损失，且破坏了我国粮食管理体制，导致国家确保粮食安全的制度形同虚设，危害国家粮食安全，致使公共财产、国家和人民利益遭受重大损失，符合滥用职权罪的构成要件。

在实施本案犯罪过程中，被告人黄某某在受贿罪、贪污罪中均属数额较大；在滥用职权罪中，属情节特别严重。被告人黄某某在受贿、贪污中具有在提起公诉前，如实供述自己罪行，真诚悔罪，积极退赃，避免、减少损害发生的情节，依法可从轻处罚；在滥用职权罪中，经过单位集体研究，非法所得套取后仍在单位账上，已全部被追缴到位，且具有自首情节，可酌情从轻处罚。

江西省抚州市南城县人民法院于2022年8月31日作出判决：

一、被告人黄某某犯受贿罪，判处有期徒刑七个月，并处罚金人民币10万元；犯贪污罪，判处有期徒刑七个月，并处罚金人民币10万元；犯滥用职权罪，判处有期徒刑一年十个月，数罪并罚，决定执行有期徒刑二年三个月，并处罚金人民币20万元；

二、已退缴的违法所得共计668.65万元，由监察机关上缴国库。

案件宣判后，判决已生效。

【法官后语】

“转圈粮”行为不仅损害了人民群众的利益，扰乱了粮食市场秩序，还危及国家储粮安全。实践中，对“转圈粮”行为是否构成犯罪以及构成何罪存在较大争议。本案中，黄某某实施的“转圈粮”行为系集体研究，且套取的资金尚在公司账上，案件争议焦点主要集中在两个方面：其一，黄某某实施的“转圈粮”行为是否构成犯罪；其二，若构成犯罪，应构成何罪。

一、“转圈粮”行为入罪的应然分析

行为具有一定的社会危害性，是犯罪最基本的特征。所谓“转圈粮”是指在执行国家政策性粮食收储和储备粮轮换过程中，粮食收储企业通过虚购虚销、以陈顶新、未轮报轮等方式获取不当利益，破坏国家粮食流通秩序，危害粮食安全的行为。“转圈粮”行为的社会危害性主要表现在：第一，破坏国家行政管理秩序。我国《粮食流通管理条例》《中央储备粮管理条例》等行政管理法规明确规定不得通过以陈顶新、以次充好、低收高转、虚假购销、虚假轮换、违规倒卖等方式，套取粮食价差和财政补贴，骗取信贷资金。对违反相关规定的行为根据具体情况分别给予行政处罚、违纪处理以及承担刑事责任。“转圈粮”行为违反了上述规定，侵害了国家行政管理秩序。第二，侵害国家财产权益。因粮食储备成本由国家财政支付，行为人实施“转圈粮”行为获取巨额价差，套取保管、轮换费用补贴，造成国家财产损失，严重侵害了国家财产权益。第三，危害粮食安全和国家安全。国家建立储备粮制度，目的是确保国家粮食安全，遇到应急需要时，确保百姓有饭吃。“转圈粮”行为把陈粮作为储备粮，造成粮食过期变质，在非紧急状态下，若流入市场可能引发食品安全问题，影响人民群众的身体健康；在紧急状态下，如战争、地震、疫情等需要动用储备粮时，可能无粮可食，无法满足战备、赈灾救灾等突发情况的需要，对国家安全造成严重影响。故，“转圈粮”行为具有刑事危害性和违法性，应受刑罚规制。

二、黄某某实施的“转圈粮”行为构成滥用职权罪

根据《中华人民共和国刑法》第三百九十七条第一款的规定，国家机关工作人员滥用职权，致使公共财产、国家和人民利益遭受重大损失的，构成滥用职权罪。行为人是否属于“国家机关工作人员”以及“致使公共财产、国家和人民利益遭受重大损失”是认定本罪的两个重要要件。

（一）行为人符合滥用职权罪的主体要件

根据《中华人民共和国刑法》第九十三条的规定，国有公司、企业、事业单位、人民团体中从事公务的人员以国家工作人员论。收储公司系全民所有制企业，根据当地储备粮管理相关规定，储备粮属政府所有，储备粮由当地国有粮食企业代收代储。收储公司从事的省、县粮食储备、轮换等工作，是按照政府指令必须完成的工作任务，系履行国家行政管理职能。收储公司为完成省级和县级粮食储备粮轮换计划，实施的储备粮收储、轮换等行为，属于受政府委

托行使行政管理职权的公务行为。黄某某作为县粮食局任命的收储公司经理，属国家工作人员，又系在受国家机关委托代表国家机关行使职权的组织中从事公务的人员。根据《全国人民代表大会常务委员会关于〈中华人民共和国刑法〉第九章渎职罪主体适用问题的解释》的规定，在受国家机关委托，代表国家机关行使职权的组织中从事公务的人员，有渎职行为构成犯罪的，也依照《中华人民共和国刑法》关于渎职罪的规定追究刑事责任。故，黄某某符合滥用职权罪的主体要件。

（二）行为人犯罪行为的损失认定

根据《解释》）第八条的规定，“经济损失”是指渎职犯罪或者与渎职犯罪相关联的犯罪立案时已经实际造成的财产损失……根据《解释》第一条的规定，重大损失既包括实际可量算的有形损失，也包括公共财产、国家和人民利益其他方面的无形损失。黄某某通过“转圈粮”行为套取的650余万元国家财政资金至案发时，虽仍在公司账上，且已被追缴，但“转圈粮”行为实际侵犯了三重法益，不仅使本不符合国家财政补贴条件的国家专项资金流失，成为公司的自有资金，造成国家有形财产的损失，还可能损害人民群众身体健康，破坏国家粮食流通管理秩序，危害国家粮食安全，甚至危及国家安全，造成不可估量的无形损失。故，其造成的损失后果是重大的。

三、黄某某应承担的刑事责任

本案“转圈粮”行为系县收储公司班子成员“集体研究”，是否能追究被告人黄某某个人刑事责任。从渎职犯罪相关司法解释来看，以“集体研究”形式实施的渎职犯罪，应当依照《中华人民共和国刑法》分则第九章的规定追究国家机关负有责任的人员的刑事责任。即使渎职犯罪以“集体研究”的形式实施，国家机关负有责任的人员对此仍应承担刑事责任。根据《全国人民代表大会常务委员会关于〈中华人民共和国刑法〉第三十条的解释》的规定，公司、企业、事业单位、机关、团体等单位实施刑法规定的危害社会的行为，刑法分则和其他法律未规定追究单位的刑事责任的，对组织、策划、实施该危害社会行为的人依法追究刑事责任。“转圈粮”行为具有刑法规定的社会危害性，虽尚未确定为单位犯罪，但黄某某作为收储公司的经理，为完成粮食轮换任务，提议以“转圈粮”方式套取国家补贴，并通过公司会议形式决定实施，且在实施过程中，通过联系粮食销售商、指示他人虚开入库凭证等方式组织安排“转圈粮”相关事宜。黄某某在本案“转圈粮”行为中起组织、策划作用，该行为符合以“集体研究”形式实施的渎职犯罪，应当追究其刑事责任。

综上，“转圈粮”行为既造成国有财产的有形损失，还扰乱了国家粮食流通秩序，危害国家粮食安全，造成国家和人民利益的无形损失，具有刑事危害性和违法性，应受刑罚规制。国家机关工作人员在执行国家政策性粮食收储和储备粮轮换过程中，通过虚构虚销、以陈顶新、未轮报轮等手段，实施“转圈粮”行为，套取国家财政补贴，破坏粮食流通管理秩序，危害国家粮食安全，构成滥用职权罪。

编写人：江西省抚州市中级人民法院　魏灵
江西省南城县人民法院　邱娜

67

行为人具有共同行贿的概括故意构成共同行贿犯罪

——苏某某行贿案

【案件基本信息】

1. 裁判书字号

广西壮族自治区北海市中级人民法院（2023）桂05刑终37号刑事裁定书

2. 案由：行贿罪

【基本案情】

2017 年 7 月，被告人苏某某与陈甲、林某（均另案处理）共同商议从事北海"一日游"、北海至防城港至东兴"一日游"的运营生意，从中通过收取车票费、景点购物回扣、购房提成及其他车辆"挂靠费"等方式获取收益。由于公安机关对涉嫌非法传销的"一日游"运营予以打击，为使得运营顺利进行，运营的车辆不被查处或者被扣押的车辆能尽快放行，苏某某与陈甲、林某合谋，由陈甲负责疏通北海市海城区执法部门公职人员的关系，苏某某负责疏通北海市银海区执法部门工作人员的关系，林某负责导游等具体运营工作。2017 年 7 月至 2018 年 3 月，苏某某及陈甲、林某用从事"一日游"所获得的部分收益向苏某 1、李某等（均另案处理）相关部门工作人员共同行贿人民币 308 万元。在陈甲退出后，苏某某及林某用从事"一日游"所获得的部分收益共同向陈乙行贿 8 万元，谋取了不正当利益。经查实，2017 年 7 月至 2018 年 3 月，被告人苏某某伙同同案人行贿数额为 316 万元。

另查明。2021 年 12 月 9 日，苏某某主动到监察机关投案，如实供述自己的罪行，并主动退出违法所得 170 万元。

【案件焦点】

1. 苏某某与陈甲是否构成共同行贿犯罪；2. 苏某某行贿犯罪数额应认定为多少。

【法院裁判要旨】

广西壮族自治区北海市海城区人民法院经审理认为：被告人苏某某伙同同案人为谋取不正当利益，多次给予多名国家工作人员以财物，情节特别严重，其行为已构成行贿罪。苏某某虽对陈甲行贿的具体对象、数额等情况不清楚，但在意志认知层面，被告人苏某某对陈甲的行贿行为持放任态度，也即无论陈甲行贿谁、行贿多少，只要保证其经营的"一日游"生意顺利运营并获取非法利益，均不超出被告人苏某某的认知范围。苏某某主观上具有与陈甲、林某等人共同行贿的故意，客观上伙同陈甲、林某为谋取不正当利益实施了行贿行为，被告人苏某某与陈甲、林某构成共同犯罪。被告人苏某某伙同同案人共同行贿的数额为 316 万元。据此，以行贿罪判处被告人苏某某有期徒刑六年，并处罚金人民币 70 万元，同时将被告人苏某某退出的违法所得人民币 170 万元予以没收，上缴国库。

宣判后，苏某某不服一审判决，提出上诉。

广西壮族自治区北海市中级人民法院经审理认为：苏某某与陈甲等人共谋合伙经营“一日游”运输生意事宜，为牟取非法利益而多次贿赂国家机关工作人员共计 316 万元，各自分工负责，相互密切配合，且利益共享。虽然苏某某对陈甲行贿国家机关工作人员的姓名、数额等具体情况存在不明之处，但陈甲实施的行贿行为并未超出苏某某与陈甲事前商谋为了保证“一日游”运输生意得以顺利运营、赚取非法利益而向国家机关工作人员行贿的概括性犯意，苏某某对陈甲为维护共同利益而行贿持放任、支持的态度，对苏某某应以行贿罪共犯论处。原判认定苏某某的犯罪事实清楚，证据确实、充分，适用法律正确，定罪准确，量刑适当，审判程序合法，应予维持。依照《中华人民共和国刑事诉讼法》第二百三十六条第一款第一项、第二百四十四条之规定，裁定如下：

驳回上诉，维持原判。

【法官后语】

本案的争议焦点在于苏某某与陈甲是否构成共同行贿犯罪以及犯罪数额应认定为多少。

一、苏某某与陈甲构成共同行贿犯罪

共同犯罪是指二人以上共同故意犯罪，共同故意是认定共同犯罪的关键所在，即行为人之间具有犯意的联络。行为人需要对共同犯罪的事宜有基本认知和意思联络，但这并不意味着各行为人需要对共同犯罪的所有、具体事宜均知晓，达到概括故意的程度即可。概括故意是行为人对于认识的具体内容并不明确，但明知自己的行为会发生危害社会的结果，而希望或者放任这种结果发生的心理态度。行为人具有共同行贿的概括故意，即使对同案人行贿的对象、金额等具体细节不明确，只要同案人的行为未超出其事前共谋行贿的概括性犯意，仍构成共同行贿犯罪。

具体到本案中，苏某某与陈甲等人共谋合伙经营“一日游”运输生意事宜，为保证“一日游”生意的顺利经营，共同商谋由苏某某负责打点银海区的关系，陈甲负责打点海城区的关系，林某负责客源、导游等具体运营工作，所得的非法收益由三人共同分配。苏某某与陈甲、林某各自分工负责，相互密切配合，且利益共享。虽然苏某某对陈甲行贿的具体对象、时间、地点、数额等具体细节不清楚，但在认知层面，苏某某明知陈甲行贿海城区公职人员系按各自事前分工疏通各方关系，以保证“一日游”运输生意的顺利运营，苏某某、林某亦认为没有陈甲“一日游”运输生意根本无法发车；在意志层面，苏某某对陈甲的行贿行为持放任、支持及希望的态度，也即无论陈甲行贿谁、行贿多少，只要保证其经营的“一日游”生意顺利运营并获取非法利益，则不超出被告人苏某某的认知意志范围，仍在其与陈甲事先共谋为赚取非法利益而向相关公职人员行贿的概括性犯意之内，故认定苏某某在主观上具有与陈甲、林某等人共同行贿的故意，客观上伙同陈甲、林某为谋取不正当利益共同实施了行贿行为，被告人苏某某与陈甲、林某构成共同行贿犯罪，对苏某某应以行贿罪共犯论处。

二、苏某某行贿犯罪数额应认定为 316 万元

根据共同犯罪“部分行为全部责任”的一般性原则，苏某某与陈甲、林某构成共同犯罪，行贿数额应认定为 316 万元。值得注意的是，苏某某向三名以上司法工作人员行贿，数额认定为 131 万元（不纳入陈甲行贿数额）还是 316 万元（纳入陈甲行贿数额），直接关联苏某某构成“情节严重”还是“情节特别严重”，进一步影响苏某某的量刑档次，需审慎考量。本案属于概括故意型行贿案件，概括型故意经常表现为行为人对同案人行贿的财物价值没有明确认识。对此类案件的犯罪数额，应当考虑行为人的客观行为及其结果，在概括故意的范围内按照主客观统一的原则予以认定。

本案中，主观上，陈甲行贿数额未超出苏某某概括故意的认知范围，苏某

某对陈甲行贿数额有大致了解。首先，苏某某与陈甲事先已有约定，“一日游”运营收入扣除租车、导游、用餐、停车费用后，所得利润对半分取且当日结算，苏某某和陈甲各自从其所得利润中支取部分作为“好处费”给予国家机关工作人员，故苏某某对其和陈甲行贿所需费用从运营所得利润中支取具有概括性认知。此外，苏某某、陈甲、林某对每车收入、利润、分成比例都清楚了解，此前苏某某曾让林某将6万元交予陈甲找海城区政法队伍公职人员疏通关系，又经陈甲分4次行贿给国家机关工作人员共计20万元，苏某某与陈甲互相对对方行贿数额区间有大致了解，二人各自行贿数额近似，可见，苏某某对陈甲行贿数额具有概括性认知，陈甲行贿数额未超出其二人事先共谋为赚取非法利益而向相关公职人员行贿的概括性犯意。

综上，苏某某主观上具有为谋取不正当利益伙同同案人给予国家工作人员财物的概括故意，客观上由其经手行贿国家机关工作人员131万元，另通过陈甲给予国家机关工作人员现金20万元，默许、放任、支持陈甲行贿国家机关工作人员165万元，故认定苏某某伙同同案人行贿316万元符合主客观相一致原则，即使苏某某对同案人行贿的对象、金额等具体细节不明确，但同案人的行为未超出其事前共谋行贿的概括性犯意，仍应认定构成共同行贿犯罪，以保证罪责刑相统一。

编写人：广西壮族自治区北海市海城区人民法院　李新敏

68

公司实际控制人径自向国家机关工作人员行贿认定为单位行贿罪

——黄某单位行贿案

【案件基本信息】

1. 裁判书字号

广西壮族自治区柳州市鱼峰区人民法院（2023）桂0203刑初374号刑事判决书

2. 案由：单位行贿罪

【基本案情】

被告人黄某是房地产开发公司和混凝土公司的实际控制人。2012年至2018年，黄某为感谢兰某（前某国家机关工作人员，已判刑）在房地产开发公司房地产项目推进、混凝土公司贷款审批等事项上提供帮助，将位于南宁市的两套房屋、两个车位送给兰某。具体犯罪事实如下：

1. 2014年8月，被告人黄某将位于某小区×栋××号房产及×号车位送给兰某。经鉴定，上述房产及车位共价值427.8133万元。

2. 2016年4月，被告人黄某将位于某小区×栋×号房产及×号车位送给兰某。经鉴定，上述房产及车位共价值159.1387万元。

综上，被告人黄某送给兰某的两套房产及车位共价值586.952万元。

【案件焦点】

被告人黄某作为房地产开发公司、混凝土公司的实际控制人，为帮公司谋取不正当利益，以个人名义向国家工作人员行贿的行为，应如何定性问题。

【法院裁判要旨】

广西壮族自治区柳州市鱼峰区人民法院经审理认为：被告人黄某作为房地产开发公司和混凝土公司的实际控制人，为公司谋取不正当利益，给予国家工作人员财物，情节严重，其行为触犯了《中华人民共和国刑法》第三百九十三条之规定，构成单位行贿罪。公诉机关指控黄某犯单位行贿罪成立。黄某明知是犯罪所得而予以转移，情节严重，其行为触犯了《中华人民共和国刑法》第三百一十二条之规定，构成掩饰、隐瞒犯罪所得罪。公诉机关指控黄某犯掩饰、隐瞒犯罪所得罪成立。黄某一人犯数罪，依法应当实行数罪并罚。黄某行贿的相对人兰某系国家工作人员，兰某在履职和工作过程中对覃某等人存在一定的监督制约关系，兰某利用职务便利为黄某控制的公司的工程建设提供帮助，黄某为表示感谢向兰某行贿，其谋取的利益也归属于单位所有，符合单位行贿罪构成要件，其行为构成单位行贿罪。综上，根据黄某犯罪的事实、犯罪的性质、情节和对于社会的危害程度，本院决定对黄某适用从轻处罚。公诉机关量刑建议适当，本院予以采纳。据此，依法判决如下：

一、被告人黄某犯单位行贿罪，判处有期徒刑一年六个月，并处罚金人民币 50 万元；犯掩饰、隐瞒犯罪所得罪，判处有期徒刑三年，并处罚金人民币 10 万元，数罪并罚，决定执行有期徒刑四年，并处罚金人民币 60 万元；

二、暂扣于柳州市鱼峰区人民检察院的被告人黄某退出的违法所得人民币 200 万元，依法予以没收，上缴国库。

案件宣判后，判决已生效。

【法官后语】

本案的争议焦点在于：被告人黄某作为房地产开发公司、混凝土公司的实际控制人，为帮公司谋取不正当利益，以个人名义向国家工作人员行贿的行为，应如何定性问题。

第一种观点认为，被告人黄某虽以个人的名义向国家工作人员兰某行贿，但其最终目的是为其所控制的公司谋取不正当利益，且所获利益归属于黄某所控制的公司，其行为符合单位行贿罪的构成要件，应将其作为单位直接负责的主管人员以单位行贿罪予以指控；

第二种观点认为，被告人黄某行贿犯意系其个人决定，并未经过其所控制的公司集体研究，不属于单位意志，故黄某的行贿应构成行贿罪；

第三种观点认为，被告人黄某系基于兰某利用他的社会关系形成的对其他国家工作人员的影响力，进而通过其他国家工作人员的职务便利为公司谋取不正当利益，应构成对有影响力的人行贿罪。

对此，笔者同意第一种意见。单位行贿罪是指单位为谋取不正当利益而行贿，或者违反国家规定，给予国家工作人员以回扣、手续费，情节严重的行为。本案中，黄某作为房地产开发公司和混凝土公司的实际控制人，为公司谋取不正当利益，给予国家工作人员财物，其谋取的利益也归属于单位所有，符合单位行贿罪构成要件，其行为构成单位行贿罪。法律规定对“单位行贿罪”实行“双罚制”，即对单位判处罚金，并对其直接负责的主管人员和其他直接责任人员，处五年以下有期徒刑或者拘役。具体分析如下：

一、行贿意志方面

“单位”作为法律拟制主体，其自身在客观上不可能作出任何行为，其所作的任何行为皆需借由个人之力而付诸实际。笔者认为，是否经过集体研究并不是认定单位意志的唯一条件，单位集体研究决定是形成单位意志的主要形式，但单位的负责人员也可以代表单位形成单位意志。

在认定某一意志是否属于单位意志时，需要结合案件的犯罪目的进行分析，有效处理好“形式”（单位意志形成的程序性要件）与“实质”（单位意志的本质特征）二者的关系。本案中，黄某作为公司的实际控制人，可以代表其公司形成对外行贿的单位意志，其为公司的利益向国家工作人员行贿，其谋利的目的是为公司这一整体而非个人，其行贿意志是为单位整体意志所支配的，因此也可以认为，其在该单位共同目标引导下的意志也是代表公司整体所作出的而非代表其个人。

二、行贿名义方面

本案中，被告人黄某将其名下位于南宁市的两套房产以个人名义向兰某行贿，是否意味着黄某的行贿行为构成行贿罪而非单位行贿罪呢？

笔者认为，行贿行为是否以单位名义进行，并不是认定单位行贿罪的必要条件，单位内特定自然人以个人名义但在单位意志支配下的行为也可以是单位行为。从单位犯罪的基本理论来看，若将以单位为名义作为单位犯罪成立的一个必备条件，会将那些秉承了单位意志并为了单位利益而实施的犯罪排除于单位犯罪的范围之外，不仅于法理不合，同时也不利于对该种单位的有效惩治和防范。因此，只要单位成员或其他自然人秉承了单位意志并为了单位的利益实施犯罪，即应视为单位犯罪。本案中，黄某作为涉案公司的实际控制人，其向兰某行贿的目的在于为涉案公司谋取不正当利益，具有单位性，其行贿意志是为该单位意志所支配的，其行贿行为秉承了单位意志并意在为单位谋利，当然应该属于单位犯罪的范畴，故黄某的行为应构成单位行贿罪而非行贿罪。

三、利益归属方面

利益归属的团体性是区分自然人犯罪与单位犯罪的重要区别。利益归属的团体性不仅表现在犯罪意图是为单位谋取利益，而且还表现在最终犯罪所得利益事实上归属于单位而不是由个人据为己有。笔者认为，行贿行为所谋取的利益归个人或行贿的意图是为个人获取一定的利益，则应该按个人行贿来处理；反之，则应该按单位犯罪予以处罚。

本案中，被告人黄某为了感谢兰某在房地产开发公司房地产项目推进、混凝土公司贷款审批等事项上提供的帮助，将位于南宁市的两套房屋、两个车位送给兰某，价值总计586.952万元。其行贿所获取的不正当利益悉数归黄某所控制的两个公司所有。因此，从利益归属的情况来看，其利益归属具有团体性，最终该不正当利益是属于整个单位的，而不是由黄某一个人独吞或是由少数人私分。此外，黄某的犯罪意图也在于为单位谋取利益，而不是为了其个人利益。因此，就此点而言，黄某的行为也应构成单位行贿罪。

四、国家工作人员利用职权谋取不正当利益方面

本案中，被告人黄某向兰某行贿目的是为其控制的公司工程项目推进以及贷款审批等事项上获取帮助。兰某虽系国家机关工作人员，但所获利益并非兰某直接职务范围，是否意味着黄某的行贿行为构成对有影响力的人行贿罪而非单位行贿罪呢？笔者认为，黄某行贿的相对人兰某系国家工作人员，兰某在履职和工作过程中对覃某等人存在一定的监督制约关系，兰某利用职务便利为黄某控制的公司的工程建设提供帮助，黄某向兰某行贿，其谋取的利益也归属于单位所有，符合单位行贿罪构成要件，其行为构成单位行贿罪。

编写人：广西壮族自治区柳州市鱼峰区人民法院　龙梦婷

三、渎职罪

69

村干部滥用职权行为的认定

——朱某某滥用职权、受贿案

【案件基本信息】

1. 裁判书字号

江苏省扬州市广陵区人民法院（2020）苏 1002 刑初 465 号刑事判决书

2. 案由：滥用职权罪、受贿罪

【基本案情】

2013 年至 2020 年，被告人朱某某利用担任某街道办事处某村党总支副书记、村民委员会主任、党总支书记管理国有土地以及担任某街道办事处城管卫生（数字化）助理、拆迁工作组组长等职务上的便利，多次收受吴某等人所送财物合计价值人民币 19.29 万元，为上述人员在违规租地、工程款支付、拆迁等方面提供帮助、谋取利益。其中，除公诉机关指控的受贿事实外，公诉机关另指控被告人朱某某构成滥用职权罪，具体犯罪事实如下。

2010 年 9 月，某市国土资源局作出《关于征收集体土地的通知》，将某街道办事处某村 32.3 公顷的集体土地征归国有。2010 年 11 月，某市拆迁管理办公室发布拆迁公告，由某街道办事处作为拆迁责任单位对某村“城中村改造 11

号地块”（以下简称11号地块）进行拆迁。2012年年底，11号地块拆迁结束，交由某村进行管理，该村于2013年在该地块四周修建围墙。

2013年10月，被告人朱某某作为某村党总支书记，以某村村民委员会的名义先后与某渣土运输公司、某建筑安装公司签订《租用合同》，擅自将11号地块中部分土地出租给两公司用于堆放渣土，约定租期均为一年，并收取相应租金。被告人朱某某收受上述公司负责人所送“好处费”共计1.2万元。

被告人朱某某将11号部分地块出租用于倾倒渣土后，未进行监管，在租期届满后，亦未采取有效措施督促上述两家公司按照合同约定清理渣土，恢复土地原状。在11号地块上市前，某村民委员会于2015年7月以招投标方式确定由江苏某工程有限公司对该地块进行土方外运、回填土方和场地平整，累计花费人民币497.06万元，扣减租金、保证金等费用后，实际损失为478.44万元。

【案件焦点】

被告人朱某某滥用职权行为是否构成滥用职权罪。

【法院裁判要旨】

江苏省扬州市广陵区人民法院经审理认为：被告人朱某某作为国家工作人员，利用职务上的便利，非法收受他人财物，为他人谋取利益，数额较大，且部分受贿后造成其他严重后果，其行为已构成受贿罪。对于公诉机关指控被告人朱某某因出租11号地块造成某村村民委员会重大损失的事实清楚，唯对被告人朱某某构成滥用职权罪的定性不当。法院认为，根据《中华人民共和国刑法》第三百九十七条和《全国人民代表大会常务委员会关于〈中华人民共和国刑法〉第九章渎职罪主体适用问题的解释》的规定，滥用职权罪的犯罪主体为国家机关工作人员，被告人朱某某系某村党总支书记，不属于国家机关工作人员。本案现有证据亦不能证明被告人朱某某系在受国家机关委托代表国家机关行使职权的组织中从事公务的人员。因此，公诉机关指控被告人朱某某犯滥用职权罪证据不足，不予支持。被告人朱某某收受请托人贿赂，为其谋取利益，致使村集体损失478.44万元，予以从重处罚。被告人朱某某在留置期间主动交代监察机关尚未掌握的受贿事实，系自首，可从轻处罚。其检举他人犯罪经查证属实，系立功，可从轻处罚。其自愿认罪认罚，依法可以从宽处理。被告人朱某某的辩护人提出被告人朱某某具有自首与立功情节，并积极退出赃款，可从轻处罚的辩护意见，经查具有事实和法律依据，法院予以采纳。据此，依照《中华人民共和国刑法》第五十二条，第五十三条，第六十四条，第六十七条第二款，第六十八条，第九十三条第二款，第三百八十三条第一款一项、第二款、第三款，第三百八十五条第一款，第三百八十六条以及《中华人民共和国刑事诉讼法》第十五条的规定，作出如下判决：

一、被告人朱某某犯受贿罪，判处有期徒刑三年，并处罚金人民币 15 万元；

二、被告人朱某某退出的人民币 192880 元予以没收，由扣押单位某区监察委员会上缴国库。

案件宣判后，判决已生效。

【法官后语】

滥用职权罪是指国家机关工作人员超越职权，违法决定、处理其无权决定、处理的事项，或者违反规定处理公务，致使公共财产、国家和人民利益遭受重大损失的行为。关于滥用职权罪，《中华人民共和国刑法》第三百九十七条规定犯罪主体为国家机关工作人员。此外，《全国人民代表大会常务委员会关于〈中华人民共和国刑法〉第九章渎职罪主体适用问题的解释》规定，在依照法律、法规规定行使国家行政管理职权的组织中从事公务的人员，或者在受国家机关委托代表国家机关行使职权的组织中从事公务的人员，或者虽未列入国家机关人员编制但在国家机关中从事公务的人员，在代表国家机关行使职权时，有渎职行为，构成犯罪的，依照刑法关于渎职罪的规定追究刑事责任。

本案中，被告人朱某某构成受贿罪较为容易认定，其符合国家工作人员的身份特征，符合受贿罪的犯罪构成，难点在于被告人朱某某是否构成滥用职权罪的主体，即是否属于“国家机关工作人员”。对此，对被告人朱某某是否构成滥用职权罪存在两种不同观点。

第一种观点认为，被告人朱某某构成滥用职权罪的主体。主要理由是11号地块在征收拆迁后上市前应由某街道办负责交付，但在上市前按惯例由属地村负责管理。事实上，被告人朱某某作为属地某村党总支书记，在该地块四周砌建了围墙，需要上市时，亦进行了场地平整，属于在受国家机关委托代表国家机关行使职权的组织中从事公务的人员，可以成为滥用职权罪的主体。被告人朱某某未向街办领导汇报，亦未经集体讨论，擅自决定将地块出租，事后又未进行追偿挽损，导致公共财产损失478万余元，其行为已构成滥用职权罪。

第二种观点认为，被告人朱某某不能成为滥用职权罪的主体。《中华人民共和国刑法》规定，滥用职权罪的主体为国家机关工作人员。被告人朱某某在管理11号地块的过程中，其本人以及村委会并无国家机关的明确授权，公诉机关亦无相应证据予以证明，不符合《全国人民代表大会常务委员会关于〈中华人民共和国刑法〉第九章渎职罪主体适用问题的解释》中规定的“在受国家机关委托代表国家机关行使职权的组织中从事公务的人员”，故被告人朱某某不属于国家机关工作人员，不能成为滥用职权罪的主体。

笔者同意第二种观点，理由如下。

一般认为，受国家机关委托代表国家机关行使职权，是指国家机关按照一定程序将某些管理职权委托给非国家机关的组织代为行使，受委托组织对外以国家机关的名义行使国家管理职权，其行为的后果由委托的国家机关承担，对于在受委托行使职权的组织中从事公务的人员，应当视为国家机关工作人员。根据上述要求，可知村干部构成滥用职权罪应符合以下构成要件：一是村委会拥有国家机关的委托，即委托事项有国家机关明确的授权；二是委托的事项必须是政府事务，属于政府行政管理职责范围，而不是村集体事务；三是行为人属于村委会工作人员，在代表国家机关行使职权时有滥用职权行为。因此，对于村干部而言，构成滥用职权罪的前提应是依法或受国家机关委托代表国家机关行使行政管理职权，所从事的公务需与国家机关职权内容紧密联系。

本案中未有证据证明村委会接受国家机关委托。根据《中华人民共和国土地管理法》第五条的规定，国务院自然资源主管部门统一负责全国土地的管理和监督工作。11号地块收归国有后，管理部门应为区自然资源和规划局。本案中，被告人朱某某所在的村委会管理被拆迁的土地，应当有相关政府部门明确的委托授权，案件在审理过程中，发现并无相应证据能够证明村委会获得授权，村委会砌建围墙、平整土地的行为，仅是自发协助当地政府管理土地的行为，并不能当然证明该村委会接受国家机关委托代表国家机关行使职权。因此，被告人朱某某在担任村干部期间不具备国家机关工作人员的主体资格，不符合滥用职权罪主体身份的要求，其在履职中造成公共财产重大损失的行为，不构成滥用职权罪。

编写人：江苏省扬州市广陵区人民法院　梁田田

70

国家机关工作人员利用职务之便帮助非国家机关工作人员侵吞国家资产构成滥用职权罪

——张某某等滥用职权案

【案件基本信息】

1. 裁判书字号

广西壮族自治区贵港市中级人民法院（2022）桂08刑终245号刑事判决书

2. 案由：滥用职权罪

【基本案情】

2014年至2016年，经某区国土厅批复，某县政府组织征收某镇某合社区、某江社区等集体土地作为城市建设用地。2013年8月30日，某县政府批复同意某县城区工业大道延伸段暨城东新区土地收储方案，成立土地收储工作组织领导机构，时任某县住房和城乡规划建设委员会主任的被告人张某某与时任某镇镇长的被告人周某某为该组织机构副组长，负责实施相关土地收储工作。2015 年 4 月，某县政府批复同意的某县城区工业大道延伸段暨城东新区土地收储工作方案对组织机构成员进行了调整，张某某为该组织领导成员，周某某及时任某县政府征地拆迁管理办公室主任的被告人陆某为该组织机构副组长，共同负责组织实施某县城区工业大道延伸段暨城东新区土地收储工作。其中征收某镇某合社区某队坐落于某镇工业大道延伸段的集体土地 18.9904 亩，作为某小学、某幼儿园建设用地。在开展征地工作期间，被告人杨某 1、杨某 2、杨某 3（三人均为某合社区杨某队村民，杨某 1 为生产队长，杨某 2、杨某 3 为队干）以帮助政府动员村民配合征地工作为由，向张某某、周某某、陆某提出要求政府额外给予他们 9 份安置地作为奖励。张某某、周某某、陆某以顺利推进征地工作为由，同意杨某 1、杨某 2、杨某 3 提出的要求，超越职权决定奖励杨某 1、杨某 2、杨某 3 安置地。张某某、周某某、陆某经与杨某 1、杨某 2、杨某 3 共同商量，决定通过伪造承诺书、协议书等征地补偿材料，虚构征用杨某 1、杨某 2、杨某 3 各 202.5 平方米土地的事实，以达到违规奖励杨某 1、杨某 2、杨某 3 安置地的目的。后张某某、周某某、陆某利用负责征地、审核、规划、安置等职务之便，在某合社区八某队的国有划拨安置地地段安置了 9 份国有划拨土地给杨某 1、杨某 2、杨某 3，杨某 1、杨某 2、杨某 3 每人得 3 份，合计 607.5 平方米。2015 年 10 月，杨某 1、杨某 2、杨某 3 在获得安置地规划图后，将 9 份国有划拨土地使用权分别转让给梁某、许某某等人，并帮助其办理了建设用地规划许可证，获取非法利益共计 292.8 万元，其中杨某 1、杨某 2、杨某 3 分别获利 107.8 万元、105 万元、80 万元。案件审理期间，被告人杨某 1 已退出违法所得 2 万元至某县法院。

【案件焦点】

国家机关工作人员在履行职务中，为推进工作进行，与非国家机关工作人员共谋，将公共财物交给非国家机关工作人员占有处置，导致公共财物无法追回，在无证据证明国家机关工作人员具有非法占有的故意、非法获利的情况之下，国家机关工作人员和非国家机关工作人员构成何罪。

【法院裁判要旨】

广西壮族自治区平南县人民法院经审理认为：被告人陆某、张某某、周某某身为国家工作人员，利用职务上的便利，伙同被告人杨某1、杨某2、杨某3，共同虚构政府征收集体土地补偿安置的事实，骗取国有划拨土地使用权，价值数额特别巨大，其行为均已构成贪污罪。在共同犯罪中，陆某、张某某、周某某、杨某1、杨某2、杨某3共同密谋，分工合作，均积极实施犯罪行为，起主要作用，均是主犯，依法应按照各自所参与的全部犯罪处罚。陆某、张某某、周某某、杨某1、杨某2、杨某3到案后能如实供述犯罪事实，依法可以从轻处罚。据此，判决：

一、被告人陆某犯贪污罪，判处有期徒刑十年六个月，并处罚金人民币60万元；

二、被告人杨某1犯贪污罪，判处有期徒刑十年六个月，并处罚金人民币60万元；

三、被告人杨某2犯贪污罪，判处有期徒刑十年六个月，并处罚金人民币60万元；

四、被告人杨某3犯贪污罪，判处有期徒刑十年六个月，并处罚金人民币60万元；

五、被告人张某某犯贪污罪，判处有期徒刑十年三个月，并处罚金人民币60万元；

六、被告人周某某犯贪污罪，判处有期徒刑十年，并处罚金人民币60万元；

七、继续追缴被告人杨某1违法所得人民币101.6599万元予以没收，上缴国库；分别追缴被告人杨某2、杨某3各自违法所得人民币103.6599万元予以没收，上缴国库。

宣判后，张某某、陆某、周某某、杨某1、杨某2、杨某3均不服，提出上诉。广西壮族自治区贵港市中级人民法院经审理认为：上诉人张某某、陆某、周某某身为国家机关工作人员，滥用职权，致使国家财产遭受损失，情节特别严重，三人的行为均已构成滥用职权罪。上诉人杨某1、杨某2、杨某3明知国家机关工作人员滥用职权，仍共同密谋并共同实施伪造征地补偿材料等行为，共同造成国家财产遭受损失且属于情节特别严重，构成滥用职权罪的共犯，依法应以滥用职权罪追究其刑事责任。在共同犯罪中，六上诉人共同密谋，均积极实施犯罪行为，起主要作用，均是主犯，依法应按照各自所参与的全部犯罪处罚，张某某、陆某、周某某在共同犯罪中的作用较杨某1、杨某2、杨某3大，量刑时予以区别。六上诉人到案后能如实供述犯罪事实，依法可以从轻处罚。原判定性错误，导致量刑不当，依法予以纠正。据此，判决如下：

一、撤销广西壮族自治区平南县人民法院（2022）桂0821刑初243号刑事判决；

二、上诉人（原审被告人）张某某犯滥用职权罪，判处有期徒刑三年八个月；

三、上诉人（原审被告人）周某某犯滥用职权罪，判处有期徒刑三年八个月；

四、上诉人（原审被告人）陆某犯滥用职权罪，判处有期徒刑三年八个月；

五、上诉人（原审被告人）杨某1犯滥用职权罪，判处有期徒刑三年四个月；

六、上诉人（原审被告人）杨某2犯滥用职权罪，判处有期徒刑三年四个月；

七、上诉人（原审被告人）杨某3犯滥用职权罪，判处有期徒刑三年四个月；

八、对杨某1退出的违法所得人民币2万元，予以没收，上缴国库；责令杨某1退出违法所得人民币105.8万元、责令杨某2退出违法所得人民币105万元、责令杨某3退出违法所得人民币80万元，没收上缴国库。

【法官后语】

本案的争议焦点在于：被告人张某某等六人行为的定性问题。法院在审理过程中，对六被告人构成何种罪名，形成四种不同意见：第一种意见认为，张某某等 3 名国家机关工作人员构成滥用职权罪，杨某 1 等三名非国家机关工作人员构成诈骗罪。理由是国家机关工作人员没有非法占有的意思表示，不能认定贪污罪，但国家机关工作人员明知村民不符合国家补偿安置条件，仍帮助或不认真履行职责，使国家资产被骗取的，构成滥用职权罪。非国家机关工作人员以欺骗手段骗取公共财物，构成诈骗罪；第二种意见认为，张某某等六人均构成贪污罪，理由是国家机关工作人员利用手中权力，通过他人非法占有国家财物，均构成贪污罪；第三种意见认为，张某某等六人均构成诈骗罪。理由是国家机关工作人员帮助他人骗取国家资产，不管是否分赃，均构成滥用职权犯罪与诈骗罪的想象竞合，从一重罪即诈骗罪处罚；第四种意见认为，张某某等六人均构成滥用职权罪。理由是国家机关工作人员出于工作需要，利用手中权力将公共财物给予他人，导致损失，属于滥用职权罪范畴，非国家机关工作人员属于共犯。

综合本案的情况，笔者同意第四种意见，认为张某某、陆某、周某某身为国家机关工作人员，超越职权，违法处置国家划拨土地，造成国家财产损失，情节特别严重，其行为均构成滥用职权罪。杨某 1、杨某 2、杨某 3 与国家机关工作人员张某某、陆某、周某某共谋，利用国家机关工作人员违法处置国家划拨土地归三人所有，构成滥用职权罪的共犯。具体分析如下：因张某某、陆某、周某某三人均未占有公开财物，也未与杨某 1、杨某 2、杨某 3 约定事后分赃，张某某、陆某、周某某主观上没有非法占有公共财物目的，即无贪利，故不符合贪污罪中具有非法占有的主观故意，不构成贪污罪。但本案中，张某某、陆某、周某某超越职权，违规给不符合征拆安置的人员杨某 1、杨某 2、杨某 3 安置回建安置地，且造成国家财产损失，情节特别严重，符合滥用职权罪构成要件，构成滥用职权罪。对村民杨某 1、杨某 2、杨某 3 的定性，虽然《中华人民共和国刑法》及相关司法解释没有明确非国家工作人员伙同犯罪的以共犯处理，但《中华人民共和国刑法》总则关于共同犯罪的规定具有整体指导性作用，且《全国人民代表大会常务委员会关于〈中华人民共和国刑法〉第九章渎职罪主体适用问题的解释》规定："在依照法律、法规规定行使国家行政管理职权的组织中从事公务的人员，或者在受国家机关委托代表国家机关行使职权的组织中从事公务的人员……在代表国家机关行使职权时，有渎职行为，构成犯罪的，依照刑法关于渎职罪的规定追究刑事责任。"该解释对国家机关工作人员作出了扩大解释，即排除了仅有国家机关工作人员才构成滥用职权罪的说法。本案中，张某某、陆某、周某某三名国家机关工作人员的行为，具有不可替代性和非转让性，是杨某1、杨某2、杨某3三名非身份者不可能实施的行为，如果没有三名国家机关工作人员的行为，三名非身份者的行为不仅无法实施，而且也失去实施的必要性，也正是三名国家机关工作人员的教唆及利用职务之便才能得逞，故本案三名非身份者的行为实际上是附属于三名国家机关工作人员的行为，行为性质应当以三名国家机关工作人员行为的性质来确定，即对三名非身份者以滥用职权罪定罪处罚。

编写人：广西壮族自治区贵港市中级人民法院　卢阳德　郑雪霞

ISBN 978-7-5216-5103-4

9 787521 651034 >

图书在版编目（CIP）数据

中国法院2025年度案例. 刑事案例. 四 / 国家法官学院，最高人民法院司法案例研究院编. -- 北京 ：中国法治出版社，2025. 4. -- ISBN 978-7-5216-5103-4

Ⅰ. D920. 5

中国国家版本馆CIP数据核字第2025MV7564号

策划编辑：李小草　韩璐玮　白天园

责任编辑：白天园

封面设计：李宁

中国法院2025年度案例 . 刑事案例 . 四

ZHONGGUO FAYUAN 2025 NIANDU ANLI. XINGSHI ANLI. SI

编者/国家法官学院，最高人民法院司法案例研究院

经销/新华书店

印刷/三河市紫恒印装有限公司

开本/730毫米×1030毫米　16开

印张/20　字数/240千

版次/2025年4月第1版

2025年4月第1次印刷

中国法治出版社出版

书号 ISBN 978-7-5216-5103-4

定价：79.00元

北京市西城区西便门西里甲16号西便门办公区

邮政编码：100053

传真：010-63141600

网址：http：//www. zgfzs. com

编辑部电话：010-63141792

市场营销部电话：010-63141612

印务部电话：010-63141606

（如有印装质量问题，请与本社印务部联系。）

中国法院年度案例集成丛书（全 15 册）

国家法官学院　最高人民法院司法案例研究院　编

汇集十年精华　展现裁判思维　促进适法统一

实务性：为新型疑难法律适用问题提供解决方案的司法实务参考用书

工具性：可以查阅人民法院类型化裁判规则的小全书

1. 物权纠纷裁判规则理解与适用
2. 合同纠纷裁判规则理解与适用
3. 借款担保纠纷裁判规则理解与适用
4. 人格权纠纷裁判规则理解与适用
5. 婚姻家庭与继承纠纷裁判规则理解与适用
6. 侵权纠纷裁判规则理解与适用
7. 道路交通纠纷裁判规则理解与适用
8. 保险纠纷裁判规则理解与适用
9. 劳动纠纷裁判规则理解与适用
10. 公司纠纷裁判规则理解与适用
11. 金融纠纷裁判规则理解与适用
12. 知识产权纠纷裁判规则理解与适用
13. 行政纠纷裁判规则理解与适用
14. 刑事案例裁判规则理解与适用
15. 执行纠纷裁判规则理解与适用